CPCD FORUM
中国博士后文化发展论坛
China Postdoc Cultural Development Forum

目 录

目录 CONTENTS

理论

文化与经济

文化与法律

文化与哲学

国际

发现

赏析

以文化建设助力中华民族的伟大复兴*

◎ 李景源**

今天，全国博士后文化论坛在河南大学举办，我首先代表文化中心向河南大学的各位领导和同志们表示我们衷心的感谢，同时也真挚地欢迎各位学者参加这次会议，这是我们第三届博士后文化发展论坛。

中国社科院成立之初，邓小平同志曾经跟院长胡乔木同志谈到，中国将来不仅要成为一个经济大国，而且要成为一个文化大国。他对中国社会科学院的指示是很有深意的。中央屡次说要向世界说明中国，还说要讲好、讲深中国故事。我觉得讲好、讲深中国故事，实际上就是要讲好中国的发展理念，讲好中国的文化理念。在当前来说，这方面具有特别重要的意义。我看了会议的两本很厚的论文，所以我也想在这方面谈谈我个人的想法。

第一，中国道路和中国的发展已经

和正在引起世界历史的变迁，中国不仅成为了第一贸易大国，而且根据世界银行、国际货币基金组织的研究报告，中国在经济总量上实际上已经超过了美国。这个事情我们认为没有太大的意义，因为人均 GDP 我国并不是很高，但是在世界我国引起的影响非常大。大家看一看国外发行的书籍，如"看中国如何改变世界"、"当中国统治世界"等书名，就可以明了。为什么要讲中国故事？因为外国正在以不同的方式讲中国故事。从这方面来说，我们文化界的朋友们面临着一个很重要的使命，就是要有自己的声音，无论是学界还是政界，要对国际社会对于中国发展在价值领域提出的各种质疑予以回应。像芮效俭，前中国大使，他说当中国成为第一大经济体的时候会引起世界巨大的恐惧。某位美国前副国务卿写了一篇文章叫作"卧薪尝

* 本文为李景源在第三届中国博士后文化发展论坛（2014）开幕式上的致辞，已经过本人审定。

** 李景源，中国社会科学院学部委员，中国社会科学院文化研究中心主任。中国社会科学院文学哲学学部副主任，中国社会科学院职称评定委员会评委，中国社会科学院研究生院博士生导师。

胆",把中国比喻成勾践?他说当中国发展起来之后,究竟会效仿哪一个勾践,是任劳任怨、为民奉献的勾践,还是忍辱负重、渴望复仇的勾践?基辛格被美国国内认作亲华派,他奉行政治上的自由主义,认为中国有可能成为在人类历史上第一个和平崛起的国家,但他的看法在美国不占主流。他提出一个说法,即对中国真正的考验是在中国真正崛起之后。这实际上是在发展道路层面、在价值观层面对中国提出的一个警告。从这一点来说,我觉得中国的思想界和文化界有一个很重要的使命,即当中国崛起之后,怎样为人类带来一种新的文明和文化,这是我们肩负的一个很重要的任务。这是我要说的第一点。

第二,在电视上看到亚太经合组织会议,我感触特别深。2014 年是亚太经合组织中国年,我们组织了 300 多场活动,取得了上百项共识,其中 50 多项共识是由我们提出的。这说明中国正在取得发展的主动权、文化的主动权,从某种程度来说也是发展理念的领导权。国外有的学者把邓小平理论叫邓小平共识,从邓小平共识到和平崛起,中国已经形成了自己的理论和话语体系。此次 APEC 会议是讲好、讲活中国故事的成功尝试,我觉得这次会议的最大亮点是中国的发展理念和文化理念向世界的全面展示。从文化的角度来看待这次会议,一个是强调上善若水,水泽万物而不争,在这个会议上,方方面面展示的都是这个理念;另一个讲的是同舟共济,强调亚太,包括整个世界是同在一个诺亚方舟上,不管力量大小,我们应该同舟共济,而不能开倒车。像这样一些理念,

当然还有习近平主席讲到的,"孤雁难成行"、"一花独放不是春,百花齐放春满园",这些都是我们的发展理念、文化理念。为了实现亚太梦想,我们还提出了互信包容、合作共赢这样一些理念。跟我们这种态度不同的是西方的价值观外交,所谓价值观外交,就是以我的价值观划线的外交,另外军事外交也是这样,完全是以我划线的,是以围堵中国、遏制中国作为很重要的目标。奥巴马刚上任的时候明确说,美国的繁荣和发展完全依赖于对普世价值的坚定支持,他的价值观是非常明确的。习主席这一次跟奥巴马会见明确强调坚持平等对话,彼此不冲突、不对抗,互尊互信,建立新型大国关系和新型军事关系,在这方面我们提出了很多非常好的想法。我觉得这是我们整个文化界长期以来取得的非常重要的成果,最后凝练在国家领导人的外交理念当中。我们现在提出来新亚洲安全观、新的鼓励包容性的外交理念和外交政策,所有这一系列观念,既是我们对古代的价值观念如"和而不同"、"和谐万邦"的一脉相承,也是当代中国向动荡的世界提供的新的理念,是中国向世界展示的中国文化的发展观。

我们在座的有文化产业的、文化事业的、文化体制改革的、文化立法方面的专家,可谓人才荟萃。我希望我们大家都能够更上一层,在文化理念层面思考今后中国的文化向什么方向发展。我们文化界的最高使命,就是向世界提供我们的文化理念和发展理念,应该提出既有中国特色,又能被世界大多数人认同的发展观和发展理念。

第三,博士后论坛肩负着一个很重

要的使命，就是推进文史哲人文学科学术文化的发展。在全国从事文化学研究的队伍当中，有一部分是以文化的内容为研究对象的，我们称之为学术问题。我很高兴这次论文相当大的一部分学术性很强，刚才李扬院长说到，近代以来我们文化的衰落主要是学术文化衰落，我们在国际学术论坛上没有地位。实际上学术文化是文化发展的基础、内核，它也是标志文化发展水平的指示器，它与民族的兴衰紧密相连。像陈寅恪，1901 年他 10 岁的时候去日本，看到很多中国人到日本去学习中国历史，他感慨万千。后来一批志士仁人提出口号，

"国可灭，文化不能灭；国可亡，但史不能亡"，表达了他们"为往圣继绝学"的决心和意志。今天我们要继承先辈的遗志，在学术文化领域做出应有的贡献，在国际讲坛上要建立我们的话语体系。中共十七届六中全会提出文化强国的战略以来，特别是中共十八大以来，习近平主席对中国文化，包括对中国传统文化给予了很高的评价。我感到，人文学科的发展和文化发展的春天已经到来。我特别希望我们在座的诸位，在我们的共同努力下，为民族的振兴做出我们更大的贡献。谢谢大家！

以全面深化改革的哲学思维开拓更高效能的文化发展研究

——在"第三届中国博士后文化发展论坛"开幕式上的致辞

◎ 王立民 *

尊敬的李扬副院长，尊敬的各位领导、各位博士后，女士们、先生们：

大家好！

"第三届中国博士后文化发展论坛"今天在国家级历史文化名城开封，在环境优美、历史悠久、文化底蕴深厚的河南大学隆重召开。我谨代表中国社会科学院哲学研究所，对本届论坛的召开表示热烈祝贺！对前来参会的各位领导、专家学者和博士后表示热烈欢迎！

由中国社科院哲学所和院文化研究中心推动，首届论坛于 2008 年举办，第二届论坛于 2013 年成功举办。这两次论坛围绕"改革开放"和"中国梦"的时代主题进行了深入研讨，取得了可喜的学术成果和良好的社会反响，体现了论坛以推动文化发展问题的多学科学术对话、助力中国文化的发展繁荣的宗旨和学术特色。

本届论坛以"全面深化改革背景下的文化发展"为主题，围绕传统文化创造性转化与创新性发展、核心价值观与文化软实力、文化发展的法律环境与文化立法、文化产业发展的新趋势等当前文化改革发展的一系列重大问题，展开多形式、多学科、多视角、多领域的对话和交流，以期为十八届三中全会后我国全面深化改革的相关实践提供强有力的理论支持。

首届中国博士后文化发展论坛与第二届论坛时隔 5 年，而今天开幕的第三届论坛与第二届论坛仅时隔 1 年。不仅论坛召开频率加大，参会的专家学者和博士后的踊跃以及提交论文的数量也是前所未有的，这是因为本届论坛的主题适应了我国文化领域全面深化改革形势发展的迫切需要。大家知道，2013 年 11 月，中共十八届三中全会通过了《中共

---

* 王立民，中国社会科学院哲学研究所常委书记。

以全面深化改革的哲学思维开拓更高效能的文化发展研究

Developing Higher Efficiency Cultural Development Research by the Philosophical Thinking of Comprehensive Deepening Reform

中央关于全面深化改革若干重大问题的决定》，提出文化改革发展要以激活全民族文化创造活力为中心环节；2014年8月，中央全面深化改革领导小组第四次会议审议通过了《关于推动传统媒体和新兴媒体融合发展的指导意见》；2014年10月，习近平主席主持召开文艺工作座谈会，强调"文艺是时代的号角"，要坚持以人民为中心的创作导向，弘扬中国精神、凝聚中国力量；当月，中共十八届四中全会提出了弘扬社会主义法治精神，建设社会主义法治文化的要求。可见，文化领域的改革发展，已在经济、政治、文化、社会和生态文明建设"五位一体"的全面深化改革全局中，显现出自身"时代号角"的意蕴和作用。习近平主席在同全国各界优秀青年代表座谈时指出：一个没有精神力量的民族难以自立自强，一项没有文化支撑的事业难以持续长久。文化发展研究作为"时代号角"的重要组成部分，要以全面深化改革的哲学思维，即《中共中央关于全面深化改革若干重大问题的决定》所体现出的马克思主义辩证唯物主义哲学思维，努力提高理论研究的效能水平，努力发挥文化发展研究在实现"两个一百年"奋斗目标、中华民族伟大复兴"中国梦"过程中的独特价值与重大作用。

首先，以全面深化改革的哲学思维来提高文化发展研究效能，需要有全局意识。全局意识是全局和局部辩证关系的有机体现。全面深化改革是关系党和国家事业发展全局的重大战略部署，不是某个领域、某个方面的单项改革。文化发展研究作为"时代号角"的一个重要组成部分，必须坚持从全局出发，始终将是否有利于党和国家事业长远发展、是否以人民利益为重，作为研究工作的核心导向和准绳。习近平主席在"文化是灵魂"一文中写道："文化的力量，或者我们称之为构成综合竞争力的文化软实力，总是'润物细无声'地融入经济力量、政治力量、社会力量之中。"自古不谋全局者，不足以谋一域。随着改革事业的不断深化，各个领域各个环节的关联性、互动性明显增强，从而要求文化发展研究以更高的效能不断推出胸怀全局、把握大势的重要成果。

其次，以全面深化改革的哲学思维来提高文化发展研究效能，需要以问题为导向。习近平主席在《关于〈中共中央关于全面深化改革若干重大问题的决定〉的说明》中强调"要有强烈的问题意识"。这是对马克思主义实践、认识、再实践、再认识的认识论的深入把握。过去36年来，改革由问题倒逼而产生，又在不断解决问题中深化。我国改革开放的成功，不是靠本本，而是靠实践，靠问题导向，靠实事求是。全面深化改革进程中的文化领域，目前面临许多焦点、难点问题。例如，统计资料显示，日本以10万分钟的动画年产量，占据了全球相关市场的68.7%；而我国2010年时动画年产量已达22万分钟，却只占相关市场1%的份额。再如，在基层调研时我们发现，有些公共文化服务工程所供给的内容，与民众实际需求存在着一定程度的脱节现象。像这类有关实践中出现的疑难问题，迫切要求文化发展研究以更高的效能，尽快寻出根源，提出对策。

最后，以全面深化改革的哲学思维来提高文化发展研究效能，需要找准突破口。改革的全面深化、整体推进并不意味着没有重点，唯物辩证法的两点论不是均衡的两点论，而是有重点的两点论。因此，在全面推进各领域各方面改革的同时，必须注意突出重点，抓住影响全局的主要矛盾。具体到文化发展研究来说，由于刚刚结束的中共十八届四中全会，首次以全会的形式专题研究部署全面推进依法治国，所以将文化立法研究作为本领域工作的一个突破口，无疑是符合实际的。文化立法是促进我国文化管理体制机制走向法制化的根本方式，对于全面深化改革的促进作用不言而喻；而且，我国目前的文化立法，存在着数量少、位次低等较严重的问题，所以，深入研究文化立法的方式、进程，尽快形成相关专家建议成果，明显构成了文化发展研究以更高效能推动改革事业的一个突破口。据我所知，中国社会科学院文化研究中心参与我院"创新工程"的有关专家，已在研究文化产业促进法性质、结构与内容，国外文化产业立法动态，国内各地方文化产业立法动态，并在进行文化产业促进法立法调研等工作。希望文化发展相关领域的研究找准突破口，深入研究，取得成果，以助力文化改革发展实践稳步推进，并不断取得实效。

学术史的发展证明，科学研究的重大突破，往往是在不同学科的相互交叉渗透中形成的。令人欣慰的是，本届论坛收到的论文，涵盖了哲学、经济学、法学、文学、历史学、艺术学等多个一级学科，其中有许多国家社科基金、部委和省立项、中国博士后资助的课题研究的阶段性成果，在一定程度上体现了当前文化发展研究的学术水平。诸位博士后，你们是我国人文社会科学研究力量中有着深厚潜力的学术群体，希望你们能够在本届论坛所搭建的这个多学科平台上，分享资源，集思广益，凝聚力量，展示成果，为中国特色社会主义文化的发展繁荣做出积极的贡献！

预祝本届论坛圆满成功！

谢谢大家。

全面推进依法治国与文化立法工作 *

◎ 朱 兵 **

一、全面深化改革背景下文化发展的重要意义

大家知道，现在文化问题已经成为我们国家整个战略中的一个非常重要的方面。过去一直是以经济建设为中心，但是随着不断的进步、不断的发展，我们形成了全面协调发展的理念，提出了经济建设、政治建设、文化建设、社会建设、生态文明建设五位一体的思想。特别是从中共十七届六中全会之后，文化问题已经成为国家战略问题被提出来了。今天上午李扬院长和李老师的发言，对我的启发非常大。实际上在我们这个国家里，最重要的支撑仍然是文化，但对这一问题过去认识得不是特别充分。

发生这样重要的转变，当然有客观原因，30多年的改革开放，一直专注于以经济建设为中心，其他的问题都考虑得不是特别充分。如今，我们经济的突飞猛进，国家GDP总量位列世界第二，经济成就举世瞩目，但随之其他方面的问题尤其是文化的问题却日益突出。大家想想我们国家是什么概念，十三四亿人口，960万平方公里陆地面积，300多万平方公里海域面积，还有5000年的文化史，在四个文明古国里面，我们是唯一留存到今天的活态文化文明。我们今天向世界展现的不应当只是一个"GDP"的中国，更应是一个"文化"的中国。我们现在要真正地从我们自己的文化角度来认识和解析我们国家的政治体制、经济体制，包括我们国家的文化体制，我们要向世界传递中国的价值理念和文化理念。

回到刚才的主题，正是在这样的背景下，从去年到今年，从中共十八大以来，我们党召开了两次重要的全会，出台了两个极其重要的决定，一个是全面

* 本文系作者在第三届中国博士后文化发展论坛（2014）上的讲话录音整理稿，已经过本人审定。
** 朱兵，全国人大教育科学文化卫生委员会文化室主任。

深化改革的决定，一个是全面依法治国的决定。这两个决定，按照王岐山同志的说法，是双胞胎，是姊妹篇：一个是"破"，另一个是"立"；它们彼此是一个互相依存的关系。我自己体会，这两个决定全面展现了中国在新时期的发展道路，明确了目标、方向和具体路径，是一个全新蓝图的宏伟展现。所以，最近有报刊说，如果说邓小平同志是我们伟大的改革开放的总设计师，那么在今天，以习总书记为代表的新一代领导人在未来几十年中国的发展前进道路上，向我们展现了一个全面深化改革和制度建设模式，他无疑是新形势下的总设计师。我们要深刻学习领会这两个决定的重要意义，在这样的背景和前提下充分认识文化问题的重要性。

中国社会科学院是我国的最高智库，在很多领域里都走在前面，文化的建设、文化中心等机构的设立，都是走在前面的。今天这个论坛的主题叫作全面深化改革背景下的文化发展，我认为是紧扣我们时代脉搏的，这也反映出我们社科院不仅在政治上、经济上，而且在文化建设上、法治理论上都始终站在我们国家的智力的前沿。这个智力的前沿怎么体现？就体现在在座的各位博士后、博士生的辛勤努力之中。这对我们国家整体的发展发挥着非常重要的支撑作用。这是我对今天上午会议的初步感受。

二、我国文化立法的现状

回到文化法治的问题。大家都知道，深化体制改革的决定和全面推行依法治国的决定，是互为依存的，怎么深化改革？深化改革决定里面提出的最重要的观点就是要使国家治理体系和治理能力现代化，这是一个著名的论断。治理体系、治理能力现代化的核心是什么？核心就是四个字——依法治国。

习总书记在宪法大会上提出依宪治国、依法治国，当然现在又加了一个依法行政。怎么依法治国？2014年十八届四中全会的决定全面展现了我们怎么去依法治国的具体要求和实现路径。在这个决定里面，一共涉及180多个具体事项，其中，文化的法治建设首次成为全面推进依法治国的重要内容被写进了决议。大家认真看一下决议，就会强烈感受到这一点。虽然我们以前在不同的层面上，在理论、政策等领域也都有过不少的文章和建议，但是文化领域的法治问题在整个法治建设中从来没有被列为重点问题，也从未像四中全会这样将其突出写入党的决议。

目前我们国家现行的有效法律一共是242部，大家都知道，全国人民代表大会和全国人大常委会通过的叫法律，我们的法律体系包括全国人大和全国人民代表大会制定的法律，同样也包括国务院制定的行政法规，还有地方人大常委会有立法权的机关制定的地方性的条例，这些都构成我们讲的中国特色社会主义的法律体系。但是最有权威的，当然是全国人民代表大会和全国人大常委会制定的宪法和法律，一共有多少部呢？240多部现行有效法。在这个法律的框架里面，文化的法律占多少呢？很少。目前文化的法律中包括一部文物保护法，1982年制定；非物质文化遗产保护法，2011年制定，前后相隔将近三十年，在文化遗产领域，只有这两部法。

其他的文化类的法律就没有了，有时统计口径不一样，有人说还包括一个著作权法。著作权法当然也在我的工作范围内，但实际上，大家都知道，著作权法属于知识产权领域。所以从法律意义上来说，文化领域的法律只有两个半，当然也还有同志说，还包括两个互联网的决定：全国人大常委会在 2000 年颁布的关于维护互联网安全的决定；2013 年全国人大常委会又通过了一个关于加强网络信息保护的决定。前一个主要是维护技术安全，后一个主要是公民个人信息安全的保护，这样加起来是 5 部。如果都算上，占法律总数的 5%左右。但要从严格的法律意义来说，若不算决定，只算法律，文化的法律也就只占法律总数的 1%。

大家想想，文化领域是不是不需要法治呢？当然需要法治，它既然是我们整个国家战略发展五位一体的重要组成部分，它必须要纳入法治领域，因为依法治国是全方位的。但是，我们文化立法与整个法律体系是不协调的，是相对滞后的，这是目前一个大体的状况。

三、文化法律制度建设的提出与推进

因为现在文化的问题受到中央高度重视，文化发展和建设被提到了前所未有的战略高度，所以在四中全会决议中，在全面依法治国的战略部署里面，也把文化法治的问题提到了前所未有的高度。中共十六大报告写过一个"要加强文化法制建设"，就几个字；十七届六中全会

里面说到过要加强对公共文化、文化产业、文化市场管理方面的立法，也比较简单；但是在四中全会决议里面，花了整整一段的内容来谈如何加强文化立法、文化法治。四中全会决定对完善中国特色社会主义法律体系明确提出要加强重点领域的立法，毫无疑问，文化领域就是一个重点领域。所以，四中全会决定里面专门谈到，第一个就是要建立起代表中国的先进文化方向，要激发全民的文化创造力，要保障公民权益的文化法律制度，明确提出了建立文化法律制度。这个文化法律制度是全方位的，一般来讲，文化领域包括广播电视、新闻出版，还有我们的大众文化、我们的互联网，这些新兴的媒体都在我们的文化领域里面，还有表演艺术，在这些方面，我们都缺乏相应的法律保障。

我刚才说了，我们现在的文化法律只有两部文化遗产方面的法律。四中全会决定提出要建立一个文化法律制度。怎么构成这个制度呢？决议里面提得非常明确，要制定公共服务保障法，要制定文化产业促进法，还要制定国家关于荣誉方面、称号方面的法律，还要制定互联网方面的法律，这四个基本的法律类别在决议里面写得非常清楚，这是构成我国文化法律制度的主要支柱。特别是公共文化服务保障法和文化产业促进法，是文化领域的最重要的基本法，这也是在整个四中全会决议全篇中唯一明确提及法名的两部法律，这是前所未有的。这些工作现在我们都在逐步推进中。

大家知道，从 2003 年开始，我们国家进行了文化体制改革。相对于经济体制改革和教育、科技、卫生等体制改革，

文化体制改革是比较滞后的。文化体制改革在理论上的一个重大突破是什么呢？在观念上、理论上，把文化由过去统一起来的一个概念，区分为两大块，一是为保障公民的基本文化权益，并由国家公共财政支撑公共文化；二是可以通过经营手段进行运转的文化产业。实际上，无论是公共文化服务还是文化产业，它的核心是我们的文化价值理念的树立、我们文化价值理念的传输和公民的文化权利的保障。这也是我们立法工作的一个基本考虑。

全国人大常委会出台了一个五年立法规划，到2014年末就是两年了，我们每一届都有五年立法规划。五年立法规划分为第一类项目、第二类项目、第三类项目。第一类项目就是必须提请审议的，第二类项目是条件成熟时可以提请审议的，如公共图书馆法、电影产业促进法、文物保护法和著作权法的修改，这就是刚才说的文化类的法律，第一类项目、第二类项目都在里面了。第三类项目就是积极推进的，像公共文化服务保障法、文化产业促进法、互联网安全方面的法律，已经列入我们常委会的五年立法规划中。

四、公共文化服务保障法的基本框架和思路

现在我们正在做的，首先是公共文化服务保障法，2014年4月，全国人大教科文卫委员会成立了立法工作领导小组，工作小组、起草小组和专家咨询组三个组一并组成并开展工作。主席台上坐着的贾旭东主任、陈欣新教授都是专家咨询组的成员，我们集中了一批法律方面的包括公共文化方面的专家，他们在草案的起草过程当中做出了重要贡献。现在整个草案的思路是，主要目的是要保障公民的基本文化权益，传播中华民族的优秀文化，要体现我们的先进文化的方向，繁荣发展社会主义文化。

中共十七届六中全会决议对什么叫基本文化权益有明确解释。简单来说，就是保障大家读书、看报、听广播、看电视、看电影的权益，享受文化成果、从事文化活动，就是要保障大家听得到、看得到。我们国家在这方面做了很多工作，如村村通，就是把电视信号传输到所有的穷乡僻壤，保证能看电视。我去广东调研，广东这些年有大量渔船去南海维护我们的权益，这些渔船一出去都是好几个月，看不到电视、听不到广播，于是广东省人民政府花钱在每个船上装上一个"锅"，保证能看到电视，并且是免费的，这就是保障公民的基本文化权益。如送戏下乡、农村的电影、我们兴建的大量公共文化设施等，都属于公民的文化权益保障范畴。

坦率地说，虽然我们国家仍然只是发展中国家，虽然西方的很多资本主义国家、老牌资本主义国家很发达，相信在座的同志们都去过国外，国家政府这么大规模地在公共文化事业上如此下功夫，实在难以见到，没有哪个国家像我们一样。如日本，虽然有些方面做得很好，但是这么大面积地、系统地把公共文化事业作为实现和保障公民文化基本权益的任务，作为中央政府和全国统筹的任务，作为必须保障和覆盖全国人民的这样一个实现的任务，是没有的。我

们建了很多的文化设施，大家都有目共睹，虽然有一些功能、效能目前不尽如人意。当然，在这方面，最根本的保障仍然是法治的保障，这是最重要的。

这个法律草案目前正在进行起草和广泛征求意见，如果可能，争取 2015 年提请全国人大常委会审议。它的基本框架、基本思路，我可以简单地跟大家说一说。

就像刚才说的，我们立法的宗旨和目的，就是为了弘扬中华民族的文化，传播中华民族的声音，弘扬社会主义核心价值观，保障公民的基本文化权益。它有一些基本的立法原则，坚持文化的导向就是一个很重要的原则，坚持以社会效益为优，不可能说用公共文化去挣钱。要坚持政府举办，同时鼓励支持社会参与。三中全会、四中全会决定里面对整个公共文化设施的管理、投资都敞开了社会参与的大门，这也是我们一个立法的很重要的原则。目前东西部差距非常大，农村和城市差距也很大，所以要坚持公共文化的协调发展、均衡发展。要坚持科学与文化融合，这也是一个重要原则，目前随着信息技术的发展，整个文化传播手段在不断扩展，我们如何充分利用现代信息技术在我们的公共文化领域里有效地传播，这也是立法应当体现的重要内容。我们要通过立法设立一些基本法律制度，例如，既然是基本文化权益的保障，就要建立一个指导全国基本公共文化服务的标准。国家文化部正在紧锣密鼓地搞这个标准，这是一个最低的标准，无论你在偏远地区还是城镇地区，都要达到这个最低标准，这个最低标准也是非常具体的，有多少戏、

多少电影，一年达到多少阅读量，这是整体提高我们中华民族素质的一个非常重要的手段。所以，法律里面应该把这个基本制度、基本标准确定下来。

再如，我们要通过立法确立公共文化设施建设的保障制度，法律里就得对设施建设从规划纳入、土地供给、设施运营管理等方面做出明确规定。现在城市建设中开发了很多小区，但没有公共文化设施，因为没有法律保障，没有法律明确规定必须建设公共文化设施，以满足所在区域的老百姓的需求。在设施建设里面，法律还需确立一个很重要的制度，就是要推进综合性的文化中心的建设，大家都知道，除了新闻出版、广播电视外，其他各条线都有自己的经费来源，都搞自己的设施，中国的行政分割太厉害，你搞一块、我搞一块，零零碎碎，花了不少钱，但起不到一个综合性作用。

我们要把推进基层农村的综合性的文化站、城市社区的综合性文化中心的建设作为一个重要的制度，在法律里面确立下来。对于推进建设综合性文化中心这个工作，社科院文化中心贾主任团队在北京市丰台区搞了几个试点，搞得非常好，前段时间我和同事们还专门去看了看，做了调研，他们做得非常不错。大家想一想，对一个城市特别是超大型现代化城市的管理来说，社区的管理是非常重要的环节。在社区管理中，综合性文化中心不仅是个文化娱乐的地方，更是连接所有社区居民的一个精神上的支柱，这也是我们有效管理社会和调控社会的一个很重要的环节。过去我们不是太重视，反正吃饱、有地方住就行了，

现在随着经济的发展，人民的精神需求突飞猛进，需要我们有效应对。

此外，像文化服务的提供，包括提供哪些公共文化产品给大众，公共设施是不是应该免费、优惠开放，社区居民自主开展健康文明的群众性文化活动，如广场舞、歌会等，都应当得到相应的保障。但是，不得干扰和影响周边的公共秩序。所以说，这些都需要通过法律制度予以明确规范。总之，在这些方面，我们要通过立法把这些基本的制度上升为法律制度。现在，我们的法律草案正在紧锣密鼓地起草和修改，我们希望能够抓紧完善，尽快提交全国人大常委会审议讨论，使这部文化基本法律尽早出台。

五、文化领域专门法律的立法工作

在一个领域里面，要建立基本的法律制度，通过这个基本法把相关原则、制度固定下来。在我们公共文化领域，基本法就是公共文化服务保障法。在文化产业领域，基本法就是文化产业促进法。在积极推进公共文化服务保障法立法的同时，也要进一步加快公共文化产业促进法的立法进程。同时，在文化市场和互联网领域，也要积极推进相关基本法的制定。

除了基本法之外，文化领域也还需要制定一些专门的法律，如已经列入立法规划的电影产业促进法、公共图书馆法、广播电视传输保障法等；将来还可以搞个博物馆法，目前国务院正在制定博物馆条例；在表演艺术领域或者类似的专业领域内出台相应的专门法律，这都是完全可以深入研究、分头并进制定的。这些专门法与基本法一起共同构成我们所讲的文化法律制度，这也是四中全会对文化立法提出的任务和要求。

今天，我借此机会在这里把文化立法的思路和想法给诸位报告一下。在座的博士生和博士后，希望你们在整个文化理论领域、法治领域，特别是文化、经济与法治交叉的领域，给我们更多的智力的支撑，这也是我们作为具体立法工作者对你们的真诚期盼。特别是社科院专门为博士生开办这样一个论坛，我认为也是具有特殊意义和价值的，在理论研究和智力支撑方面，是大有希望和前途的。总之，我们赶上了一个非常好的重大的历史性的转变时期，这就是文化与经济、社会发展齐头并进，而在理论建设上，我们也需要齐头并进，让我们共同努力！

文化立法应着力解决公共文化服务体系建设中存在的问题*

◎ 章建刚**

感谢论坛的主办方，给我这次发言的机会。下面我根据这个题目粗略谈一谈，也希望大家能够一起来思考这个问题，一起来解决这些问题。

第一，十八届四中全会做出了全面推进依法治国工作的决定，我认为非常重要。依法治国才能够保证我们的国家全面地实现现代化，保证我们的社会能够和谐，保证我们每一个公民的创造力能够充分发挥。因此我认为，法确实是一个重要的问题。因而，文化立法也是非常重要的问题。刚才朱主任已经讲了，我们的文化立法比较滞后，在有关立法程序中只占到1%，所以我很希望在这方面的立法能够跟上，能够很快地推出更重要的文化立法。

第二，就文化立法而言，我们也在想，我们可以期待什么样的法出来。或者是因为我孤陋寡闻，眼睛没有往立法的方向、没有往朱主任和贾老师的方向上去看；或者是因为他们的保密工作做得好，在没有批准之前都不泄露；或者其实也没有那么保密，我也不是那么孤陋寡闻，但是正好这两方面没有搭在一起，总之现实的问题是很复杂的。我只能说，确实不是太了解文化立法这方面的知识，好在刚才朱主任介绍了一些，给我补了一课。

我这几年一直在做文化发展的研究，文化发展的概念跟以前我们简单地说推动文学艺术创作繁荣不一样，文化发展的意思就是在一个社会的背景下整个文化能够不断实现它的更新和创新等。文化发展靠什么，靠的是制度，不是说我们的领导给文化人开个会，号召一下，你们去干活，今天晚上加个班，第二天

* 本文系作者在第三届中国博士后文化发展论坛（2014）上的讲话录音整理稿，已经过本人审定。

** 章建刚，中国社会科学院文化研究中心原副主任，国家公共文化服务体系建设专家委员会委员，联合国教科文组织《保护和促进文化表达多样性公约》中国专家，中国社会科学院研究员、博士生导师、博士后合作导师。

震惊世界的文化产品就出来了，不是这样的。文化发展要靠一个社会非常扎实的制度建设，这样才能使它的文化得到持续的发展。制度指的是什么？我们说和文化发展相关的就是两个制度，一是文化市场，包括文化产业、我们的企业制度等；二是公共文化服务，因为市场有失灵的地方，需要公共文化服务进行补充。这两个制度在现在的中国不是现成的，甚至基本上还没有成型。我们的改革进程经过了一轮一轮的尝试，从改革开放之初一直到 2003~2006 年三年的文化体制改革试点，我们不断地改，但我们的步伐非常慢。迄今我们的制度建设在很大程度上还没有开始，怎么才能开始，我们面临第三个问题，就是文化体制改革。只有改革才能够发展，才能进行制度建设。

刚才朱主任讲了，好几位领导也都讲得很清楚，讲到改革和法治之间的关系，我觉得这点非常重要，我们的改革不是哪个领导今天说这方面要改了、要变了，我们明天就变了，它也要通过立法程序，通过法律的建设，改革才真正能够做下来。因此我对文化体制改革、文化立法的工作都非常期待。

第三，我对文化立法，尤其是对公共文化服务保障法的建立有什么样的期待和担心呢？我有时候在悲观方面会想得多一点、说得多一些，这是个性的问题，所以有时候会说一些不那么亮的点。这几年一直在参加一些公共文化服务体系建设方面的工作，在文化部也参与他们的示范区构建的工作。我觉得这几年公共文化服务体系建设肯定是取得了很大成绩的。毋庸置疑，这是过去很多年

都没有过的一种建设速度、投入规模，做成了各种各样的事，包括各地积累的那些经验。但是一个很突出的问题，就是我们的公共文化服务有时效率太低，刚才朱主任也谈到这个。我觉得可能会有两个方面的情况。首先，比较高的行政层级上，如我们的首都，我们的省会城市、地级市，设施做得可能比较充分，做得也比较规范，但是也有问题。如对于博物馆免费开放的问题，究竟好不好？世界上各个国家都会碰到这个问题，因为公共财政不是充分的，而且永远不可能充分。在这种情况下到底公共财政投入多少是恰当的，就是一个非常重要的问题。法国博物馆，一个月只免费开放一天，开放的条件还是要求有关部门去做了解，免费开放是不是吸引了新的社会群体进到博物馆里来，如果达到这个目的就是有效的；没有达到目的，只是那些爱好者、"粉丝"不断进来，这个是不算数的。我觉得这个问题很可能反映了我们公共文化服务体系构建工作太简单、太粗放了。

其次，对于基层行政单位，乡、镇、村（不仅是行政村，还有自然村），这里的公共服务如果说效率低则表现在另外一个方面，即它提供的产品和服务不符合需求。我们在每个村子里提供了一个图书室、2000 册图书、一台电视、若干种杂志和报纸。但是就我有限的观察，我觉得真正受到欢迎的产品、真正用得非常好的地方，那真是凤毛麟角。包括我们提供的那些老电影，电影在露天放，场内除放映员以外，就只有和放映员数量大致相当的观众在看，所以我认为这是非常大的问题。粗略计算，我国有

300个地级市、3000个县、3万个乡镇、30万个村子,如果每个村子都是2000册书,我们算一算这是多少书,每一本书按20元计算,这是多少钱的投入。这样投下去,我认为国家财力无法支持,它是不可持续的。因此对于公共文化服务保障法,我觉得首先就看你保障的是什么。刚才朱主任已经介绍了,我们保障的是公民的基本文化权利,这个说法没有错,但是这个话说得太大。公民的基本文化权利不是完全靠公共服务体系保障的,市场会保障其中相当大的一个部分,因此我们不能把这个范围放得太大。另外,我们的公共服务体系之所以效率低,跟它的预算形成机制、程序有很大的关系。因为投入方不太关注需求的问题,所以才造成这个问题。因此我也很关心,法立出来以后最终保障了什么东西。陈欣新教授是法学家,他一定知道西方有一些法律的谚语或者格言,其中有一条讲"法律不强求人们去搞那些无意义的、无用的东西"。我们一部法到底要做出什么东西来,到底是要保证这个国家、这个政府、这个行政部门去做什么,为什么做这些事,我认为这是一个很重要的问题。我希望未来通过的每一部法在这方面都能够考虑到这样的问题,看看怎么能够使这个法不仅是鼓励这个国家更多的投入,而且更是高效的投入。这部法做下来就变成固定的东西了,我也希望它能考虑到它和预算程序改革是什么关系。因为我们的预算制度也在改革,从上一届政府开始就多次提到预算制度改革的问题。预算程序的问题非常大,如果这部法做出来以后对改革又设置了一个障碍,我认为这就是问题。

简单地说,我脑子里就是这样一些问题,不仅希望文化立法能够真的做促进中国社会进步的事情,同时还希望它能有前瞻性的考虑,防止一些负面的东西出来。我想讲的就这么几点,谢谢大家!

公共文化服务社会化的三个层面*

◎ 贾旭东**

　　我想回应一下刚才朱主任和章建刚教授讲的问题，什么问题呢？就是我们公共文化服务目前的提供体制和面临的问题。我觉得现在最大的问题就在于我们花了很多钱，但是效果并不理想。刚才朱主任和章建刚教授已经讲得很清楚。我现在要追问一个问题，就是为什么我们花了那么多钱，建了那么多设施，有那么多的文化事业单位，国家也花了很多钱到农村去，建农家书屋、建书店、放映电影，但为什么效果不好？原因肯定是许许多多的。但是我觉得，归根结底最基本的就是我们的公共文化服务的体制问题，我们到底应该建立一种什么样的公共文化服务体制。

　　从2003年文化体制改革以后，就开始讲一个增量，就是要发展文化产业。但是发展文化产业之后又觉得光是发展文化产业是不对的，就像李扬院长讲的，我们文化发展不能光靠产业，要靠文化

内容，因为内容是文化产业的核心和灵魂，没有文化内容，我们的产业何以支撑呢？所以我们才提出要发展公共文化事业。但是，我们讲文化事业的时候，就是讲文化事业是由政府主导。政府主导文化事业对不对？肯定是对的。但是，政府主导不代表政府包办，政府提供不代表政府直接去生产。我觉得在公共服务保障法立法的时候，首先要解决公共文化服务的提供体制问题。这其中最关键、最核心的问题是什么呢？就是公共文化服务的转型，由政府包办向政府主导、多元投入、共建共享这样的方向发展。中共十八届三中全会提出构建现代公共文化服务体系，其中最重要的一条就是引入竞争机制，推动公共文化服务社会化发展。既然要推动公共文化服务社会化发展，引入竞争机制，该怎么引入？习总书记在中共十八届四中全会通过的《中共中央关于全面推进依法治国

---

* 本文系作者在第三届中国博士后文化发展论坛（2014）上的讲话录音整理稿，已经过本人审定。
** 贾旭东，中国社会科学院文化研究中心副主任、研究员、博士生导师、博士后合作导师。

若干重大问题的决定》中讲了三个全面：第一，全面建成小康社会。这是一个总目标。第二，全面深化改革。这是体制上的一个顶层设计。第三，全面推进依法治国。这是实现总目标和顶层设计落到实处的一个法制方面的保障。在公共文化服务保障法立法的时候，或者在文化产业促进法立法过程中，我特别希望三中全会制定的顶层设计能够在法律中得到体现，这样就做到了于法有据，才能通过法律来保障它得以实现。

就公共文化服务保障法而言，我最关心的是这部法律在推进社会化方面的制度安排。我觉得，公共文化服务的社会化包含三个层面：第一，公共文化服务投入的社会化。现在我们的投入都是政府投入，民间的社会资本投入非常有限。之所以如此，是因为存在着很大的问题和障碍。如个人、社会资本为什么进不来？我们在文化领域里面，国家的文件和制度都明确规定，社会资本可以进入公共文化服务领域。例如，建公共文化设施，参与公共文化院团的改革，经营公共文化设施，都提出来了，但是没有法律保障。再如，社会资本可以捐赠公共文化事业，但是我们的捐赠法在鼓励民间资本捐赠公共事业的时候，跟国外一比就知道，不是我们国家的企业家、人民没有慈善之心，而是制度设计上还存在着明显的缺陷。没有能够充分地激励社会资本和个人去捐赠公共文化事业，所以捐赠法在这方面也是需要调整和改革的。这是我想讲的第一点——投入的多元化，只有投入多元，才能够保障公共文化服务有充足的财政保障，

如果没有财政的保障，做什么公共文化服务？只靠政府的钱是不够的。刚才章建刚研究员已经说了，博物馆、图书馆免费开放，目前我们给的补贴是不足以让它开发更多的产品的，如策划更好的、一流的展览，钱是不够的。

第二，公共文化服务提供主体的社会化。习总书记在浙江的时候就提出过这个问题，事业单位在满足公共文化需求的时候也要运用市场机制。只有运用市场机制，才能够知道老百姓需要什么，才能避免我们现在这种状况：建了图书馆没人来，放电影没人看。这是第二个层面——社会化的主体，公共文化事业主体也要运用市场机制。另外，社会上大量的社会团体拥有大量的文化方面的设施，但是这些文化设施多数都是闲置的，因为只供自己单位使用。但是这些设施不充分发挥它的作用也是浪费，社会单位怎么样能够把它的文化设施向社会开放呢？如何变成共建共享呢？这也是需要注意的、需要解决的问题。

第三，公共文化服务方式的社会化。现在我们的服务都是等着人家来，但事实上，公共文化服务单位不应该坐等上门，而应该走出去主动提供服务。如应该跟学校、工厂、社区，甚至养老院合作，合作以后才知道它们需要什么，然后帮它们有针对性地提供公共文化服务。还有一种服务方式，不要只是定点服务，要充分利用现在的科学技术，如互联网技术、数字化技术，让人们能够更便利、更方便地享受公共文化服务。我先说这么多，谢谢。

传统文化创新性发展面临的主要困境*

◎ 陈 静**

各位博士后学友、各位老师、各位专家：

大家好。非常感谢这次博士后论坛邀请我参加，并且让我做主题发言。我们这一场的主题是传统文化继承、转化和发展，这个主题让我很感慨，因为出席相同或者相近主题的会议已经很多次了。为什么我们要一再讨论这个问题，为什么我们这个民族需要一再思考应该如何面对自己的传统？为什么我们需要一次一次地追问，我们所理想的社会、理想的生活、理想的社会组织方式、理想的人与人之间的关系，究竟和我们的传统是什么关系？

之所以需要面对传统文化的继承和创新的问题，首先是因为我们的传统非常强大。大家知道，司马迁写《史记》，第一部分是十二本纪，十二本纪的第一篇就是《五帝本纪》。这一篇，实际上是把原来不同部族所信奉的祖神或者他们的文化英雄重新做了一次整合的叙述，把他们都归宿到黄帝的亲缘关系之下排出世代，从而形成一个先后继承的关系。这种叙事的方式实际上构建了一个大一统的文化观，随后我们的文化就一直在大一统的文化格局之下发展。正因为如此，我们现在才可以说我们有数千年一以贯之、未曾断裂的传统。否则朝代更替，改朝换代那么多次，凭什么说我们还是一以贯之？因为实际上我们拥有的都是同一个文化传统。

正因为有这样一个一以贯之的文化传统，我们现在才可以说继承了一个未曾断裂的强大的文化传统。这个传统也使我们不能说我们是在一张白纸上画画，而是必须面对这个传统来谈发展。

强大的传统使我们很难轻易离开传统。但是，如果我们安居于传统，也没有传统文化的创新发展问题。我们之所以一再谈传统的创新转化，就是因为新中国或者说中国的现代化意味着要走出

---

* 本文系作者在第三届中国博士后文化发展论坛（2014）上的讲话录音整理稿，已经过本人审定。

** 陈静，《中国哲学史》杂志常务副主编，中国社会科学院哲学研究所研究员、博士生导师、博士后合作导师。

传统，要重建新的中国。

新中国意味着什么？并不是一个新的政权就意味着一个新的中国，新中国应当是一套新的体制、新的文化。这意味着我们要从强大的传统中走出，要对自己的文化进行根本的更新。在另外一个类似的会议上，有人问，我们现在面对的文化困难比孔子面对的礼崩乐坏更大吗？对于这个问题，我的理解是我们面对的困难更大，因为我们要转化的文化基因更根本。孔子是要恢复周礼，我们现在是要转化黄帝以来的某些文化特质，增加一些过去我们没有的东西。社会主义的核心价值观里有自由、平等、法治等内容，这些内容不是来自我们的传统，它们所蕴含的前提与我们传统文化的基本预设是不符合的。

自由、平等、法治尤其是自由平等的观念，是以同质的个人为前提的，而我们的传统里没有个人，只有整体中的成员。每个人都要在君臣父子的大架构下确认自己的身份，才能显明自身。一个有德行的人，就是能够完成自己社会角色之当然的人。中国传统关于圣人的描述，都是这样的。例如，舜出自问题家庭，他的父母弟弟都很糟糕，他却坚持做好儿子好兄长，最终使瞎眼的父亲欢喜了，因此表率了天下。传统对人的设想就是伦理关系中的角色，就是德行伦理下的角色设想，而自由、平等观念下的人，是独立的个人。在这个想象之下，对于每个人的存在方式的想象，是设想他独立地做出自由的选择，并且对自己的选择承担责任。这与中国传统以角色为人定位是很不一样的。

李景源老师在他的演讲中谈到，我们中国正在讲好自己的故事，正在对世界产生影响。张志强老师也说到了"中国时刻"的问题，这是因为中国的经济实力在增强，中国的影响在扩大，这是大家都会注意到和提到的。不过李景源老师在他的演讲中还说，我们在国际的学术会议上，在一些思想上的发言，还不是足够强大有力，或者说我们思想的影响远比我们在经济上的影响要小。为什么会是这样？我个人理解，一个很重要的原因就是我们的思想现在不成套、不内恰。我们的传统是内恰的，修齐治平，一理贯通，修身就是治国，齐家就是平天下，或者说可以从齐家直通平天下，这一套是完全内恰的。自由、平等的核心价值观所依据的是个人的想象，可是我们现在动不动就说老百姓怎么怎么样。老百姓是什么？老百姓是相对于官府的，这是一个传统社会的称谓。称谓并不简单，命名是有实质内涵的，这个命名后面会带一系列的预设。老百姓的预设与自由平等所蕴含的个人预设是不内恰的。

还有我们填政治身份，有一项是群众。有党派填党派，没有党派就是无党派，这是顺理成章的理解。但是如果你这样理解，就错了。无党派也是一种身份，必须是那些没有党派又有一定身份的人，如人大代表、政协委员，才有资格填无党派。一般的没有党派的人，只能填群众。可见，要被承认是一个"个人"，在我们的文化中还是会发生困难的。我听到别人说我们在思想上毫无贡献，心里很不舒服。可是连"个人"都做不成，只能被安排一个自己不喜欢的角色，做一个没头苍蝇似的群众，更让人难受。

实际上我们现在面临的就是这样一个困境，我们要转化传统，实现现代化，可是我们的传统太强大，直到现在我们也没有在道理上说通，把传统说成一套新东西。于是我们似乎失语了，我们在国际的会议上说不出像样的话来了。我是做传统思想研究的，回到传统看传统，进行一些历史性的研究，自己还能有点看法，可是要说通古今，就感到非常困难。有时也想借鉴前人的经验，如朱熹注《四书》，就把汉唐的思想变了一个格局，适应了当时的社会，影响了后来一千年。我们现在能根据什么样的文本来进行新的思考呢？我经常想这个问题，

但直到现在也没有想通。因为我做道家，又喜欢读庄子，我也在想庄子对真人的想象，就是对一个超越角色的人的想象，可不可能展开为一个关于新型个体的认定。可是我觉得有点困难，因为从庄子的思路还是推不出来。如何完成从"角色"到"人"的转换，如何让"角色"背后有"人"，如何划定"角色"与"人"的活动区域，我自己并没有想通。这些问题必须要在道理上讲通，并不是简单地说它是就是。可能我比较愚钝，直到现在我也还没有想通，当然也不能要求谁把我教通。我，还有你们大家，我们必须自己想通。我今天在这里说的，主要是我的困惑，谢谢大家。

不应割裂中华民族的文化主体*

◎ 李德顺**

文化研究中心邀请我来参加这次活动，我义不容辞。但是对这个题目我还没有专门研究，只想谈一些个人的感受。

刚才志强讲到"中国时刻"，我同意。中国确实到了一个重要的历史时期，而且在国际上举足轻重。那么，在这个全面深化改革的历史时期，我们的文化会是什么样子的？对于这个问题，我想应该分两个层次来谈：一是从历史的角度看我们文化发展的走向；二是从学术角度看文化的研究和言说的特点。

我们说的这个文化，是广义的文化。从前一个角度看，中国的历史现在到了一个转折关头，就是伴随着中华民族的重新崛起，伴随着中国社会的现代化发展，我们文化的总体形态，处在一个从传统的人治文化走向法治文化的重大转变时期。最近刚刚开过十八届四中全会，讲到了全面推进依法治国，建设社会主义法治国家。如果放到中国历史背景上

来，应该说这是一个空前深刻的、复杂而艰巨的历史转变任务。中国传统文化的本质是人治文化，把它变成法治文化，意味着要在人民当家做主、人人平等的基础上，形成并转变成一套规则之治，而不是个人意志之治。这样的一种文化转变，不仅涉及国家政治的顶层设计，而且涉及我们每个人的日常生活，涉及很多行为方式和风俗习惯。

如果从政治文明的角度来看，人类历史上的文化大体是两种类型：一种是人治的，一种是法治的。我们从一种类型转向另一种类型，这个任务的深刻性、复杂性和艰巨性，大家可以完全、充分地理解和想象。这个转变，关系到我们民族最终能不能实现现代化，关系到我们能不能形成世界上一个先进的文化体系，一个真正能够引领世界潮流的大民族、大国家的文化。

从第二个角度看，现在关于文化的

---

* 本文系作者在第三届中国博士后文化发展论坛（2014）上的讲话录音整理稿，已经过本人审定。

** 李德顺，中国政法大学终身教授、人文学院院长、博士生导师，《中国政法大学学报》主编。

言说，关于文化的研究和表达是一个什么状态？这是我现在比较担忧的一个方面。这些年来，我们的文化，中华民族文化的整体精神和整体意识，有被逐渐瓦解的苗头。

最突出的是"中华民族"这个整体的认同问题。人们不停地以各种各样的方式和理由，如用阶级的分化和对抗，用民族的、地区的、区域的、信仰和宗教的、财产和教育的贫富差距以及经济和文化生活水平的分化，甚至用各种各样具体化的、特殊部门化的权利主张等，把整个中华民族解构开来。

例如，我很不赞成用某一家、某一派的学说观点代表中华文化的多元多向面貌，把中华学术文化仅仅归结为某一家、某一学派的体系，这实际上就是把整个中华民族主体给解构了。不能把我们经历5000余年发展而来的中华民族的文化，这样按照自己的喜好和眼界随意地加以简化和归结，不能这样讲中华文化。

最近我发表了一篇文章，根据习总书记讲到要科学对待传统文化，编辑部让我讲讲怎样科学对待。我说科学对待就是实事求是地对待，实事求是是科学精神的精髓。实事求是地对待中华文化，首先就要实事求是地承认"中华民族"是一个主体，而不要有意无意地去瓦解这个主体、撕裂这个主体，不要继续在中华民族主体之内制造各种各样的分裂和纠纷。

为什么要强调这一点？因为我们说的是"中华文化"。中华文化真正的精髓，正是把所有中国人，56个民族、各个地区、世世代代的中华儿女联系在一起的那个纽带。只有它，而不是不同时期发生的不同现象、不同学说和观点，才是中华文化整体的精髓。如果把这个纽带割断了，就会把中华民族的主体瓦解了，我们就形不成一个真正的中华文化的新时代的面貌。

基于这种理解，我对现在的"文化圈地"现象表示忧虑。现在的情况是，什么人有了点权、有了点钱，或有了点想法，就可以凭借权势自立一个山头，扯起一面旗帜，去叫卖自己那一套东西，并想强加给别人。这样的东西，对民族、对国家、对人民、对文化整体来说，其实是极不负责任的，它们是只热衷于谋取一己的话语权、文化权而已。只有大家都站在中华民族主体的共同立场上，才能有效地担当起我们对于中华文化的权利和责任。

文化就是人的"活法"，中华文化就是中国人的"活法"。中华文化就是全体中国人的文化、中华民族的文化。中华民族从无到有、从小到大、从弱到强发展起来，靠的是怎样的精神联系纽带？如果着眼于这一点去研究和表达，我们就会有一种自觉的主体意识，有一个清醒的自我定位和自我把握。

现在是全球化的时代，也已经不主张割裂世界了。世界不要再割裂了，我们中华民族更不要再割裂了。让我们为推进全民族整体发展、全世界和谐共赢而努力。这就是我的一点看法。

谢谢。

复兴"家学"在当代中国的重要意义[*]

◎ 李祥俊[**]

各位学友下午好，非常高兴能有机会在这儿谈谈自己关心的问题，我想了想，把我最近的一点想法跟大家做个汇报。

因为我是讲中国哲学专业的老师，主要是研究儒学的。我将儒学的核心理念概括成是"差异一体"。这个理念可以从儒学的形而上学方面去发掘它的意义，也可以从社会生活的各个层面去考察它的应用。其实这里面本身可以有很多解说，我过去一直在想这个，也曾写过一些东西，都是讨论这些问题的。但是最近有一个转折，整个儒学是和中国社会、传统社会的生活紧密相连的。最相连的是什么呢？我发现就一个字——"家"。要讨论儒学，有一天要是把传统社会的家学研究清楚，可能就属于思过半矣。我们过去好几年总讨论"仁学"，讨论得非常热烈，我希望有一天研究传统的人去讨论"家学"。

想到这个问题，刚才几位老师也讲到传统，今天的主题就是传统继承和转化。尤其是儒学的那些理论，在今天理论上的意义和实践上的意义，如果有它的价值可以继承、可以转化、可以发展，要跟生活本身结合。最近我看了一些历史的东西，自己做了一些思考，我觉得儒学的形成是和家直接相关的，其实人活在这个世界上，跟谁住在一起、跟谁在一起吃饭、跟谁天天打交道是最重要的。传统儒学从三代以上的"君子之泽，五世而斩"那样一种宗法的社会到秦汉以后的"编户齐民"的这个社会的转变是非常巨大的。儒学的形成和壮大也跟这个相关。当然"编户齐民"形成以后不排斥它有一些回归，也有新的以"编户齐民"为基础的宗法。过去有一些人偏重于讲"编户齐民"激进的这一面，也有人讲传统社会还有很多保留。我的考虑是任何社会的家庭形式也好、人的

---

* 本文系作者在第三届中国博士后文化发展论坛（2014）上的讲话录音整理稿，已经过本人审定。

** 李祥俊，北京师范大学哲学与社会学学院教授、博士生导师。

生活存在方式也好，都是多样的，不是单一的，这个社会可能有前面的，也有后来的整合。

以这种社会生活的方式为基础的儒学在今天大家会觉得它的变化有很多种，有很多原因，我可以从家庭形式的转换上来讲。对于近现代很大的变化，政治层面的变化可以修补，如果是社会生活层面的变化那就是巨大的转型。我们今天的家庭可能是形态多样、规模缩小，甚至有的很难用传统的方式来定义，而且最大的变化是，过去我们计算的单位是家，今天我们计算的单位是人，当然也有人不同意，但主流的趋势还是这样的。这个趋势不是从今天开始的，古代也有这个倾向，尤其从清代中晚期，如果过去读哲学史就会知道，安徽的先贤戴震，他有一句很出名的话，他说要发奋打破家中太极图。

最近我想了想，我觉得这是他表层显性意识的话，潜意识也许不是这句话，不是要打破家中挂着的太极图，而是要打破挂太极图的那个家。这在近现代愈演愈烈，大概在1949~1989年达到顶峰，但是改革开放以后，家庭回归了，因为从农村的人民公社到城市的厂矿企业的单位制度的全面崩溃，给儒学的复兴提供了最坚实的基础。如果不回到家里，我们还是单位人，实际上单位人和个人都是家庭人的一个可知的领域。

儒学在今天仍然有它的价值，从两方面来考虑，一是从理论上来说，它面临一个巨大的转型和改革。它具有永恒性的地方，包括这种差异性和整体性。有的时候好像用一个观念把它去除了，却发现它还在顽固地活着。二是不可以随便拿来用，它是一个整体性的结构方式，在某种程度上非常痛苦，可能你接受一点点，就会像老鼠拖木锨一样把后面的东西带过来，以致我们接受不了。打散的军队很容易收编，但是一个完整的团队很难解决，理论上的转型非常困难。

儒学的这些内容在今天的社会生活当中还非常有影响力。它不仅是说在我们讲的乡村社会，可以说在我们每个人身上，现在可能都有两种观念，我自己也是。一个是传统的价值观念在我身上，一个是现代的价值观念在我身上，每个时代可能都有这个情况，但是对于我们今天这个时代的人们，这一点就更加突出，它会带来非常多的麻烦。两种观念的磨合什么时候是个头，用什么方式，是采取这个领域分离的方式还是以一种基础的观念来统摄，或者是产生新的思想观念吗？我不知道，但是目前来说我们很麻烦。有的人是用现代的观念来处理，有的人是用传统的观念来处理。不仅是家庭，包括我们日常的交往。两种人在一块儿就非常麻烦，会互相伤害。我们如果按照君子去设定人，则两种可以并行而不相悖，我希望以后是这样。但是现在可能是两种坏处的结合，这是非常糟糕的。

我希望儒学能够有新的发展，其实我跟李德顺老师和陈静老师在基本的持有现代的价值理念上是一样的，但是儒学如何自身在理论和实践上有它新的突破还需要研究。尽管中华文化博大精深，但是儒学是它的核心，是一个主导性的东西，可以说就是文化的主导性吧。我就讲这一点，谢谢大家。

只有在世界思想市场中实现"流通"的文本才能"流传"*

◎ 李 河**

由于我接到话题比较晚，刚才节省吃饭的时间里理了理思绪。我们的组织者透露了一个消息，说我们这几个代表是"中西马"三家代表，我一想，我是代表西，我的任务好像是在今天的大环境下做点检讨。但实际上我本人是很喜欢中国传统文化的，这就是为什么我要来开封，这个地方是孟子见梁惠王的地方，孟子见梁惠王就是讨论"义"和"利"这样最基本的关系和价值的。

孟子见梁惠王一文的写法很有意思，孟子见梁惠王，后面就教了他一大堆东西，"王，何必说利"，说"上下交征利"，那你这个国家就麻烦了。这里体现了什么呢？当时在战国时期，像孟子这样的人基本是个"白身"，四处游说。如果今天我们要报道这个事，我想了一下，很可能是说昨天晚上梁惠王亲切会见了孟子，然后孟子谈了他的想法，最后梁惠王发表重要指示等，主要是说梁惠王的事。这是我们基本能感觉到传统和现代是有一些区别的。

但是我现在想既然谈到传统，那么什么是传统？在当今世界，谈它是什么意思，有几层意思。前两天我们去韩国开会，讨论东亚文化认同的问题。人们就不断在问，我们怎么界定什么叫传统？特别是儒家传统或者中国传统。我们说在社会学特征上，要有共同体，有源头记忆，或者是源头经典。源头记忆、源头经典在具体的演绎、解释和社会化的时候，可以变成文物典章式的，也就是说它的政治制度的建构和家庭的、个人的行为规范能够表现出来。此外，还能够进一步泛化为社会各种各样的习俗、仪式。

* 本文系作者在第三届中国博士后文化发展论坛（2014）上的讲话录音整理稿，已经过本人审定。

** 李河，中国社会科学院哲学研究所研究员，联合国教科文组织《保护和促进文化表达多样性公约》所属"文化多样性国际基金项目"（IFCD）六人评委之一，博士生导师、博士后导师。

还有一个东西是进一步要表现的有其他更明确的教化体系，就是心灵复制要教化和传递下来，这是我们说的经典意义上的传统最起码要包含的几个要素。当然还有大传统和小传统，有传统的交融。这样的说法基本上大家是认同的。

但是现在的问题是，这样一个传统今天怎么样？因为我研究解释学，解释学在谈传统的时候会说，传统这个概念是一个濒危命名。传统"Tradition"最早的提出是在1543年，天主教在面临危机时强调"有几个东西不能动"：圣经不能动、圣教不能动、圣传不能动。圣传当时用的就是"Tradition"，这个词是当天主教的思想经典传统遇到危机的时候出来的。

我们今天在谈传统的时候，它是一个濒危命名，什么时候开始濒危的？中国文化什么时候开始濒危的？这是我要谈的最简单的问题。就是当世界作为世界的概念出现了，传统就变成濒危的东西，传统意义上的传统开始变成濒危。

十天前我们有一个读书班，在讨论哲学史讲演录，一个同学把它做了复述，我给他提个问题：哲学史讲演录全名叫什么？"哲学史讲演录，没错啊。"我说它的全名应该叫"世界哲学史讲演录"。在这个讲演中，黑格尔第一个明确提出了世界和世界史的概念。

当世界出现了以后，我们就知道世界市场出现了各种各样的全球化力量，所有原来跟地缘有关的经典传统开始进入诸神较量的时代：我跟你博弈，你跟我博弈，这个博弈不单是一个西方向其他地方扩张。其实从明代末年以后，我们也有一些东西，包括"老子"，还有《论语》，它们被翻译成各种外文。所以经典文献有各种各样的流动，世界市场出现了，思想经典文本在全球开始流动了，这时候对当代世界整个政治生活、市场秩序和社会规范的设计当中需要采取哪些材料，不采取哪些材料，这是竞争选择的问题。所以，很不幸的是，在这个过程当中，我们知道处于希腊开端的传统得到了优先的选择，而我们这个传统当时碰到了很大的问题。

我们一定要知道传统意义的传统，现在遇到的挑战，今天是世界市场的时代。法国思想家鲍勃·迪伦，他的观念和文本世界流通，在这个文章当中特别谈到货物流通是一回事，文本观念也要全球流通。所以我当时说过去的传统都是单线的、从古至今流传的，但是今天进入竞争以后就要流通，不能流通的传统也没有流传的能力。这是从1500年以后，这个世界告诉我们的基本选择。我们在谈传统的时候，还不要先进入细节，哪些东西可以转化，都要转化、都要创新，并且在今天一定要知道不能流通的是不能流传的。

首先，今天我们说中国经济发展好了，经济上强大了，我们说文化一定要把它推出去，叫文化"走出去"。当用文化"走出去"这个词的时候，我们就忘掉在全球文本和观念流通竞争选择的时候，一个文化是不是有生命力，不在于有多少钱，不在于政府推动了多少，而是别人能不能引用。这就解释了在19世纪末的时候，不是传教士把很多东西弄到中国来，而是我们中国人把那些东西给拿过来。这些是从流通和流传当中应该接受的一个经验。

其次，我们也要知道流通和流传的东西真正进入流通环节的那样的传统，有越来越多的世俗性的因素和变化性的因素。19世纪末以前当我们传统的东西没有退出经典的教化体制，文献载体都没有退出的时候，我们用罗尔斯的说法是"comprehensive doctrine"，整全性学说。就是一个社会只能有一种整全性学说，这种整全性学说，它从信念到经典基础，是排他性的、独占性的。但是现在我们进入现代社会以后，不可能再搞这种排他性、独占性的东西，于是就会有各种思想进来，在国内流通，进行解释的竞争，这就叫开放社会。这个社会开放了，如果说哪天要复兴传统，要罢黜百家、独尊传统，那么就麻烦了。这个东西就是再强、再有钱，依然是一个封闭型社会。罗尔斯说，这里面有"交叠共识"，它叫"overlapping consensus"，不同的东西在发生关系的时候，可能会达成一些共识。这也就是我现在觉得比较奇怪的地方，说打通中西马，但这么长时间，Overlapping这个东西建立不起来，很多时候这种讨论还局限在最根本的本质主义的基本信念上，但是我们围绕着社会的制度，围绕着现代生活对它进行广泛的讨论，这一点就非常不够。所以我觉得，传统怎么创造、怎么创新，要给出开放的条件。

最后，就是一个启示。前几天我们在做文化多样性的时候，看了凯姆里卡·杰妮卡（音译）的一篇文章，杰妮卡说，那么多的移民来到了加拿大，大家都带着自己的文化，文化既然有多样性，都有自己的权利，那么哪些权利应该被尊重，哪些权利不应该被尊重呢？就会出现这个问题。最后他说，一定要知道有薄版本、厚版本，文化多样性的薄版本就是说，假如我到了一个社会，我尊重这个社会的基本民主制度和宪政。在这个情况下，我的各种习俗就是多样性、合法性，能怎么保证就怎么保证。但是当一个人来了以后，出于其他的原因保持一些特别的传统陋习，这样就会和基本的社会价值观发生冲突，这些东西就不属于我们应该保护的文化多样性。在这个意义上，我们今天在谈论各种各样的传统的时候，大家在这儿进行交流，最后选择的办法其实还是有的，这个基本的标准就是对我们社会的发展、对我们社会的和谐，包括对我们民族复兴是不是真正有好处？这就是我的发言，谢谢。

文化传承与现代性精神*

◎ 付秀荣**　黄丽娜***

　　摘　要： 近代以来的中国文化传承一直处于古今中西的争论中，从文化的角度看，这种古今中西的争论实质是中国文化如何现代化的问题。中国文化传承的现代性要求中国文化突破其故步自封的保守而走向思想解放，告别纸醉金迷的媚俗而增强思想定力，超越传统现代化而趋向可持续的新现代性。中国文化传承要求弘扬国家富强、民族振兴与人民幸福所需要的时代精神、民族精神与和谐精神，实现中国文化传承与中国梦的完美结合。

　　关键词： 中国文化；文化传承；现代性

　　文化传承是指文化发展过程中对原有文化要素、文化精神的传播与承继，它是文化发展的前提和基础。在人类文化史上，能够得以延续的文化都离不开文化传承。只有文化传承，才能传递自己文化的 DNA，播撒自己文明的精神与火种，延续民族文化的血脉，塑造自己民族的精神家园。

一、 文化传承的现代化目标

　　中国文化是有 5000 余年悠久历史积淀的厚重文化，中国古代传统文化自先秦的百家争鸣起，尽管有儒、道、释、法等各家学派此起彼伏、分分合合的发展，但在文化竞争与冲突的过程中，各

　　* 基金项目：国家社科基金青年项目（11CKS017）；中国博士后科学基金第 54 批面上项目（2013M540259）；中国博士后科学基金特别资助项目（2014T70300）。
　　** 付秀荣，哲学博士，吉林大学马克思主义学院教授，吉林大学哲学社会学院在读博士后，研究方向为文化与社会发展研究。
　　*** 黄丽娜，心理学博士，吉林大学马克思主义学院讲师，研究方向为心理文化。

种文化派别始终以自己的方式与途径延续着中华民族"自强不息"、"寻求和谐"的品格，这为近代开始的文化现代化奠定了思想基础。

近代，在寻求国家富强、民族复兴的道路上，一批受过西式教育的知识分子率先发动了一场"反传统、反孔教、反文言"的思想文化革新运动——新文化运动。新文化运动是我国近代历史上第一次具有文化启蒙意义的文化运动，这场运动批判的矛头直接指向封建文化。反传统实质是反对封建主义所代表的专制，倡导民主；反孔教实质是反对旧的礼制社会秩序，倡导自由；反文言实质是反对文化的过度精英化，而主张文化普及化。新文化运动的发动者力图借此将科学和民主两位"先生"引进中国，他们认定"只有这两位先生，可以救治中国政治上、道德上、学术上、思想上一切的黑暗"。①与之相反，以《东方杂志》主编杜亚泉为代表的保守派则对西方文化产生怀疑，并撰文围剿新文化运动，他们认为，"决不能希望于自外输入之西洋文明，而当希望于己国固有之文明"。②这场东西文化论争实质是中国文化如何现代化的问题，是借助西方文明，还是依赖本国文明？就新文化运动而言，表层目标是"反传统、反孔教、反文言"，深层的文化目标是通过文化的运动实现以科学与民主为主题的文化现代化。以杜亚泉为代表的文化保守派则体现了阻碍近代中国文化现代化的旧有文化力量。"尽管新文化运动的自我意识并非政治，而是文化。它把社会进步的基础放在意识形态的思想改造上，放在民主启蒙工作上。但从一开头，其中便明确包含着或暗中潜埋着政治的因素和要素"③。"启蒙性的新文化运动开展不久，就碰上了救亡性的反帝政治运动，两者很快合流在一起了"④。这里的"反帝政治运动"就是五四运动，新文化运动为五四运动提供了思想准备，五四运动促进了马克思主义在中国的传播，其拉开了反帝反封的新民主主义革命的序幕。

1923~1924年，中国思想文化界又开启了一场继新文化运动之后的又一场文化论战——科玄之争。以张君劢和丁文江为代表的两批分别代表玄学与科学的学者展开了一场关于"科学是否对人生观有效"问题的大争论。张君劢主张，"科学无论如何发达，而人生观问题之解决，决非科学所能为力，唯赖诸人类之自身而已"⑤。丁文江则认为，"科学的万能，科学的普遍，科学的贯通，不在它的材料，在它的方法"⑥。科玄之争表面上是关于科学方法界限的激烈争论，深层上仍是一场中西文化何去何留的无情厮杀，实质问题是"中国传统文化是否

① 陈独秀：《独秀文存》，安徽人民出版社 1996 年版，第 243 页。
② 伧父："迷乱之现代人心"，《东方杂志》1918 年第 15 期。
③ 李泽厚：《中国现代思想史论》，东方出版社 1987 年版，第 11 页。
④ 李泽厚：《中国现代思想史论》，东方出版社 1987 年版，第 13 页。
⑤ 张君劢："人生观"，《中国现代思想史资料简编》（第 2 卷），浙江人民出版社 1982 年版，第 253 页。
⑥ 丁文江："玄学与科学"——评张君劢的"人生观"，《中国现代思想史资料简编》（第 2 卷），浙江人民出版社 1982 年版，第 372 页。

有必要传承，以及如何传承才能走向现代化"的问题。科学派力图用现代的科学精神、科学方法指导中国社会发展乃至影响中国人的人生观，玄学派力图通过给科学方法划界来彰显传统文化的价值。这场影响深远的科玄之争最后引来了以陈独秀、瞿秋白等为代表的"唯物史观派"加入，唯物史观派在与科学派和玄学派论战的过程中宣传了马克思主义，并提出马克思主义哲学是科学的真理、科学的世界观，是超越中西文化之争的思想武器，也是真正能推动中国传统文化实现现代转型的精神力量。

1940 年，毛泽东在《新民主主义论》中指出，"一定的文化是一定社会的政治和经济在观念形态上的反映"。[①] 帝国主义文化和半封建文化是替帝国主义和封建阶级服务的，是应该被打倒的东西，而新文化则是"在观念形态上反映新政治和新经济的东西，是替新政治新经济服务的"。[②] "所谓新民主主义的文化，一句话，就是无产阶级领导的人民大众的反帝反封建的文化"。[③] 毛泽东强调新民主主义文化建设具有领导阶级不同、人民大众广泛参与的新民主主义性质，同时也指出，新民主主义的文化是反帝反封建的文化，其指向文化的现代化。也就是说，毛泽东除了强调文化发展仍然以现代化为目标外，他更强调文化与政治经济的关系，强调文化在中国社会发展中的独特作用。

1964 年，周恩来在第三届全国人民代表大会第一次会议上，代表中共中央提出了"四个现代化"的目标，即农业、工业、科学技术与国防现代化，虽然此次会议没有直接提到文化现代化，但科学技术是文化的核心竞争力的体现。四个现代化的目标成为那个时代鼓舞亿万中国人团结一心建设社会主义国家的强大精神动力。

半个世纪过去了，四个现代化的响亮口号仍存活在当代中国人的记忆中。然而，在推进中国现代化的过程中，我们遇到了很多难题。尤其是，中国的现代化发展是不平衡的，这种不平衡体现在农业、工业、科学技术与国防发展水平的不平衡，体现在不同地域发展水平的不平衡，即现代化的程度与水平的不平衡，包括文化现代化。但不管如何发展，现代化是发展的目标是不容置疑的。当前，我们建设社会主义文化强国，就是要坚持"二为"与"双百"方针，"推动社会主义精神文明和物质文明全面发展，建设面向现代化、面向世界、面向未来的，民族的科学的大众的社会主义文化"。[④] 当代中国文化现代化，不能离开强大的物质文明，同样不能离开深邃的社会主义精神文明；当代中国文化现代化，需要全球眼光，需要未来视域，更需要有为人民服务、为社会主义服务的内在宗旨，这是中国文化现代化不可缺失的维度。

①《毛泽东选集》，人民出版社 1991 年版，第 964 页。
②《毛泽东选集》，人民出版社 1991 年版，第 695 页。
③《毛泽东选集》，人民出版社 1991 年版，第 698 页。
④ 胡锦涛：《坚定不移沿着中国特色社会主义道路前进　为全面建成小康社会而奋斗》，人民出版社 2012 年版，第 31 页。

二、文化传承的现代性诉求

现代性是现代化的基本属性，现代性是对人的解放。从对人的解放程度来看，有两种现代性。资本主义现代性以资本与理性结盟的方式使人摆脱旧有的、固定的社会关系，推进了生产力的解放。与此同时，每一种事物好像都包含有自己的反面，这种资本与理性结盟的方式也直接导致了人的"异化"，形成了新的奴役关系。马克思主义现代性是对资本主义理性、自由、平等与进步的超越，力图解决人类社会发展过程中人与社会的现实困惑和现代化进程中面临的诸多问题，其最终使命是克服人在资本主义制度下的异化，追求人的自由解放与全面发展。马克思主义现代性不仅是要"解放生产力"，而且要"解放生产者"。[①]我们将此种现代性称为新现代性。从文化传承的角度看，文化传承的现代性不仅要致力于文化生产力的解放与发展，而且要致力于解放文化的主体——人，文化传承既是文化发展的过程，也是人的自我解放的历程。

文化传承的现代性要求突破其故步自封的保守而走向思想解放。从中国文化的发展史来看，中国传统文化并不注重开拓新问题，更多地注重对老问题的再理解。从孔夫子到五四运动前，儒家思想的基本范畴始终没有重大改变与突破。尽管有"我注六经"和"六经注我"的争论，但总而言之，是关于"六经"

的学问。有外国学者认为，对孔子学说的信奉导致了中国的落后。"除去新涉及的耗费和其他起抑制作用的因素外，中国倒退的关键纯粹是信奉孔子学说的官吏们的保守性……"[②]尽管我们经历了新文化运动等思想启蒙，但长久以来，我们在文化理念与文化心理上形成的一种安稳、求中、捍卫和保守的习惯并未完全剔除，特别是养成了中国文化循古复旧的文化性格取向。这种保守型的文化心理与现代化求新、求发展的要求相背离。如今，一提到文化传承我们就会想到传承传统文化，而在文化传承的过程中，如何走向"放下包袱、开动机器"的思想解放才是第一重要的。从这个角度看，新文化运动对文化传承的最大历史意义在于其思想启蒙与解放。今天的文化传承，同样需要国人面对当今时代的问题展开再一次的思想解放，思想解放才能视野开阔，视野开阔方能获得革旧除新的精神动力，重新审时度势，突破故步自封的保守，推动文化的推陈出新。

文化传承的现代性要求告别纸醉金迷的媚俗而增强思想定力。一方面，文化传承的现代性需要思想解放；另一方面，文化传承的现代性又要求增强思想定力。所谓思想定力，是指能让国人保持精神独立性与境界高尚性的精神支点。我们讲的现代性是既要解放文化生产，又要解放文化主体的新现代性，这种新现代性是对传统现代性的超越。当代中国的文化传承要反思传统现代性的"见物不见人"、"物奴役人"一类的异化。

[①] 付秀荣："马克思主义中国化的现代性诉求"，《社会主义研究》2014 年第 1 期。
[②] 保罗·肯尼迪：《大国的兴衰》，求实出版社 1988 年版，第 9 页。

这就需要提升文化选择的境界，即抵制当代中国文化的媚俗性。由于市场经济的深入发展，中国文化变得随和了，也变得务实了。这种务实化的文化选择使"人生理想"镀上了"黄金"的外壳，使"人生追求"承载了"金钱"的重负。从大众阶层到精英阶层，似乎我们又回到了巴尔扎克所描述的崇尚金钱的时代。大众文化的媚俗尚可理解，因为大众文化就是要变着样地讨人喜欢，而精英文化却不应是媚俗的。目前我们的精英文化大体分为两类，一类是自我欣赏型，即各种有思想性的作品的流行范围基本是同行之间，或是更小的圈子，在这个小圈子中孤芳自赏，自说自语，承受着文化创作的百年孤独。另一类是躁动不安型，知识分子受特殊的社会物质利益的诱惑而躁动不安地投入所谓的文化创作中。但是，文化媚俗必然导致思想与精神的空乏，包括大众文化在内（更不要说精英文化）的文化均需要先进思想与精神的引领与提升。马林诺夫斯基曾指出，尽管文化产生于人类的生物需要的满足，但它在本质上却使人类与其他动物截然不同。文化把人类提高于禽兽之上，文化并不能给人类以其所能有的东西，却能指示给他看其所能奋斗追求的目标。在物质文化与精神文化间的关系问题上，马林诺夫斯基认为，物质方面过于发达往往会导致精神方面的极度空虚，从而追求穷奢极欲式的虚假和妄狂需要的满足。"高度的物质繁荣的时期，往往在精神上是堕落的"。① 他认为，现今时代就是这样一个物质繁荣而精神堕落的时代，当我们把一切注意力都放在物质上的时候，怎么会有文化的创造。我们认为，当代中国的文化传承不能放弃对理想与崇高的追求，而应注重境界提升，使当代中国文化具有应有的思想定力。在"以物的依赖性为基础的人的独立性"时代，中国人比以往任何时候更需要有丰富的精神世界，"贫穷不是社会主义；精神生活空虚，社会风气败坏，也不是社会主义"②，现代化不仅是个物质化的过程，现代化更需要精神支撑与思想定力。中国文化的精神支点不仅不能偏离中国的社会主义现代化建设目标，而且要有自己的特点。这种精神支点来自于能为社会主义中国的运转、良好社会秩序的维持提供基本精神依托的一套社会主义核心价值体系，而社会主义核心价值观则是社会主义核心价值体系中起主导与支配作用的核心理念。它既体现社会主义意识形态，又反映社会主义的政治、经济和文化制度要求，是中国文化与中国人的现代化必需的精神支点，是能让中国人在市场经济的大潮中保持必要思想定力的指路航标。

文化传承的现代性要求超越传统现代化而趋向可持续的新现代性。吉登斯认为，马克思、涂尔干乐观地认为，由现代所开辟的使人获益的可能性超过了它的负面效应。韦伯则悲观地认为，现代世界是一个自相矛盾的世界，"人们要

---

① 马林诺夫斯基：《文化论》，华夏出版社2002年版，第100页。

② 江泽民："发挥我军的政治优势，大力加强军队的精神文明建设"，《社会主义精神文明建设文献选编》，中央文献出版社1996年版，第473-474页。

在其中取得任何物质的进步，都必须以摧残个体创造性和自主性的官僚制的扩张为代价"。① 吉登斯则认为，现代性的最大问题有两点，一是"生产力"拓展所具有的大规模毁灭物质环境的潜力。他提出了要把"生态关系"融入社会学之中。二是"极权的可能性就包含在现代性的制度特性之中，而不是被取代了"。② 超越传统现代性要求超越狭隘的宗教、民族、国家及自我，自觉促进人与自然、人与文化、人与人的和谐统一，而这种统一的实现必须要通过人类对自我的约束与限制才有可能实现。传统现代化因追求眼前利益而具有短视性和破坏性，以罗马俱乐部的《增长的极限》、《人类正处在转折点》等为代表的社会发展理论以批判精神重新审视和回答了一系列社会发展过程中的短视行为，提出了资源即将耗尽、生态严重破坏、工业恶性膨胀、文化教育畸形等工业文明危机。中国文化传承的意义在于能否通过传承中华优秀传统文化为人类走出一条减少工业文明危机、实现可持续发展的道路提供精神指南，以文化的力量转变人们的观念，从观念的转变到发展模式的转型。

三、文化传承与中国人的现代性精神

现代性以理性与批判的精神追求科学、民主，这种理性与批判精神是现代性精神的主导精神。在不同的国家与民族以及不同的时代，现代性精神又有各自具体的表现。辜鸿铭在谈到中国人的精神时指出，"真正的中国人是带着童心过成熟理性生活的人。中国人的精神是这种灵魂和思维的完美组合"。③ 当代中国人的现代性精神表现为齐心协力实现国家富强、民族振兴、人民幸福的中国梦所需要的时代精神、民族精神与和谐精神。

中国人的现代性精神是改革创新的时代精神。每一种存在都是一种矛盾的统一体，中国传统文化也是如此。尽管总体上中国传统文化尚安稳、求中，但也存有革新的意识，也给理性与批判留有一席之地，这让中国人的精神屡次经受"觉悟"与"启蒙"的洗礼。如《大学》里讲的"苟日新，日日新，又日新"，如近代的"维新运动"、"五四新文化运动"等。中国人的现代性精神要从中华优秀传统文化中汲取养分，不断解放思想，革新当代中国文化的保守性，增强其审思力与创造力。可见，在中国传统文化中，尽管现代性精神一直以潜在或非主流的方式存在，但现代性精神一直存在。辜鸿铭认为，"在孔子生活的春秋旧中国时期，中国也存在严重的心灵与理智的冲突，就如当今欧洲社会的冲突一样"。④ 生活在孔子时代的中国人，开始认识到他们从祖先那里继承来的一个庞大的社会与文明体系已不能满足他们现实生活的需求，"中国人身上的这种觉醒，却是数千年后的今天欧洲所谓的

---

① ② 安东尼·吉登斯：《现代性的后果》，译林出版社 2000 年版，第 7 页。
③ 辜鸿铭：《中国人的精神》，天津教育出版社 2007 年版，第 95 页。
④ 辜鸿铭：《中国人的精神》，天津教育出版社 2007 年版，第 38 页。

现代精神觉醒。这种现代精神是自由主义精神、探索精神，是要寻求事物根本的精神"。①中国人的现代性精神是一种永不停止创新脚步的精神。文化传承的现代性要求激发这种内在的潜能，不断阐扬改革创新的时代精神，"引导干部群众始终保持与时俱进、开拓创新的精神状态，永不自满、永不僵化、永不停滞，以思想不断解放推动事业持续发展"②，瞄准时代新发展，增强文化的创造力。

中国人的现代性精神是以爱国主义为核心的民族精神。随着市场经济的不断发展，许多领域都受到了经济的强大冲击，对集体、民族、国家的淳朴情感也逐渐被放到物质的天平上予以衡量。当代中国的文化传承，是否仍然应该传承当年辜鸿铭所说的中国人的非凡特性，即"在过着心灵的、孩童般的生活的同时，他们还拥有思维和理性的力量"。③即不应该因现代性中物质文化的发展而使所有人都变成"理性经济人"，总是在计算一己的成本与得失，而失去了必要的对集体的文化认同。是否我们应该承继这种心灵的、孩童的纯朴所凝结成的精神与力量阐扬，并融入现代中华民族身份的再塑中。按吉登斯的理解，现代性是一种断裂性重塑，是一种新型的政治认同，民族不仅是个聚集群体的问题，也是一个政治问题。在英格尔斯看来，认同自己生活的环境是人的现代化的重要特征之一。中国人的现代性精神要求在文化传承过程中，不断弘扬以爱国主义为核心的民族精神，"增强民族自尊心、自信心、自豪感，激励人民把爱国热情化作振兴中华的实际行动"④，可以说，对民族文化身份的现代重塑就是一个推进现代性认同的过程，是增强文化凝聚力与文化认同力的过程，有利于民族振兴。

中国人的现代性精神是一种基于反思而和谐的精神。当代中国文化传承正处于全球化、信息化、多元化的语境之下，面对广泛的文化视域，中国人正在经历着前所未有的文化选择的困惑与焦虑。这种文化困惑与焦虑需要我们反思传统现代性的精神，一是反思由地域发展不平衡带来的文化发展不平衡，在某些地区，劣文化驱逐良文化，落后的文化不断拓展自己的市场；二是反思现代化过程中物质文化与精神文化发展失衡问题，经济上去了，精神却下来了，国人日渐缺失对自我关照的精神维度，进而让心灵的天平失衡；三是反思前现代、现代、后现代文化的问题，不仅要面对前现代文化的蒙昧，而且要面对传统现代文化的不可持续，以及后现代文化的无意义感与虚无感。当代国人只有以现代性的反思精神弘扬中华优秀文化，才能关照自我的精神世界，寻求生命的价值与意义，走向新现代性。只有经过反

---

① 辜鸿铭：《中国人的精神》，天津教育出版社 2007 年版，第 39 页。
②《中共中央关于深化文化体制改革 推动社会主义文化大发展大繁荣若干重大问题的决定》，人民出版社 2011 年版，第 14-15 页。
③ 辜鸿铭：《中国人的精神》，天津教育出版社 2007 年版，第 27 页。
④《中共中央关于深化文化体制改革 推动社会主义文化大发展大繁荣若干重大问题的决定》，人民出版社 2011 年版，第 14 页。

思，才能切实找到国家、社会与个人的结合点，努力在现代性的不可控制、不确定性中寻求平衡点，架起各方力量的和谐之桥，阐扬现代性的和谐精神。就个人而言，这种基于反思而和谐的现代性精神有利于增进个人的幸福指数。"人民幸福"具有客观与主观两个向度。从客观上看，物质文化的充分发展是人民幸福的前提和基础，它是人们走出生存危机的必要条件。同时，制度文化不仅保障人的生存，而且让人们有更公正的发展机会，让政治昌明，保障社会生态健康发展，为国人的幸福生活提供和谐的社会环境。从主观上看，精神文化的发展会让人们找到真正而持久的幸福感。有了精神依托，人们才不会经常处于某种患得患失中，人的心灵才不会长期处于不平衡、不和谐状态。幸福不仅有客观指标，也具有强烈的主观体验性，幸福是一种心灵平衡的状态。正如人的身体失去平衡会摔倒一样，心灵失去平衡会让人的精神失去重心，而无所适从、萎靡不振。这种心灵的稳定状态为个人与社会的和谐提供了依托，会让中国人民生活得更幸福。

Abstract：Chinese cultural heritage in modern times has been in debates with ancient or modern, Western or Eastern, from a cultural point of view, the essence of this debate is how to modernize for Chinese culture. Chinese cultural heritage of the modern requirements Chinese culture beyond its complacency towards conservative and gain ideological emancipation, farewell enhanced dissipation and kitsch anyone thinking, beyond the traditional trend of new modern and go to sustainable modernity. Chinese cultural heritage requirements zeitgeist, the spirit of the national spirit and harmony for national prosperity and revitalization and the people's happiness, and achieve the perfect combination of Chinese culture and heritage of the Chinese dream.

    Key Words：Chinese Culture；Cultural Heritage；Modernity

中华文化传播中的大传统与小传统的互文性建构

◎ 张学勤*

摘 要：本文借助人类社会学中的大传统与小传统理论，通过对中国历史上的文学发展、佛教传播和政治建构进行梳理与探析，提出了在中华文化传播的过程中，大传统与小传统存在一种互文性建构关系，共同为中华文化传播与文化秩序的稳定发挥了相互支撑、互为表里的作用。

关键词：中华文化；传播；大传统；小传统；互文性建构

中央电视台为了纪念邓小平 110 周年诞辰，播出了历史剧《历史转折中的邓小平》，很多普通的中国家庭都在既定的时间一家人围着电视机共同经历一个国家历史的回顾与个人记忆的回放，因为几代人的家国情怀与人生际遇都共同地体现在了这一段跌宕起伏，充满变革的岁月之中。于是，从历史映照、故事情节、演员功底到语言风格等都成为了线上线下热议的话题，众多的当事人、亲历者、学者纷纷发表自己的观点，如历史上的邓小平、电视剧中的邓小平，以往拍摄伟人的手法和现在演绎的手法

等都成为争议话题，在央视播出的历史剧中，能够产生如此的社会影响，绝无仅有，这或许正是邓小平带给我们这个国家历史变革的深远影响。

"甚至在 2014 年 8 月 8 日由中央电视台播出之前，主旋律电视剧《历史转折中的邓小平》就受到了前所未有的关注，对它的讨论远远超出了电视剧本身。这部剧筹拍 7 年，2013 年 4 月，剧本才由广电总局重大革命和历史题材领导小组审查通过。同年 8 月，它过了最后一道关——中央办公厅，这部剧正式立项。最初的剧名叫《邓小平》，在最后一刻改

* 张学勤，四川大学广播电视文艺学博士后，四川文化产业发展研究中心副研究员，中国广播电视电影社会组织联合会西部学术研究基地学术部副主任。

成《历史转折中的邓小平》"①。在对电视剧的讨论中，往往会有人提出电视剧要与历史相对照，其中的情节与历史的真实符合度成为争议的热点。在中央文献研究室工作了16年的资深媒体人周志兴一方面认为该剧在艺术性上乏善可陈、手法传统，另一方面却坚持看这部电视剧。对于这种矛盾的心情，"为什么呢？因为我从讲故事中看到了历史，又从历史中看到了今天"，"我看这部电视剧时，心情有点纠结，一方面，我知道不能当作真的历史看，因为毕竟是文艺作品，另一方面，我在看故事时，却不断闪回历史，又不断闪回今天。我想，有这样的感觉，在我的角度，就不能算这部电视剧失败"②。

人们对《历史转折中的邓小平》的关注争议与周志兴的感慨，其实牵涉一个学术性的问题，即历史文化中的专业叙事与通俗叙事，两种不同的叙事传统在中华文化传播的源流里，结合传播者的不同群体角色，逐渐形成了中国文化传播中的大传统与小传统。

一、历史文化的专业叙事与通俗叙事

在文化传播领域，近些年的文化传播事件同样激起了不少争议的浪花，从广播电影电视内容的创作者到普通观众到专家学者，往往都会因为认识的角度不同而引发一次又一次的大讨论。

例如，当《三国演义》被多次翻拍的时候，每一次观看都会引发历史爱好者与历史学者的争论，是忠于原著还是大胆突破，对历史真相的追究与人物原型、人物性格的深挖，变为观看电视剧的副产品，不仅是罗贯中，甚至是陈寿的《三国志》也会被搬出来，进行比较掂量评说一番。学者易中天在央视百家讲坛"品三国"中，对《三国演义》、《三国志》进行了综合的比较分析，同时还梳理了三国的人物个性与历史源流，更是呈现了一个别开生面的点评空间和关注聚焦。

再如，金庸的作品被拍成电视剧，人们开始关注历史中的武侠和电视剧中的武侠以及金庸小说中武侠故事所发生的背景是否与历史相符，这种争议所产生的后果，一方面增加了大家对电视剧以及小说原著的关注与理解，另一方面在一定程度上普及了历史文化知识。学者陈平原则是遍翻古今武侠小说，洋洋洒洒地写出了《千古文人侠客梦》，从侠的概念写起"儒以文乱法，侠以武犯禁"，从太史公的《游侠列传》，到李白名篇《侠客行》，到后来的《三侠五义》、《水浒传》，直到当今的梁羽生、金庸、古龙的武侠小说，力图寻求一个正史中的侠客的真实人物与事实，也力图寻求侠客文化千古流传的文化风尚的脉络。

对于这种争议与讨论，历史学者赵世瑜认为："我们当然不能苛责这些影视

---

① 李邑兰："拍成《纸牌屋》，还是拍成纪录片？电视剧《历史转折中的邓小平》如何讲述邓小平"，南方周末，http://www.infzm.com/content/103930，2014年9月4日。

② 周志兴："我为什么坚持要看《历史转折中的邓小平》"，共识网，http://chuansongme.com/n/725034，2014年9月28日。

工作者，我们甚至应该感谢他们，用普通人喜闻乐见的方式传播历史知识，尽管不尽如人意；我们必须审视自身，为什么多年来的历史教育只朝向一个归宿，即培养历史学家？为什么少有能够用学术语言以外的语言（如文学语言、影视语言，甚至音乐语言）传递最新的历史内容与思想的人才？"①

由此看来，专业的历史叙事与通俗的历史叙事之间的争议，明显地呈现了一种分流与交融，分流在于：对于一个历史文化事件，人们会从心理上希望能够找到其真实的源起与本来的面貌，并坚持地以为历史深处的确存在着文化的正本根源，不希望后世的戏说或再创造对原本事实的存在有所影响，同时，对于野史存在的丰富感和戏剧感，又津津乐道并广泛传播。交融在于：无论是正史的叙事还是民间的戏说，都在相互参考地传播着同一件事、同一个人，都在传播力的影响上相互借力、相互支撑，共同保证这一人或事件所承载的文化价值得以绵延不绝。

这两种文化传播的方式在历史研究领域被称为专业叙事与通俗叙事的并行与交织，而从人类社会的学科视野来看中国的文化史，则被称为大传统与小传统，而两者的相互支撑与交融，在传播学上来说，恰是大传统与小传统的互文。

二、大传统与小传统的学术源流

大传统与小传统的理论产生于美国学者罗伯特·芮德菲尔德在研究人类学的过程中，对人类社会学中的研究方法和研究历史进行了梳理，指出了原有研究方法的不足之处与变革思路，提出了人类学对文明的一种诠释的理论模型。他认为，"在某一种文明里面，总会存在两个传统：其一是一个由为数很少的一些善于思考的人们创造出的一种大传统；其二是一个由为数很多的，但基本上是不会思考的人们创造出的一种小传统。大传统是在学堂或庙堂之内培育出来的，而小传统则是自发地萌发出来的，然后它就在它诞生的那些乡村社区的无知的群众的生活里摸爬滚打挣扎着持续下去"。②

在对中国文化传播史研究的过程中，余英时先生发现，在 20 世纪后期，国际学术界中人类学家和历史学家对文化的研究开始形成了一种趋势，"他们大致倾向于一种二分法，认为文化可以划分为两大部分。他们用各种不同的名词来表示这一区别：在 20 世纪 50 年代以后，人类学家雷德斐（Robert Redfied）（因为翻译不同，我国大陆翻译为芮德菲尔德）的大传统（great tradition）与小传统（little tradition）之说曾经风行一时，至今尚未完全消失。不过在最近的西方史学界，精英文化（elite culture）与通俗文化

---

① 赵世瑜：《历史创造者丛书再版总序》，安徽人民出版社 2013 年版，第 4 页。
② ［美］罗伯特·芮德菲尔德：《农民社会与文化——人类学对文明的一种诠释》，王莹译，中国社会科学出版社 2013 年版，第 95 页。

(popular culture) 的观念已经大有取代之的趋势。名词尽管不同，实质的分别却不甚大。大体来说，大传统或精英文化是属于上层知识阶级的，而小传统或通俗文化则属于没有受过正式教育的一般人民。由于人类学家和历史学家所根据的经验都是农村社会，这两个传统或文化也隐含着城市与乡村之分。大传统的成长和发展必须靠学校和寺庙，因此比较集中于城市地区；小传统以农民为主，基本上是在农村中传衍的"①。

这其实就是中国文化传播历史中大传统与小传统的区别，这种概念的界定也同时被称为"上层文化与下层文化，正统文化与民间文化，学者文化与通俗文化，科层文化与世俗文化"②。

三、中国文化传播中的大传统与小传统并行存在

中国文化的表现形式十分丰富，本文仅从文学传播、佛教文化与政治制度三个领域，对每个领域中的文化传播分流现象进行分析，从而对中华文化中的大传统与小传统的并行存在呈现一个清晰的脉络梳理。

（一）文学传播的大传统与小传统——雅文学与俗文学

在中国的文化传播中大传统与小传统体现在文学领域，正是"雅"与"俗"的分野，正所谓"阳春白雪"与"下里巴人"，因此，"雅文学"即为文学领域的大传统，"俗文学"即为文学领域的小传统。

1. "雅文学"从庙堂到一统

大传统下的"雅文学"主要是被历代士大夫所认可的正统的文体，如诗歌、散文和汉赋等，主要是用于庙堂官方的应用和文人雅士之间的唱和，如早期的《诗经》、《尚书》、《礼记》等，在孔子的《论语》之中被称为"雅言"。《诗经》中的"诗三百"，主要是风、雅、颂，其中风多是地方性的民歌，经过士大夫的整理，而雅和颂，郑樵认为"宗庙之音曰《颂》，朝廷之音曰《雅》"，其中的内容大多写的是朝政、诸侯、征伐和宫廷诸事，"正好说明了文学艺术在当日统治阶级的掌握下，是由宗庙进入宫廷的"③。

至于春秋战国时期，散文发展繁荣起来，其过程"同着当时社会生产与精神文化的发展，取着一致的步调。由古代的《尚书》到《春秋》以至于《左传》和《国策》，这是一条分明的历史散文发展的路线。由《老子》、《论语》到《墨子》、《孟子》、《庄子》以及荀、韩诸子，这又是一条分明的哲学散文发展的路线"。这一时期的散文无论是质还是量都为文化传播做出了极大的贡献，一方面呈现的是诸子百家的思想争鸣，在一定程度上确立了中国文史交融的传统；另一方面因为所处的历史时代，春秋战国的各国争霸，更多地要求士子在治国理政方面的才华与思想。因此，春秋战国时期的散文为后世提供了一种散文叙事

① 余英时：《士与中国文化》，上海人民出版社2013年版，第117页。
② 葛兆光：《古代中国社会与文化十讲》，清华大学出版社2002年版，第174页。
③ 刘大杰：《魏晋思想论》，岳麓书社2010年版，第27页。

的根基和价值导向，对后世的司马迁、司马光以及韩愈、柳宗元等唐宋八大家产生了极大的影响，并在历史上出现了"古文运动"。

秦统一六国，李斯推行了"车同轨，书同文"，尽管解决了文字统一的问题，却没有解决语言统一的问题，各地的方言依然存在，所以才会出现楚汉战争时期的"四面楚歌"。汉武帝时，"当时的方言既如此不统一，'国语统一'自然做不到的。故当时的政府只能用'文言'来做全国交通的媒介……因此政府不得不想出一种政策，叫郡县挑选可以造就的少年人，送到京师，读书一年，毕业之后，补'文学掌故'缺。又把这些'文学掌故'放到外任去做郡国的'卒史'与'属'……凡能通一经的，都可免去徭役，又可做官。做官的资格是'先用诵多者'。这样的提倡，自然把古文的智识传播到各地了。从此以后，政府都只消照样提倡，各地方的人若想做官，自然是不能不读古书，自然不能不做那'文章尔雅'的古文"[1]。科举制在后世的实行，更加巩固了雅文化的历史地位，并因其功名的价值导向，通过相对应的教育机制渗透沉淀到了两千年的中华文化之中，直至清朝末年，科举制的废除，随后便是新文化运动中的白话文的兴起。

2."俗文学"从民间到风行

相对于雅文学在精英阶层中的传播和应用，俗文学则在民间滋长繁衍，郑振铎认为"俗文学"就是通俗的文学，"就是民间的文学，也就是大众的文学。换言之，所谓俗文学就是不登大雅之堂，不为学士大夫所重视，而流行于民间，成为大众所嗜好，所喜悦的东西"[2]。

郑振铎分析道：俗文学有六大特质，一是为大众创作的，可以成为平民文学；二是其作者是无名的集体创作的；三是通过口口传播的，是流动的，随时被修改的；四是新鲜的，又是粗鄙的，朴实无华的；五是其想象力非常奔放，也兼有民间的习惯与传统的观念；六是勇于革新，敢于吸纳新的文体，新的语言。在文体上，主要有诗歌、小说、戏曲、评书、对联等。

"俗文学"因其立场和视角不同，决定了所传达的意见是不同的，而且所追求的表达形式也是不同的。例如，"小说的精彩之处在于提供了观察复杂人性的不同角度。《水浒传》提供了武松的角度，而《金瓶梅》提供了潘金莲的角度……这就是为什么后来梁启超那么看重小说。他认为道统文学已经被诠释得只是为帝王将相说话罢了，可是小说、戏剧保留了人真正的自己的角度、民间的角度"[3]。在中国的四大名著中，其中三部是带有极其强烈的反叛情绪，《水浒传》是对朝廷的反叛，而且是从平民到政府官员，都走上了一条"逼上梁山"的不归路；《西游记》中的孙悟空以"齐天大圣"的名号，对抗天庭，大闹天宫，实在是"胆大包天"；《红楼梦》则是青年人对家

---

① 胡适：《白话文学史》，百花文苑出版社 2002 年版，第 3 页。
② 郑振铎：《中国俗文学史》，商务印书馆 2005 年版，第 1 页。
③ 蒋勋：《蒋勋说文学——从唐代散文到现代文学》，中信出版社 2014 年版，第 77 页。

族婚姻的反叛与抗争，努力争取属于自己的爱情和意愿。并且这些小说都借助了神怪的力量，发挥着无穷无尽的想象力和创造力，成为在思想上没有约束和等级制度的阅读历程。

（二）佛教文化传播的大传统与小传统

芮德菲尔德在分析了一些古老的文明之后，发现所有的土生土长的文明都存在一些共同的特征："①一种文化被创造出来了，然后分裂成为（甲）上层统治阶级与僧侣阶层的大传统和（乙）世俗人们创造的小传统；②社会上出现了一个精英集团，这个集团既掌握了管理世俗人们的权力又掌握了管理宗教事务的权力，不仅如此，这个集团还是全社会的智慧生活的全权制造者。"①佛教文化在中国的传播进程中，也呈现了精英阶层和世俗民众的不同的接收方式与转化过程。

蒋勋在《写给大家的中国美术史》一书中描述到，从中国佛教的宗教画中发现中国传统社会中既画菩萨也画罗汉，菩萨的高高在上与正襟危坐，给人以距离感，而罗汉则形态各异，千奇百怪，更像人世间的生活原态，这正是佛教文化传播中的大传统与小传统的分野。

1. 两个不同的信仰世界

由于佛教传入中国的初期正是汉末和三国时期，在这一时期，正是战乱频仍、朝纲混乱、民不聊生、杀戮不止的时代，曹操在《蒿里行》中写到"白骨露于野，千里无鸡鸣"。汉末大饥荒，洛中童谣有："虽有千黄金，无如我斗粟。斗粟自可饱，千金何所值。"

身处于这样的乱世，社会动荡，农村生产遭到破坏，"民众无法解决其生死的时代，宗教最容易得势。从黄巾乱起，到董卓之变，三国纷争，接着就是八王残杀，五胡乱华。在这样一个长期的纷乱中，大的屠杀、饥饿、天灾和瘟疫，不知道死了多少人"。②知识分子无力抗争，为保全性命，纷纷隐姓埋名，谈玄说理，明哲保身，附庸风雅；而普通百姓做不到知识分子的性情转移，最为紧要的是生存，希望借助宗教来超脱现实的痛苦。

南怀瑾认为，这两种传统正是源自于民间和知识分子这两个社会阶层，一个是民间的信仰，另一个是知识分子的皈依。对于民间的信仰，"天道既不足凭，生命也无保障，恐怖、悲观、厌世的情绪充斥。正好在这个时候，佛教思想汹涌输入，生前身后，善恶业力，促成三世因果的报应，和天堂地狱间六道轮回的传说，使人们更相信命运的安排，是由于前生的业力造就。因此在乱离的世局中，很快传遍了佛教的观念，人人信仰它可得身心的自慰，佛与菩萨的原义，就变为与传统神祇的信仰相同了"③。东汉末期的宦官、外戚的乱政，对知识

---

① ［美］罗伯特·芮德菲尔德：《农民社会与文化——人类学对文明的一种诠释》，王莹译，中国社会科学出版社 2013 年版，第 103 页。
② 刘大杰：《魏晋思想论》，岳麓书社 2010 年版，第 17 页。
③ 南怀瑾：《中国佛教发展史略》，复旦大学出版社 2013 年版，第 74 页。

分子的杀伐，也使儒家传统的价值学说受到动摇，无法再使人信服。"魏晋以来，知识分子的士大夫们，都纷纷寻觅思想的新方向，追求命运的象征之学，进入探索哲学的范围。并以旷达思想，崇尚个人自由，逃入玄谈的领域。其所宗奉《易经》、《老子》、《庄子》所谓'三玄'之学的思想，恰在此时，与佛教传入的'般若性空'学说相遭遇，因此一拍即合，更是变本加厉，便形成了遁世而逃入佛法的风气，尤以士大夫阶层，所谓知识分子的名士为然"①。

这两种不同的信仰群体，日渐形成了两个不同的信仰世界，读书人群体与普通百姓对佛教信仰方式的不同，也逐渐导致他们对佛教所渴求的效用也是不同的，并逐渐影响到后世，最终形成两个不同的宗教信仰的文化传统。"中国宗教，无论是佛教还是道教，实际上都有两种不同的信仰世界：一个是属于高文化水准信仰者的信仰，这些信仰是由道理、学说为基础的，人们追求宗教中的精神世界，希望借助宗教的信仰使自己的生活拥有超越脱俗的境界；另一个是为数众多的普通人的信仰，这个信仰是以能不能灵验、有没有实际用处为基础，信仰者希望宗教可以给自己解决现实生活中的问题，给自己解厄释困，求得福祉"②。

2. 两个不同的佛教流派

中国佛教传到五祖弘忍（公元605~

675年），他的两个弟子一个是神秀——创建了北派，另一个是慧能——创建了南派。其中有一段关于两个人的故事，弘忍大师感觉到自己大限将至，于是召集弟子以一首诗偈来概括禅宗要义，之后被认为最为优秀的将继承他的衣钵。神秀写到："身如菩提树，心如明镜台。时时勤拂扫，莫使惹尘埃。"慧能则针对神秀的诗偈写到："菩提本无树，明镜亦非台。本来无一物，何处惹尘埃！"后来，慧能继承了衣钵。

其实，两者的观点代表了佛教的两种倾向，"神秀的诗偈所强调的是道生所说的宇宙心或佛性，慧能所强调的则是僧肇所说的'无'。在禅宗里，有两句常说的话：'即心即佛'，'非心非佛'。神秀的诗偈表达的是前面一句，慧能的诗偈表达的则是后一句"③。

慧能继承了衣钵，被弟子尊称为六祖，由于他本身目不识丁，"他在广东曹溪，对平民社会大肆弘扬不立文字、见性成佛的宗旨"，他宣扬"修习佛法可以不在寺、不出家，破除了形式上的特殊要求；在具体的修行上则不必修习枯琐的经书，甚至不必打坐参禅，特别是他的顿悟说，强调每一个独特个体的直觉感受；而他的生活禅，则把纯粹精神性修习的禅在生活上加以发扬光大"④。由于慧能对佛教传播方式和传播理念的创新，促成了佛教一次十分成功的本土化转化，因为"不论一种宗教的教义发展

① 南怀瑾：《中国佛教发展史略》，复旦大学出版社2013年版，第75页。
② 葛兆光：《古代中国社会与文化十讲》，清华大学出版社2002年版，第174页。
③ 冯友兰：《中国哲学简史》，三联书店2013年版，第339页。
④ 刘晓英：《佛教道教传播与中国文化》，学苑出版社2012年版，第47页。

成熟曾经历过多么漫长的年代，它若想在人世间站得住脚，必须在村民那儿找到它自己的最后归宿"①。

至于慧能的师兄神秀创立的北派，他本人"在武则天的王朝里，被尊为国师的地位，也大弘其禅宗的佛法。神秀大师的学识很好，他的禅学，是以渐修为主，因为唐朝宫廷及士大夫的崇奉，禅学在从政的知识分子中极为普遍"②。基于两个不同的传播方式，同时还基于两个不同的目标群体，这两个师兄弟在初唐时期对于朝野的影响，形成了从南到北、从上到下两股文化交汇的巨流，自然是共同推进了佛教文化的大发展，并影响了相关的学术思想和文化理念。

（三）政治传播的大传统与小传统

中国古代传统的国家政权治理结构，被称作二元治理结构，即国家权力与社会权力的分治，在表面上，中国以农耕文明为基础的政权治理是"率土之滨，莫非王土"，自秦始皇之后，帝王拥有了普天之下的最高权力皇权，皇帝成为国家的象征与实际权力的掌管者。皇帝则通过任免和派出官员到各地郡县履行管理权力，这些被皇帝任免的官员和行政管理者日渐稳定成为一个文官体系，伴随着历史上的"举孝廉"和科举制的实行，文官体系逐渐形成独特的文化系统和思维方式。

1. 文官体系中乡绅的生产程序

以"举孝廉"为例，皇帝要求各地通过这一制度选拔人才，于是各地的读书人，通过这一途径，进入中央或地方的权利决策层，实现了从乡村到政权执行者的转换，进则成为"士大夫"，仕宦结束，往往要归养故里，退则回到广大的乡土社会，耕读传家，因为其在任的影响力和学识，往往是乡村中名门旺户，官员退隐自然又成为乡土社会中的意见领袖人物"乡绅"。"绅士是退任的官僚或是官僚的亲戚。他们在野，可是朝内有人。他们没有政权，可是有势力，势力就是政治免疫性"③。

另外一个途径是，"文官制度选拔背后有一大群社会精英，他们受过专业训练，等着出仕，但能够出仕者往往只是其中少数，而未出仕的人仍留在社会的一端，站在儒家意念的立场，监督政府的作为。为了培养文官制度，中国也同时培养了一大群以天下为己任的士大夫，带动社会来抗衡国家"④。当科举制度需要储存大量的精英人士，以备填充各个行政岗位，但是又要暂时在乡村生活的时候，这些储存的精英人士本身已经是乡土社会的名望人士，在乡村的文化教育与宗族祭祀、经济纠纷，具有发言权和决策权，这些人同时还要和政府联系，于是在乡则为"乡绅"，一旦国家征召使用，则进而为"士大夫"。

---

① ［美］罗伯特·芮德菲尔德：《农民社会与文化——人类学对文明的一种诠释》，王莹译，中国社会科学出版社 2013 年版，第 114 页。

② 南怀瑾：《中国佛教发展史略》，复旦大学出版社 2013 年版，第 88 页。

③ 费孝通：《乡土中国》，上海人民出版社 2006 年版，第 86 页。

④ 许倬云：《中国古代文化的特质》，新星出版社 2006 年版，第 40 页。

从仕宦到乡绅，从乡绅到仕宦，在中国封建社会是互通的。通过这两个途径，我们可以看到，中国古代的文官体系，在与皇权合作的时候则演变为皇权的延伸，与皇权对抗时，则演变为乡绅的一部分。因此，在政治传播中，皇权代表了国家治理层面的大传统，而乡绅代表了社会自治层面的小传统。

2. 人才选拔制度的文化统合效用

中国古代形成的文官治理体系，整合了纵向与横向的人才资源，既实现了社会流动，又形成了精英进入核心的凝聚力，因此，余英时在《试说科举在中国史上的功能与意义》中认为"科举不是一个单纯的考试制度，它一直在发挥着无形的统合功能，将文化、社会、经济诸领域与政治权利的结构紧密地联系起来，形成一多面互动的整体"①。

在科举制之前，汉代实行举孝廉的人才选拔制度，"此制对统一帝国有政治与文化两方面的重要性。在政治上，'孝廉'每年从各地走进政府，一方面可以使朝廷在重大决策方面不至于过于偏向某些地区的利益，另一方面每一地区的特殊困难和要求也可以由所举'孝廉'直接反映于朝廷之上。在文化上，'孝廉'制的运作则把大传统中的基本价值传播到各地，特别是文化、经济较落后的边远地区，使大传统与各地小传统相互交流，以取得全国性的文化统合的效用"②。科举制更是严谨地贯彻了人才选拔的均衡原则，甚至在有的朝代开设文武两科，南北两榜，以做到职务与地域的均衡。

四、大传统与小传统的互文建构

在文化传播过程中，大传统和小传统存在着并行与交融的关系，并行更多的指大传统与小传统的结构上，两者在静态的时候呈现的一种各自独存于各自领域的一种话语体系和消费群体相对独立的状态；而交融则是两者在相互发展的过程中，往往相互提供资源和养料，多是指大传统与小传统之间发生的动态的交流碰撞。

因此余英时认为，"一般地说，大传统和小传统之间一方面固然相互独立，另一方面也不断地相互交流，所以大传统中的伟大思想或优美诗歌往往起于民间；而大传统形成之后也通过种种管道（渠道）再回到民间，并且在意义上发生种种始料不及的改变"③。

"互文"，也称为互辞，是古文学中的一种修辞理论，古文中对它的解释是"参互成文，含而见文"，即上下两句或一段诗中的两个部分，形式上是在讲述两件事情，实质上则互相呼应、互相诠释、相互支撑、相互补充，共同来演绎一件事情的表现和意义。

本文将"互文"这一理论借用至文化传播中的大传统与小传统的交融关系的阐释，因为"文化有种种不同的面向，而每一面向都有一部分的文字遗存与之

---

① 余英时：《中国文化史通释》，三联书店 2012 年版，第 205 页。
② 余英时：《中国文化史通释》，三联书店 2012 年版，第 212 页。
③ 余英时：《士与中国文化》，上海人民出版社 2013 年版，第 119 页。

相应。所以史学家必须分门别类进行研究，然后文化的全貌才能逐渐呈现。苏东坡用庐山诗'横看成岭侧成峰，远近高低各不同'的名句形容。史学家从不同的方面研究同一时代的文化也是如此。不过庐山是一个整体，每一时代的文化也是一个整体，不同的局部观察只要大体上与事实相去不远，彼此之间还是能够相互沟通的"[①]。要了解文化的不同面向，形成一个整体而全面的了解和观察，就需要以"互文"的思路和方法去探究中国文化传播中两个传统之间的分流与交融。

由于朝代的更替与文化传播技术及传播方式的变革，大传统和小传统往往会出现失衡的历史状况，如春秋战国时期的动荡，导致百姓的流离失所，导致小传统的减弱，孔子等学者则挺身而出，一方面布道授徒，另一方面著书立说，从而维持大传统的持续和对小传统的支撑。如在元代，科举废除，知识分子的社会地位与境况悲惨，大传统所承载的文化价值与文化传统衰微，知识分子不得不转向民间，用元杂剧这一民间艺术和民间语言的方式来拯救大传统。可以说，在历史上，每当两者失衡，尤其是当一方弱的时候，就由另一方来大力发展以弥补两者失衡所带来的文化破坏。

（一）大传统对小传统的转化

当基层社会的政治经济文化遭到破坏，小传统自然也会受到不利的影响，在历史上就会出现大传统对小传统有意

识的滋养与扶持，一方面通过制度推行一系列的文化传播，另一方面加大大传统与小传统之间的交流，努力转化小传统中的文化秩序。

如秦始皇统一六国后，将六国文书典籍聚集于咸阳，储藏在阿房宫，正如后人写道"刘项原来不读书"，但是，对文化传播危害最大的是项羽的一把大火，将阿房宫焚烧殆尽，再加上楚汉战争的连年征伐，民生凋敝，民间文化传播的小传统基本停滞。

汉朝建立，百废待兴，布衣卿相忙着休养生息，在高祖、文帝、景帝之后，才逐渐恢复了农业经济的发展。至汉武帝国力强势，儒家文化逐渐得到重视，国家开始有意识地选拔人才，推广儒学，建立学校，重视讲学，同时设立乐府官员。"至于汉武帝设立乐府之官，有系统地在各地搜集民间歌谣，则更是尽人皆知的历史事实。今天文学史家大概都不否认现存汉代乐府中有许多源出民间的作品，承担大传统的统治阶层对于各地的民间小传统给予这样全面而深切的注意，这在古代世界文化史上真可谓别具一格"[②]。

"汉代儒家的大传统在文化史上显然有两种意义：一是礼乐教化而移风易俗；二是根据'天听自我民听，天视自我民视'的理论来限制大一统时代的皇权。'观采风谣'在这两个方面都恰恰发挥了关键性的作用。由于古代中国的大、小传统是一种双行道的关系，因此大传统一方面固然超越了小传统，另一方面则

---

① 余英时：《中国文化史通释》，三联书店 2012 年版，第 113 页。
② 余英时：《士与中国文化》，上海人民出版社 2013 年版，第 120 页。

又包括了小传统。周代《诗经》和两汉乐府中的诗歌都保存了大量的民间作品，但这些作品之所以成为经典，其一部分的原因则在于它们已经过上层文士的艺术加工或'雅化'。这是中国大传统由小传统中提炼而成的一种最具体的说明"①。这种大传统对小传统的重视与转化是一种文明发展过程中的宏观的整体建构思维，也是中国大一统文明精髓在文化领域内的集中体现，正所谓"居庙堂之高则忧其民，处江湖之远则忧其君"。大传统对小传统的转化，在横向上保证文化传播能够以中心扩散周边的方式，使更多的地域归化进入皇权的治理范围，在纵向上保证了信息的上下流通，达到了一定的治理效果。

大传统对于精英阶层的文化心理和行动的影响，自然是贯彻了整个上层社会的建构与发展，儒家文化的经典滋养着中华的历史血脉，文天祥写到："孔曰成仁，孟曰取义，唯其义尽，所以仁至。读圣贤书，所学何事？而今而后，庶几无愧。"正是这些经典的人文教育，以其巨大的精神感召力以"化"的熏陶，塑造了刘备的"勿以善小而不为，勿以恶小而为之"的仁厚意识，滋养出了文天祥的"人生自古谁无死，留取丹心照汗青"的浩然正气，孕育出了岳飞"精忠报国"、"还我河山"的忠肝义胆，培养出了范仲淹的"先天下之忧而忧，后天下之乐而乐"的家国情怀，这些士子们所践行的正是中华文化中的"经世济民"生命价值的实现。

（二）小传统对大传统的挽救

小传统对大传统的挽救，恰是在两者于文化传播体系中失衡的时候，大传统遭到政治的破坏，失去了原有的存在基础，无法在文化领域正常传播，知识分子此时将创造力与文化的精神力量转向民间，开辟新的形式，来维持文化的张力和精髓，从而，挽救大传统走出危机。

从小传统的传播形式变革上来挽救大传统，最为典型的代表就是元代的杂剧。以元杂剧为代表的说唱文学，起源于民间，并为民间所消费的特点，和明清小说一起，成为了文学发展史中小传统的代表形式。其发展繁荣的原因是元代独特的政治经济文化环境，"戏剧虽是文学中的一种，但它却具有独特的性质，它的生命是同广大群众紧密结合在一起的。一个剧本，如果不在舞台上表演，没有大量的观众来参加，它便失去了生命。所以，除了写在纸上的剧本以外，还需要演员、戏场、用具和观众。这一切都须赖于繁荣的社会经济与富饶的大都市……元朝在蒙古王公的统治下，文化较低，农业生产遭受到严重的破坏，但因其把欧、亚打成一片，国际交通四通八达，造成中国商业经济高度繁荣"②。当时的大都，已经是繁华富庶的国际大都市，人口众多，对娱乐的消费需求旺盛，自然为戏场提供了众多的消费群体。

尤其是在整个学术思想界，"儒家思想的衰微，在唐、宋时期树立起来的载

---

① 余英时：《士与中国文化》，上海人民出版社 2013 年版，第 123 页。
② 刘大杰：《中国文学发展史》（下），复旦大学出版社 2011 年版，第 45 页。

道的文学理论，在文学界完全失去了理论的指导作用。戏曲本是载道派认为卑不足道的东西，恰好在这个文学思想解放的时代出现，加以当代物质环境的优良，于是蓬勃地发展起来了"①。"盖元人灭金以后，只行科举一次，此后废去七十余年，并无戏剧取士之事，而科举之废除，也是助长杂剧发展原因之一。科举时代，士子日夜研究诗赋古文，以求干禄之道，或进而探讨孔、孟之言，以作经世之用。元代轻儒生，鄙文士，废考试，于是昔日的教育制度大都破坏，往日作为教科书的诗赋古文以及圣贤之书，都失去其重要性了"②。知识分子将自己的注意力和才华转向市井百姓，关汉卿、白朴、马致远、王实甫等在创作杂剧的时候，大胆地吸收民间的语言和表现方式，创作了《窦娥冤》、《单刀会》、《西厢记》等广为流传的作品，通过这些作品来反映现实中的百姓生活和对社会现实黑暗的揭露。这些作品里也会突出人们对现实制度的不满，对英雄的渴望，对爱情对婚姻自由的追求。在《窦娥冤》中，窦娥只是一个普通的女子，遭受了巨大的冤屈，关汉卿却以一种实现窦娥三个不可能的愿望作为大结局，来伸张正义，来弥补现实社会中的不足，使窦娥成为一个戏剧中的悲情英雄，而这些对英雄的渴望和对自由的追求，正是对当时社会文化的一种反抗和对传统的文化价值的一种延续。

元杂剧这种对文化价值的传播，在一定程度上挽救了大传统遭到的破坏，是一种对当时社会民众文化心理的慰藉和对他们精神家园的建构。"唐传奇中的虬髯客帮助唐太宗李世民打完天下就离开了，老百姓喜欢这样不争逐名利的人；祢衡脱光衣服，击鼓骂曹操，观众在底下看了都很过瘾。戏剧、小说很了不起的一个地方是保留了文化里面与正统力量相对抗的民间思想，这是非常可贵的"③。

正是元杂剧在一定程度上形成了新的文学模式，并以百姓喜闻乐见的形式在民间受到欢迎和传播，重新巩固汇聚了民众的文化心理。于是，民间故事所提供的文化力量和反抗故事成为民间宗教的精神来源，当红巾军借助白莲教举起抗元大旗的时候，百姓们自然是群起响应，如火如荼，从这个意义上来说，"元明之后，在社会里承担最大教育责任的其实不是知识分子，不是学校教育（学校教育并没有带给知识分子对于自己生命的真正理解），而是大众文学或者民间文学"④。

小传统对人们的文化心理与行为的影响力并不亚于大传统，近代的张作霖不识字，但是用兵多是从听戏中学来，而等到少帅发动西安事变后，大义凛然地要送蒋介石回南京的时候，周恩来闻听大呼："唉！张汉卿就是旧戏看坏了！他不但'摆队送天霸'，而且还要'负荆请罪'啊！"这也是历史深处的例证回声。

①② 刘大杰：《中国文学发展史》（下），复旦大学出版社 2011 年版，第 46 页。

③ 蒋勋：《蒋勋说文学——从唐代散文到现代文学》，中信出版社 2014 年版，第 93 页。

④ 蒋勋：《蒋勋说文学——从唐代散文到现代文学》，中信出版社 2014 年版，第 99 页。

（三）大传统与小传统的互文

对于中国传统文化的传播过程中，大传统与小传统之间的相互依赖与相互影响，对于学术研究者来说"即21世纪中国学人治戏曲史、小说史、宗教史而卓有成绩者无不根植于经、史、子、集的旧传统，如王国维、鲁迅、胡适、陈垣、余嘉锡等都是显例。用中国传统的语言说，似乎学者若不能尽'雅'（上层文化），则也不易深入地赏'俗'（民间文化）；'雅'与'俗'之间存在着千丝万缕的牵系"①。打通两者之间的界限，才能够窥视文化的全貌。

中国的文化语境对于普通人来说，已经成为一种潜移默化的生活方式。蒋勋在分析元杂剧《荆钗记》的时候，谈到"垂杨低映木兰舟，半篙春水滑，一段夕阳愁"的唱段，他感慨，"我们常常会惊讶，有些民间不识字的老先生、老太太，因为看戏看多了，可以出口就是这样的句子，他在戏曲里面得到的东西可能比我们在大学的文学系里面得到的东西更直接，因为那是文学史。整个文学史通过传唱文学的方式对民间发生这么大的影响，处处都是诗句"②。

无论是汉代的司马迁游览大山名川，亲临故地旧址，访谈乡村俚语，都在为《史记》的撰写提供史料，还是现代的王洛宾在边疆采风后所创作的民歌成为一个时代的风尚，都是在践行着大传统与小传统的互文建构。"不少伟大的史诗作品的题材都是源于平民百姓一代传一代的逸事传闻的精华部分；而且一首史诗写完之后也往往会回流到平民百姓中间去，让后者对它再加工和重新融入种种的地方文化中去"③。正是因为两者的互文关系，"我们可以把大传统与小传统看成是两条思想与行动之河流；它们虽各有各的河道，但彼此却常常相互溢进和溢出对方的河道"④。

五、结 语

中华文化传播中的大传统与小传统呈现了一种很明显的互文现象，"这是因为一个大传统所包含的全部知识性的内容都实际上是脱胎于小传统的。一个大传统一旦发展成熟之后倒变成一个典范了；于是这么一个典范便被拿出来推广，让所有跟随着小传统走的人们都来向这个典范学习。其实大传统和小传统是彼此互为表里，各自是对方的一个侧面"⑤。并且，这种互文关系的存在，共同巩固了中华文化中的价值认同与秩序建构，从而维护了中华文化的新生与稳定之间的平衡关系。

---

① 余英时：《中国文化史通释》，三联书店2012年版，第104页。

② 蒋勋：《蒋勋说文学——从唐代散文到现代文学》，中信出版社2014年版，第62页。

③④ ［美］罗伯特·芮德菲尔德：《农民社会与文化——人类学对文明的一种诠释》，王莹译，中国社会科学出版社2013年版，第97页。

⑤ ［美］罗伯特·芮德菲尔德：《农民社会与文化——人类学对文明的一种诠释》，王莹译，中国社会科学出版社2013年版，第116页。

中华文化传播中的大传统与小传统的互文性建构

Abstract：In the historical drama "widespread concern and controversy historic turning in Deng Xiaoping" broadcast, reflects the professional narrative mode in the cultural communication and the popular narrative, with the aid of traditional human in sociology and the traditional theory, based on the Chinese history literature development, the spread of Buddhism and the political construction of carding and analysis, put forward in the process of Chinese cultural transmission, great tradition and little tradition there is a constructive intertextuality relationship, together for the dissemination of Chinese culture and cultural order and stability has played the role of mutual support, life.

Key Words：Chinese Culture; Communication; Big Tradition; Little Tradition; Intertextuality of Construction

培育和弘扬社会主义核心价值观须以中华优秀传统文化为根基

◎ 杨文霞*

摘 要：价值观属于文化范畴，它的形成与发展离不开历史文化传统。中华优秀传统文化蕴藏着中华民族绵延不绝的精神基因，是中国人安身立命的精神家园，是培育和弘扬社会主义核心价值观的重要思想源泉，也是培育和弘扬社会主义核心价值观的根基。

关键词：传统文化；价值观；根基

2014 年 2 月 24 日，习近平同志在主持中共中央政治局第十三次集体学习时强调，培育和弘扬社会主义核心价值观必须立足中华优秀传统文化，"要认真汲取中华优秀传统文化的思想精华和道德精髓，大力弘扬以爱国主义为核心的民族精神和以改革创新为核心的时代精神，深入挖掘和阐发中华优秀传统文化讲仁爱、重民本、守诚信、崇正义、尚和合、求大同的时代价值，使中华优秀传统文化成为涵养社会主义核心价值观的重要源泉"。这一重要讲话表明，我们党清醒地认识到，中华优秀传统文化积淀着中华民族最深沉的精神追求，包含着中华民族最根本的精神基因。积极培育和践行社会主义核心价值观，不仅要与中国特色社会主义发展要求相契合，还要与中华民族优秀传统文化和人类文明优秀成果相承接。

中华传统文化中的不少思想精华为培育社会主义核心价值观提供了丰厚的文化滋养。如前面习近平同志提到的仁爱、民本、诚信、正义、和合、大同等思想概念，再如见义勇为、扶危济困、与人为善、惩恶扬善、见利思义、尚贤任能、德才并重、克己奉公等，都是中华民族传统文化的思想精华。这些优秀的民族传统文化所蕴含的价值观念与社

* 杨文霞，人民出版社编辑，主要研究哲学、中国传统文化等。

会主义核心价值观的基本要求不谋而合，它们超越了历史的时空而拥有恒久的魅力，即使在当代，也具有其不可磨灭的光辉价值。

一、仁爱

仁爱思想在中华民族的历史上源远流长，历久而弥新。早在《尚书》中就曾多次出现"仁"字。《尚书·商书·太甲下》曰："惟天无亲，克敬惟亲。民罔常怀，怀于有仁。"认为百姓归心仁者。《尚书·商书·仲虺之诰》则讲："克宽克仁，彰信兆民。"主张以宽大和仁德待人，就能赢得天下万民的信赖。《尚书·周书·泰誓中》言："虽有周亲，不如仁人。"讲述了纣王的亲戚虽多，却不如周武王拥有仁德之人的道理。从《尚书》中的几处关于"仁"的记载来看，在我国商周时期，"仁"已经具有了好品德、较高的道德境界的含义，且被引入政治伦理的领域：不仅统治者在治理国家时需具备"宽"、"仁"的品质；老百姓也是以做"仁人"为佳，且乐意归附于仁者。

孔子是中国古代社会中对"仁"的含义阐述得最为全面、系统的思想家之一。孔子对"仁"如此地重视，以至于"仁"字在《论语》一书中出现了109次之多。虽然在孔子看来"仁"字具有不同的含义——爱亲、爱众、孝悌、忠恕、恭敬、宽厚、慈惠等，但是其中有一条比较鲜明：樊迟请教孔子何为"仁"，孔子回答说"爱人"①。孔子倡导的"爱人"不仅局限于爱亲，还扩展为"泛爱众"②。后来的孟子将这一思想概括为"仁者爱人"，他在孔子"仁学"基础上进一步提出"仁政"主张，将"仁"扩展至思想、政治、经济、文化等领域。

可以说，从我国早期社会开始，人们就不仅把仁爱视为个人应具备的品质，还将它与政治联系起来。特别是儒家的孔孟，把"仁"这一道德原则充分推及国家的政治生活，将其上升为治国之道的高度，使之成为协调社会政治关系的准则。仁爱思想体系由孔子创立，经孟子、荀子的发展后基本确立。特别是在汉武帝"罢黜百家，独尊儒术"以后，儒家学说被奉为正统，作为儒家德治思想核心理念的"仁"、"仁爱"、"仁政"也就成了中国传统文化的重要概念。秦汉以后仁爱思想虽有补充、增益，但从整体来说并无大的改变。孔孟的仁爱思想对后世中国的思想、政治、伦理影响深远，在维护家庭、社会与民族的和谐统一方面曾发挥了积极作用。尤其是，这种基于以"爱人"为核心内容的仁学思想在客观上要求统治者在治理国家时，必须充分考虑到人性中"仁"、"善"的一面，将治国的重点放在道德教化上，自己以身作则，用榜样示范的力量去影响与引导民众，向着淳化民风、和谐社会的方向发展。

仁爱思想要求人与人之间应该互相关爱，友好相处。作为社会的一分子，每个人都应该具有时时处处关心、爱护、帮助别人之心。即使在培育和践行社会

---

① 参见《论语·颜渊》。
② 参见《论语·学而》。

主义核心价值观的今天，仁爱的思想仍然具有重要的现实意义。仁爱不仅可以作为个人修身的重要道德品质、协调社会关系的伦理准则，还可以作为各级领导干部及党员对待同志、对待群众的基本态度。

二、民本

早在殷周之际就已经出现了以民为本的思想萌芽。《尚书》中有不少相关记载："民可近，不可下；民惟邦本，本固邦宁"、"德惟善政，政在养民"①、"用康保民"②、"怀保小民"③、"皇天无亲，惟德是辅；民心无常，惟惠之怀"④。大意为，君主对于百姓只能亲近而不可轻视，人民是国家的基础和根本，只有百姓安定富足了，这个根本不动摇，国家才能平定安宁；一定要实行旨在养民的德治善政，统治者应该关心和保护百姓的利益；上天对人不分亲疏，只辅佐那道德高尚的君主；民心并不永远属于某个君主，只归附于那惠民利民的君主。由此可见，在西周时期，当时的政治家、思想家已经初步提出了以民为本的重民、养民、保民思想。

春秋战国时期，社会因处于转型时期而动荡不安，普通百姓对于土地和奴隶主的人身依附关系渐渐松弛，原来的奴隶制土崩瓦解，新的封建所有制刚刚

建立。当时的思想家和统治者也逐渐认识到民众在国家中的重要地位，于是，以民为本的思想受到了一定的重视。孔子看到了在此过程中人民力量的强大，继承了殷周时期的民本思想，并将其进行了总结和升华。在君民关系上，尽管当时孔子还没有提出民贵君轻的观点，但是孔子认为从根本上说，君、民的利益是一致的，君民之间休戚相关、兴亡与共。孟子则提出"民贵君轻"的思想，他说："民为贵，社稷次之，君为轻。是故得乎丘民而为天子，得乎天子而为诸侯，得乎诸侯而为大夫。"⑤这种对中国古代社会影响巨大的民本思想是孟子仁政德治思想的重要内容之一。孟子这一思想的可贵之处在于，他从治国的角度提出了哪种因素更为重要的问题，他在分析思考之后把民放到了首要地位。在中国传统政治思想中，孟子的这一观点代表了对民本思想的最高阐述。至此，民本思想正式得以确立。但提倡民本思想的并不限于儒家，如墨子的"兼爱"观点也包含有爱民思想。到了荀子，他提出关于民本思想的著名比喻："君者，舟也；庶人者，水也。水则载舟，水则覆舟。此之谓也。故君人者，欲安，则莫若平政爱民矣。"⑥荀子把君主与庶民的关系比作舟与水的关系，强调统治者要想国家安定，必须实行德政，关爱百姓，为了百姓利益而努力，只有赢得百

---

① 参见《尚书·禹书·大禹谟》。
② 参见《尚书·周书·康浩》。
③ 参见《尚书·周书·无逸》。
④ 参见《尚书·周书·蔡仲之命》。
⑤ 参见《孟子·尽心下》。
⑥ 参见《荀子·王制》。

姓的支持与赞誉才能赢得天下，取得王权。到了明清之际，民本思想得到进一步发挥。民本思想是中国古代儒家思想的重要内容之一。儒家认为人民是国家的根本，民心向背直接影响到社会的稳定与动荡，关系到国家的安危，因此主张把爱民、重民、利民、富民作为治国的重要目标。

尽管传统的民本思想以小农经济为基础，因此它必然带有一定的局限性——以维护君主统治为目的。然而，在民本思想影响下，中国历史上造就了一大批体恤民众、关心民间疾苦的优秀政治家和开明君主，他们积极开创清明政治，实行与民休息的政策，减轻刑罚，减少赋税，使人民安居乐业。历史上的文景之治、贞观之治等开明盛世的形成，都与当时统治者重视并践行民本思想分不开。

即使在现代社会，民本思想依然有它耀眼的光芒，它所固有的重民思想作为中华民族最根本的精神基因之一，可以被新时代的共产党人有扬弃地继承。在社会主义公有制经济的社会背景下，人民当家做主，在我们党提倡"立党为公"、"执政为民"的社会条件下，民本思想早已摈弃了为统治者"保驾护航"的消极成分，成为切实保障了人民利益的精神旗帜。

三、诚信

所谓诚信，就是诚实而有信用。它要求人们内心诚实善良，遵守诺言，言行一致，表里如一。自古以来中国典籍中就有"诚信"的思想表述。《孔子家语·儒行解》中则有"言必诚信，行必忠正"之语，表明孔子对于诚信的重视。孔子还讲："与朋友交，言而有信。"[1]"言必信，行必果。"[2]"人而无信，不知其可也。"[3]孔子把"文，行，忠，信"并列为"四教"；而孟子将诚信看作"五伦"之一，是交友必须遵守的道德准则。中国古人将诚信视为做人的重要品德之一。说话讲究一诺千金，经商恪守童叟无欺……在中国历史上，发生过许许多多关于诚信的故事，如韩信报恩、尾生抱柱、皇甫绩守信求责等。

在古代，诚信并非单纯的道德规范，它还具有重要的政治意义，诚信不仅被看作"进德修业之本"、"立人之道"，还被看作"立政之本"。可见，诚信是古代政治哲学思想中的重要组成部分。孔子不但提出了"言必信，行必果"士人君子的立人思想，而且将诚信上升到政治高度，并指出"上好信，则民莫敢不用情"[4]。孔子认为，诚信固然是对一切人的道德要求，但是，统治者的诚信尤为重要，可以起到社会表率作用，如果统治者诚恳信实，百姓就没有人敢不说真话。《春秋左传·成公八年》也强调了君主

---

① 参见《论语·学而》。
②④ 参见《论语·子路》。
③ 参见《论语·为政》。

诚信的重要性："君命无贰，失信不立。"即认为，君主的命令不能朝令夕改，否则，就会失去诚信，失去诚信就难以立身立国。荀子尤其重视诚信在治国理政中的重要作用。他在《王霸》篇中反复强调诚信的威力和效果，阐述了诚信对于君主称王称霸的重要价值，他说："故用国者，义立而王，信立而霸，权谋立而亡。"他认为治理国家的人，树立起礼义就可以称王于天下，树立起信用就可以称霸于大卜，坑弄权术就会灭亡。在这里，荀子把树立礼义作为治理国家的最高明的方法，把树立信用作为退而求其次的途径，而把玩弄权术看作最为低下的手段，其结果只会导致灭亡。对于一个国家来说，政府取信于民，则人民拥护、国家富强，如商鞅城门立木取得变法的胜利；反之，如果政府失信于民，则众叛亲离、分崩离析，如周幽王烽火戏诸侯最终身死人手。

在今天，诚信仍然是个人修身建业之本、职业道德之基、国家治理之策。在现代的市场经济体制下，社会关系格外复杂，诚信作为道德规范已经难以应付复杂的社会情况。所以，在新的历史条件下，我们不仅要继承传统文化中的诚信思想精华，将诚信作为道德规范，还要将其纳入法律的体系，制定必要的法律法规，建立社会主义信用体系。

四、正义

正义一词在政治、法律、道德领域

① 参见《论语·季氏》。

中有多重含义。在作为伦理学、政治学范畴和道德范畴时，常指公正、正当、公道、正直等意。然而，在中国古代的典籍里，明确使用"正义"一词的较少。如荀子在《荀子·儒效》讲："不学问，无正义，以富利为隆，是俗人者也。"汉朝王符在《潜夫论·潜叹》中有"正义之士与邪枉之人不两立之"之语。这主要是因为，在中国古代，"义"往往与"利"、"公"或"私"等联系在一起使用。尽管在中国古代，人们直接使用"正义"一词来表达自己关于社会公平、正义的思想主张的著述并不多，但中国古代的许多政治制度、社会规范、道德准则、思想主张中却包含、体现了关于社会公正、正义的丰富思想。如中国传统的德治、礼治的政治制度，法制思想，均贫富思想，关于富民、利民的思想等。

早在我国周朝时期，统治者制礼作乐，用以规范人们的各种行为，维护家庭、社会、国家的公平、正义。后来孔子在礼崩乐坏的情况下主张"克己复礼"，提倡仁政、德治。在中国漫长的封建历史上，"礼"渗透到社会生活的方方面面，潜移默化地影响着人们的生活。

春秋时期的孔子主张统治者实行仁政，对百姓"富之"、"教之"的政策，给予百姓以生存权和受教育权。孔子还反对贫富差距过大，注重分配社会财富的公正问题，他指出："不患寡而患不均，不患贫而患不安。盖均无贫，和无寡，安无倾。"① 孟子则主张"明君制民之产，必使仰足以事父母，俯足以畜妻子，乐岁终身饱，凶年免于死亡"[①]。这表明孟子关心百姓生活，注重维护社会的公正秩序。制定礼仪制度、规约人们的社会行为也是维护社会公平正义的思想表现。

我国古代的一些思想家则主张制定法律刑罚，惩治犯罪，他们的观点更是直接表现了惩恶扬善、维护社会的公平与正义。以先秦法家为典型代表，主张统治者制定严厉、细密的法律体系，用国家暴力来惩治犯罪、维护社会公正。然而，即便是提倡仁政、德治的儒家，也并不排斥法律与刑罚，而是提倡德、法并用。

起源于隋唐的科举制，采用科举考试的方式选拔官吏，更是中国古代的一大创举。科举制使得平民出身的知识分子也能凭借考试进身仕途，充分体现了治国理政方面的公平与正义。

其他关于正义的思想还很多，这里不能一一展示。在中国漫长的历史上，有些仁人志士为了见义勇为或者民族大义而抛头颅、洒热血，不惜牺牲自己的生命。尽管在中国古代，由于历史的局限，不少规章制度、礼仪法律并不能完全贯彻公平、正义的思想主张，如中国古代"刑不上大夫，礼不下庶人"，但在早期人类社会普遍思想落后的情况下，中国传统文化中依然包含了丰富的关于正义的闪光思想。

目前，正义的价值更是受到人们的普遍重视。我们国家提出依法治国的治国战略，将维护社会的公平、公正放在

重要的政治地位。正义也成为培育和弘扬社会主义核心价值观的重要内容。我们在培育和弘扬现代正义思想时，可以从我国传统文化中包含正义思想的规章制度、思想观点中汲取养料。

五、和合

和合可谓中华民族颇具特色的思想文化。在中国古代，"和"与"合"连用为"和合"一词，有时也称"合和"。"和"主要指组成事物各要素之间的融洽相处；"合"则主要是指各要素的汇集、合拢，并能彼此积极配合与合作。和合连用为一个词的时候，多指不同元素、要素有机地组合在一起，形成一种和谐的事物或者状态；有时，它还表示一种动力或者源泉。

在我国先秦时期，"和合"已经是一个比较常见的词汇，被应用在政治、生活当中。较之"和"字，"和合"含义也更为丰富。首先，"和合"以承认不同事物之间存在差异为前提，正是不同事物之间的差别使得"和合"成为可能与必要。其次，"和合"包含有不同事物的相互组合而形成一个更具完整意义的新事物之意；在这种意义上，可以说"和合"本身是一种力量，和合的力量推动着更具生命力的新事物的不断孕育与产生。最后，"和合"而成的新事物是原来旧事物之间的"优化组合"——克服了原有旧事物各自的缺点，同时综合了原来旧事物各自的优点，所以，处在"和合"

---

① 参见《孟子·梁惠王上》。

状态之下的新事物具有更大的优越性。

和合思想广泛渗透在古代中国的家庭、社会、政治、经济、文化、外交等各个领域中。几乎每一个中国人都懂得，为人要和气，家庭要和睦，婚姻要和谐，与邻居相处要睦邻友好，人际关系要和美，一旦与人产生矛盾也一定要和解，社会要和平，经商要和气生财，治理国家要政通人和，国家之间要和平相处，为结束战争要采取和谈的方式……可以说，无论是中国的政府官员、知识分子，还是平头百姓，其思想无不带有和合的印记。

在构建社会主义和谐社会的今天，和合思想更是得到国家和人民前所未有的重视。我们在建设社会主义新型和文化的时候，必定要从丰富的传统和文化中汲取养料，并结合时代的要求对传统和文化进行必要的现代转化。关于"和"的思想，笔者的专著《中国传统"和"文化研究》① 一书中有较为详细的论述。

六、大同

在我国古代，大同世界的社会理想就已经出现，最初的大同世界是人们对上古时期社会状态的理想化。

在原始社会，基本的社会单位是农村公社，人们基本上处于封闭的社会状态，经济生活自给自足，社会成员之间地位平等，互相扶助，人际关系简单、和睦。这种原始的社会状态成为后世人们所憧憬的理想社会。《礼记·礼运》中记

载了人们对大同社会的向往与设想："大道之行也，天下为公。选贤与能，讲信修睦，故人不独亲其亲，不独子其子，使老有所终，壮有所用，幼有所长，矜、寡、孤、独、废、疾者皆有所养。男有分、女有归。货，恶其弃于地也，不必藏于己；力，恶其不出于身也，不必为己。是故谋闭而不兴，盗窃乱贼而不作，故外户而不闭，是谓大同。"《礼记·礼运》中对于大同社会的描述，突出地体现了天下为公、贤人政治、人际关系和谐、人们各得其所且生活有保障、社会风气良好的特点。这反映了人们对美好生活的向往与追求，也是一个经过加工、被理想化的原始共产主义。《礼记》是儒家经典，在《礼运》的基础上，儒家对理想社会的构想做了进一步的发挥，提出了大同学说。

受大同思想的影响，其他一些思想家也分别勾画出自己关于理想社会的蓝图，如东晋陶渊明的"桃花源"，洪秀全在《原道醒世训》中对未来社会的描述，李汝珍在《镜花缘》中描写的"君子国"等，虽然他们描述的理想社会并没有贴上"大同"的标签，但也反映了他们各自心目中的理想社会的状况。近代思想家康有为将儒家的公羊三世说与大同小康思想相结合，同时借鉴西方空想社会主义学说和近代天赋人权思想，著有《大同书》，构建了自己心中的大同世界：没有阶级，没有剥削和压迫，没有私有财产，物质文明和精神文明高复发达。比起前代思想家所构想的大同社会，康

---

① 中央编译出版社 2014 年 5 月版。

有为的大同世界更加进步，其大同思想也更加丰富而具体。

中国古代的"大同"思想，尽管带有理想化、空想化的乌托邦特征，却反映了历代进步思想家、政治家以及普通民众追求光明世界的远景和愿望，体现着人们的现实诉求。目前，我们正处于现代化建设阶段——加速社会主义建设并积极准备向共产主义过渡的条件，只有批评地吸收前代哲人梦想中有价值的东西，才能把前人的美化理想变成现实。

除了习近平总书记在讲话中提到的仁爱、民本、诚信、正义、和合、大同，中华传统文化宝库中还包括热爱祖国、勤劳勇敢、厚德载物、团结协作、勤俭节约、艰苦奋斗、自强不息、克己内省、严于律己、尊老爱幼、与人为善、助人为乐、知行合一、宽厚包容、正直善良、谦虚谨慎、豁达乐观、先义后利、见利思义、德才兼备、任人唯贤、为政以德、为政清廉、天下为公、世界大同等思想精华。中华民族优秀的传统文化，是增强中国软实力的重要源泉，也是中国迈向世界强国弥足珍贵的精神财富。2014年9月24日，习近平在纪念孔子诞辰2565周年国际学术研讨会暨国际儒学联合会第五届会员大会开幕会上的讲话中指出，不忘历史才能开辟未来，善于继承才能善于创新。优秀传统文化是一个国家、一个民族传承和发展的根本，如果丢掉了，就割断了精神命脉。我们要善于把弘扬优秀传统文化和发展现实文化有机统一起来、紧密结合起来，在继承中发展，在发展中继承。

培育社会主义核心价值观，弘扬中华优秀传统文化，必须处理好继承与创新的关系：要结合时代的要求与中国现实的需要，对中华传统文化中的精华进行必要的现代转化。正如《关于培育和践行社会主义核心价值观的意见》所讲到的那样，培育和弘扬社会主义核心价值观，必须加强对优秀传统文化思想价值的挖掘，梳理和萃取中华文化中的思想精华，做出通俗易懂的当代表达，赋予新的时代内涵，使之与中国特色社会主义相适应，让优秀传统文化在新的时代条件下不断发扬光大。

Abstract：Values belong to the culture category, which inseparate from the historical and cultural traditions during its formation and development. Chinese excellent traditional culture bears lingering spirit genes of the Chinese nation. It is the spiritual home of the Chinese people. An important ideological source of cultivating and promoting the core values of socialism, as long as foundations of cultivating and promoting the core values of socialism.

Key Words：Traditional Culture；Values；Foundations

奥运语境下武术文化的发展审视

◎ 陈振勇*

摘 要：本文从文化学视角，客观分析武术奥运会的发展，武术技术到文化的理念转变，对构成武术发展的"竞技"与"文化"因素进行文化语境下的分析与探讨。在奥运时代理念和武术逐渐呈现多元化发展的时代背景下，武术发展表现为一种本体语境下的文化诉求，在这种从技术困境中走出的文化诉求是武术自我改革与完善的发展。

关键词：武术；文化；奥运；发展

中国武术在继 2008 年无缘进入奥运会之后，2013 年 5 月 29 日国际奥委会执行委员会在俄罗斯圣彼得堡经投票表决，武术无缘 2020 年奥运会。接着，国家武术管理相关部门又积极进行各项努力，正在进行 2024 年力争进入奥运会的工作。从 2001 年武术申请进入奥运会到现在，已经历了 14 年，一路坎坷的武术申奥之路，在奥运文化时代主题的语境和空间下，竞技武术、传统武术和社会武术等武术价值与功能的扩展和延伸更多地聚焦于"竞技与文化"、"传统与现代"之间的互动与博弈。武术的多元化发展不仅是当前武术发展的时代特征，更是武术竞技与文化发展的彼此消长。武术的发展因多种因素彰显为一种时代的文化诉求。

一、 武术文化本体的自我审视

武术（尤其是文化层面）关注程度的提高，显示了人们在全球化时代背景下，在以西方竞技体育模式为代表的文化大潮冲击下，对于本民族文化的自觉

* 陈振勇，中国社会科学院社会学所博士后流动站博士后在读，工作单位为成都体育学院，教授，研究领域为武术历史与文化。

和行动。它在新时期，可以被看作我国人文精神层面的深化和发展，表现了一种民族文化的尊重和认同感的提升。

近年来，国内学者对于以武术为代表的民族传统体育文化发展进行了思考，对于在西方强势体育文化下的民族传统体育文化的发展进行了不同层次和视角的研究。其研究主要反映在我国民族传统体育在全球化背景下与国际接轨以及实现文化上的融合与发展等问题。其中，武术与奥运会成为较多学者深度关注的话题。尽管如此，武术与奥运会的研究更多地从正面或乐观的态度对奥运会对武术的积极影响与作用进行了论述，在一定程度上忽略了奥运会是一把双刃剑，更忽略了"后奥运效应"对武术发展的负面影响。"后奥运效应"是指传统的"后奥运会研究"往往过多地关注了"奥运经济效应"，奥运经济一般可以带来三种效应——凝聚效应、辐射效应、瞬间放大效应。现在的"后奥运会研究"则更多地关注了"奥运低谷效应"，即奥运建设投资在拉动经济增长的同时所造成的经济泡沫和衰退。因此，有学者指出："奥运会筹备和举办期的非常态需求与奥运会结束后的常态需求之间存在着巨大差异，处理好这种差异是举办奥运会要考虑的首要问题。"[①]

回溯北京2008年奥运会的武术比赛事件，我们不难发现一场普通的国际武术赛事因在奥运期间举行而具有重要的战略地位和深远的意义。然而，奥运送来武术国际发展机遇的背后，在我们用一种冷静负责的心态去思考的同时，我们发现在喧闹一时的奥运之后带来的更多的是文化层面的发展问题。例如，如何有效正确地向世界传播正统的武术文化形态；竞技武术发展究竟是技术异化还是自我革新等一系列问题将会因奥运会加剧了矛盾因素的产生。因此，因奥运而产生的武术文化热潮的暂时"蒸腾"与奥运会之后的武术文化"自律"之间将会形成剧烈反差。

在奥运语境中，武术文化发展是中国武术更为真正关注的问题。在推动武术在奥运会后的快速发展同时，如何更多地赋予竞技武术以文化属性等一系列问题将不可回避。后奥运语境下的武术既是武术发展的历史新阶段，也是武术文化自我审视的时代。武术因奥运带来技术与文化层面的互动，通过自我文化的审视与思考，武术文化将以更加积极的姿态和面貌展现于世界舞台。

二、当代武术发展的技术困境与文化需求

在以西方体育科学为主导的影响下，作为一种竞技性质的体育运动，技术的规格成为主导竞技武术发展的重要推动力。张志永在对当前多种技术的含义分析后，从技术的内涵与本质层面认为："技术是主体在一定条件下，借助手段，使客体之间按其本性相互作用，从而变

---

① 任海："北京奥运后效应的思考"，《体育文化导刊》2005年第4期，第25—26页。

革客体的方式和机制的能力体系。"① 这种对技术的解释更多的是从技术的哲学和科学视角对技术的一种解读。早在20世纪80年代，我国体育理论就出现了关于运动与技术科学的有关讨论，如刘建和（1988）、许耀（1990）等。近年来，国内众多学者围绕体育技术与体育科学又进行了新一轮的学术思维互动，如何强（2006）、刘淑英（2005）、董传升（2004）、周爱光（2000）等。

技术是一项体育运动中的重要载体和文本，技术结构的变化对于体育项目具有重要的影响。美国著名社会学家杰·科克利在对运动中偏离行为这一概念的研究中，提出了较为著名的运动统计学中的正态分布曲线定理。他认为："当使用这种'临界正态分布方法'时，我们看到大多数行为都集中在根据任何特殊规律都可接受的相位范围。当行为超过这一范围时，偏离行为就发生了。"② 一般来讲，我们常常把体育运动"负向偏离"发展作为"技术异化"现象看待，而往往忽略了技术发展中的"正向偏离"现象。

近年来，"技术异化"现象已经成为困扰我国竞技武术发展的核心问题。在高速发展下的竞技武术技术层次的"正向偏离"一直为武术学术界所争论不休。其问题主要反映在竞技武术套路的过度表演化、体操化走向问题、现代散打运动规则与技术的徘徊等。因此，审视竞

技武术的现代发展，既要看到负向偏离的效应因素，同时也应限制正向偏离所产生的问题，做到长远的可持续性发展。因此，从某种意义上说，竞技武术出现的正向偏离现象也是一种内隐的技术异化表现。"体育技术化模式的发展使人类原来建构的东西——体现人类不断进取的精神和超越自我的理念受到了严重的破坏，这种破坏是以人们将体育价值目标转向为超越人体运动极限，并最终转向为打破量化的记录和获得优胜为基本内涵的价值目标，从而使得体育越来越只注重对功利性结果胜利的追求，而忽视或遗忘其原本承载的价值。所以，技术化的发展使得体育价值体系与其本意产生了严重的背离现象，并最终使其自身陷入了种种的人文困境之中"③。

从科学意义上考虑，竞技武术的技术体系正逐步规范化、标准化和科学化。伴随着竞技武术的合理发展，从人文主义的人本出发，去左右和调整竞技武术的发展。因此，正确认识竞技武术的正向偏离以及技术异化现象，寻找解决技术困境的正确方法则有利于武术的和谐发展。

技术是武术的核心，也是武术文化的载体和反映。因此，经过西方体育理念改革下的竞技武术的本质所反映的是技术隐含的现代体育文化内容。然而，作为一种超越体育和东方身体文化的一种形式，它是中国农耕文化从自然到社

---

① 张志永："关于技术的含义、特征本质之我见"，《南昌大学学报》（社会科学版）1997年第2期，第17-23页。

② ［美］杰·科克利：《体育社会学——议题与争议》，清华大学出版社2003年版，第185页。

③ 董传升、张铁："体育技术化的人文困境及消解之道"，《体育文化导刊》2006年第7期，第25-28页。

会的长期"适应"①过程。尽管我们承认武术的民族性和传统性根深蒂固,强大的文化传统惯力依旧左右或影响着竞技武术中蕴藏的现代体育文化内容。为此,武术自身保持的文化传统与竞技武术吸附的现代体育产生了技术与文化之间的隐形张力。武术技术异化带来自身发展的同时,掩盖了文化诉求的空间,其技术困境与文化诉求形成了鲜明的反差。

人文理念传播与宣传是一种从技术层次的"隐学"到文化层次的"显学"的凸显,而非仅停留在技术层面的演示。印象深刻的 2008 北京武术比赛并非简单的一次技术层面或一个运动项目的比赛,而是一种民族文化的"诉求"与展示和民族精神的彰显。在国际体育舞台上,武术文化的意义已经远远超出其比赛竞技的效益。

三、奥运时代武术文化发展的多元化

文化一词源于拉丁语,本义为耕耘、耕作,"从其最初的含义上看,就有人类对于自然界的开拓之意。到了文艺复兴时期,人们将农业、手工业、商业、教育等活动都归入了文化范畴"②。由于文化的复杂性,历史上从不同学科视角对文化有着多种解释,如英国功能学派的文化功能定义、西方的符号文化学派定义等。但总的来说,目前,文化主要分

为狭义和广义两种。狭义主要以 1871 年英国人类学家泰勒(Edward B.Tylor)为主要代表,他认为文化主要包括"知识、信仰、艺术、道德、法律、风俗,以及其他的能力和习惯"③。广义的文化主要指包括人类所有的物质产品和精神产品的总和。

武术和文化两者的结合和产生具有一个悠久的历史。最早的武术文化的历史烙印在古时的甲骨文、文字画中已有相应的反映,"但由于武术起源于原始狩猎和氏族战争,素与兵家武事融于一体,人们易于忽略它所蕴蓄的文化内涵,难以看清它那灿若披锦的文化教育价值"④。春秋战国时期,孔子倡导"文武之道",其中也反映了武术与文化的历史渊源。尽管如此,清晰认识武术的文化属性,并把武术作为一种文化则是 20 世纪才逐渐形成的学术认同。1997 年,由于武术运动的特殊性,武术被纳入民族传统体育方向,并被国家正式承认为体育学下属的二级学科。近年来大批的武术文化教材与著作更加推动了武术文化属性的凸显。在武术文化价值与功能被意识、发觉并重视的时候,武术文化研究已经逐渐成为国内体育专家学者所偏爱的"美食",有些高校还成立了专门的武术文化研究机构。

正是由于对武术文化的广泛关注,借用文化理论与视角则成为当前武术研究的主要特征。在很长一段时间,我们

① F.普洛格、D.G.贝茨:《文化演进与人类行为》,吴爱明、邓勇译,辽宁人民出版社 1988 年版,第 17-19页。

②③ 朱力:《社会学原理》,社会科学文献出版社 2003 年版,第 3-4 页。

④ 郭志禹:"论中国武术的文化教育及价值",第一届世界武术锦标赛论文报告会论文汇编,1991 年。

更多地在关注武术的技术纬度，更多地在技术结构上（尤其是竞技武术套路）进行所谓的西方式的改进。武术的文化性研究多滞留于文字的理论探讨，武术文化实践性的脱离导致武术文化发展的徘徊不前。正因如此，武术的文化诉求在多重现实困境与压力中得以彰显和诠释，其文化诉求才逐渐成为现实的可能。因此，在一定程度上，武术文化与武术并非呈现简单的概念种属逻辑学关系，而显示出"文化武术"的从属内涵与外延，即把武术直接作为一种文化，而非简单的技术。在积极的文化学视角和语境下审视和研究武术，即把文化武术作为一种元概念来看待和研究。文化武术在一定程度上突出和彰显了武术的文化属性，在当前特殊的宏观背景下，文化武术将能更好地融入奥林匹克文化，并与之和谐互动，在共同的文化语境中（而非东西方技术层面的差异和对抗）发挥自己的价值和功能。

近年来，随着武术文化价值功能日益扩大，在国家相关武术管理部门工作的积极调整努力下，竞技武术垄断发展的局面已经有了较大改善。武术发展呈现出一种多元化的发展趋势。首先，武术赛事呈现多元化。如近年来出现了较多的武术新赛事，而且这些武术赛事更多的是注重大众和社会武术的发展，更加注重推动武术运动与我国全民健身工程的和谐发展，如中国传统武术节、世界传统武术节、国际传统武术比赛、全国功力大赛、全国新农村太极拳健身大赛等。此外，太极拳除了相继举行国际和国内赛事外，近年来，国家武术管理中心还相继举办了传统太极拳的培训班，

如传统杨式太极拳等。其次，各种类型的搏击对抗赛事也有所发展，如全国俱乐部散打比赛、国际武术搏击争霸赛以及各种中外功夫对抗赛等。近年来，中央电视台打造的民间武术擂台"武林大会"也获得了不错的反响。因此，武术赛事的多元化突破了传统的竞技武术竞赛模式，这种赛事模式的改变，不仅是武术技术的不同层面彰显，更是武术文化的发展与需求。

在当前多种武术赛事百花齐放的同时，学校武术教育也得到了一定程度上的重视和发展。2004年3月30日，中宣部发出《中小学开展弘扬和培育民族精神教育实施纲要》，该纲要提出要广泛开展中小学生的民族精神培养和教育。武术作为特殊的民族传统体育项目，本身具有传承传统文化和民族文化的精神教育的功能，因此，如何大力推行中小学甚至大学中的武术教育，使武术有机地融入当前的弘扬培育民族精神教育中，则是我们应认真思考的问题。2005年，上海体育学院邱丕相教授的《武术教育研究》被列为国家社会科学基金项目，显示了国家相关职能部门对于武术学校的教育问题的重视。2014年，教育部发布了《完善中华优秀传统文化教育指导纲要》，在体育教育方面明确提出"增加传统体育活动的开展，培养学生对传统体育活动的兴趣爱好"。

此外，"非物质文化遗产"成为当前文化关注的热点。2005年，根据国务院办公厅《关于加强我国非物质文化遗产保护工作的意见》精神，文化部开展了国家非物质文化遗产名录推荐项目的申报和评审工作。在2006年、2008年、

2011 年、2014 年四批公布的国家非物质文化遗产名录体系中，少林功夫、武当武术、回族重刀武术、沧州武术（劈挂拳、燕青拳、孟村八极拳）、太极拳（杨式、陈式、武式太极拳）、峨眉武术、红拳、八卦掌、形意拳、八极拳（月山八极拳）、查拳、螳螂拳、意拳等入选国家级非物质文化遗产名录。武术与非物质文化遗产体系的接轨和融合，积极地促进了武术文化的发展。同时，非物质文化遗产理念的介入使我们更加从文化传承层面上意识到武术文化的未来发展不能仅是一种固态的遗产形态，而应是一种科学的可持续发展特点。武术文化的可持续发展将是"摆脱武术文化遗产的静态发展模式，而呈现动态的可持续性的继承与发展。文化不是文明，文化在历史的传承中不断沉淀、积累、升华"①，武术文化将在多元化的后奥运时代，发挥传承中国传统文化的多项功效，为中华民族的伟大复兴和民族文化的大发展事业而做出自己的贡献。

武术赛事的丰富、教育领域的拓展以及非物质文化遗产的实施，表明了当前武术价值在社会中的多样化发展，都预示了竞技武术"唯技术论"即将走出独领风骚的时代，武术将凸显技术与文化、传统与现代的和谐发展之路。因此，在后奥运时代，武术自身价值和功能的多样化将与社会更加和谐，以更加理性的姿态走入后奥运发展，21 世纪的武术真正走入了多元化发展的时代。

四、结 语

回顾历史，不难发现奥运语境下武术当前的多元化的发展，彰显了武术从技术到文化的历史转变，而这一过程则表现为武术技术困境到文化诉求的理念波动。因此，无论武术是否能够顺利地成为 2024 年奥运会比赛正式项目，武术进入奥运会的发展之路将会继续坚定不移地走下去，因此，武术已经成为中国文化的符号和象征。同时，在今后的武术国际发展中，武术文化的"认同多元化"② 将成为主导武术文化发展的一个重要时代特征，而这种时代特征又表现为一种强烈的武术文化诉求行为和过程。

Abstract：From the cultural perspective，the development of an objective analysis of Martial Arts Games，martial arts techniques to change culture，analyzed the cultural context of the form of Wushu development "competitive" and "culture" and to explore the factors. In the Olympic Games time concept and martial arts gradually diversified development background，the development of Wushu performance as a kind of ontology in the context of cultural appeal，cultural appeal came out from the predicament of technology in this is self-reform and improvement of the development of Wushu.

Key Words：Wushu；Culture；Olympic；Development

---

① 陈振勇："武术文化继承与发展：地域武术文化发展展望"，《体育与科学》2008 年第 2 期，第 33-36 页。
② 王宁："重建全球化时代的中华民族和文化认同"，《社会科学》2010 年第 1 期，第 98-105 页。

政府与市场：山西省级国有文艺院团收支分析*

◎ 郭 宾**

摘 要： 依照收入差额模型，通过对 2006~2012 年山西省级国有文艺院团的收支分析，可以看到院团演出市场收入低，政府需继续对其提供财政投入。理顺政府与市场的关系，是国有文艺院团转企改制的关键。今后，应统一规划政府对公务演出的购买，单独预算公共文化服务投入，用财政投入激励院团市场收入、鼓励社会捐赠，逐步建设公平的市场竞争环境。

关键词： 收入差额；非营利专业院团；市场收入；成本

2012 年，山西省级国有文艺院团全部合并，成立为山西演艺集团，其中除省晋剧院保留原文化事业单位编制外，其他院团均转为国有企业。"转企改制"的目标为，未来文艺院团需逐步摆脱对"财政差额拨款"的依赖，最终成为主要依靠市场演出收入、实现自收自支的营利性专业院团，甚至如省晋剧院这些保留下来的文化事业单位，最终也将依赖市场演出收入的间接给养发展。

目前，地方国有文艺院团的改制目标受到质疑，原因是这些院团提供的现场演出为传统、高雅艺术，而在国际上，此类艺术市场多不景气，除少数大型院团（与媒体联系紧密）外，多数地方文艺院团（与媒体联系少）无法仅依赖市场演出收入存活。如果这些院团不能全部解散、分流，那么今后政府投入与市场收入的恰当比例如何确定，如何界定两者的内在联系？于是，我们希望就近年来山西省级国有文艺院团的收支情况做出比较性分析，初步解答上述问题，以探索深化文艺院团市场化体制改革的路径。

---

* 本文是 2013 年度文化产业重大课题研究计划项目"山西国有文艺院团经营分析（编号：CIPR1303014）"的阶段性成果。

** 郭宾，山西太原人，山西大学音乐学院副教授，研究方向为艺术文化与现代社会。

政府与市场：山西省级国有文艺院团收支分析

Government and Market: an Analysis on Incomes and Expenses of State-owned Professional Theatres of Provincial Level in Shanxi

一、文艺院团收支分析方法与本课题研究思路

根据山西国有文艺院团收入来源包括市场演出收入和"财政差额拨款"收入，假设年总收入等于总支出，分析文艺院团的收支情况需要：①根据已有年统计数据（2006~2012 年），计算文艺院团（每场）演出年支出或成本增长率，其中涉及演员工资支出所占演出成本比例变动情况；②计算文艺院团（每场演出）市场收入年增长率；③计算（每场）演出收入差额年增长率，以之作为未来年度"财政差额拨款"参考指标。我们将上述分析方法称作文艺院团收入差额分析模型（见图 1）。

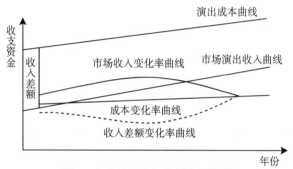

图 1 文艺院团收入差额分析模型

我们依照上述分析模型，首先，综合分析 5 个山西省级国有文艺院团演出收支情况，以揭示文艺院团转企改制中市场收入与政府投入现状。其次，单独分析省晋剧院收支情况，以揭示文艺院团市场化体制改革存在的问题。再次，比较美国非营利专业院团演出收支情况，包括市场收入、政府补贴与社会捐助现状，同时介绍可借鉴的政府鼓励非营利院团提升市场营销能力与公共文化服务绩效的经验。最后，探索地方文艺院团面对的政府与市场的合理关系。

二、山西省级国有文艺院团收支综合分析

山西省级国有文艺院团共 5 家，即山西省歌舞团、山西省晋剧院、山西省话剧团、山西省京剧院和山西省曲艺团。这些院团成立于 20 世纪 50 年代，位于山西省太原市，自 2002 年一直是财政差额拨款文化事业单位，2012 年转企改制之后，目前仍保留财政差额拨款。根据《太原统计年鉴》(2007~2013)，可获得 5 院团 2006~2012 年的职工人数、演出场次、观众人数、演出收入、总支出与全部职工工资的年度统计数据（见表 1）。[①]

① 太原市统计局："专业艺术表演团体情况"，《太原统计年鉴》(2007~2013)，中国统计出版社。

表1 山西省太原市国有文艺院团收支情况

年份	2006	2007	2008	2009	2010	2011	2012
总支出（万元）	6270.4	8540.7	10762.4	11452.5	11779.9	15213	15279
省级院团支出占比（%）	66.93	67.85	68.65	68.53	74.62	67.00	67.84
市场演出收入（万元）	1233.9	2453.8	2434.8	2434.9	3509.2	3632.9	8230.9
省级院团市场收入占比（%）	76.16	66.88	60.33	54.70	53.43	45.58	81.52
每场演出成本（万元）	3.7	4.8	5.4	4.7	6.5	8.7	9.5
每场演出市场收入（万元）	0.7	1.4	1.2	1	1.9	2.1	3.3

2006~2012年，太原市国有文艺院团共11个，每年演出1600~1800场上下，每场演出成本年均增长率17.02%，市场收入年均增长率为29.49%，收入差额年均增长率为12.86%，高于省级国有文艺院团1.17个百分点。这说明省级文艺院团市场营销能力提升水平略高于太原市平均水平。

山西省国有文艺院团年度总支出、年度市场演出总收入及其年增长率如图2所示。

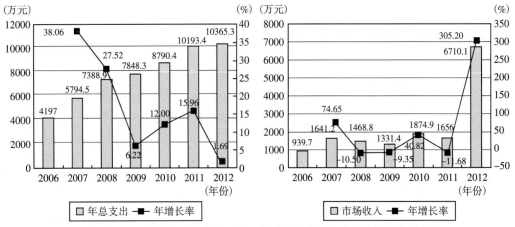

图2 2006~2012年全部山西省级国有文艺院团年度总支出与市场演出收入情况

2006~2011年，山西省级文艺院团年支出已由原来的4000多万元上升至1亿元以上，然而，在政府投入逐渐增加的情况下，市场收入只能维持在1500万~2000万元之间，收入差额逐年扩大。然而，在2012年转企改制完成之年，似乎情况发生了显著改变。① 根据调研了解到的情况，2006~2011年是山西省级国有

① 根据山西演艺集团资讯提示，"2012年演出场次由改革前的665场上升到1007场，同比增长51%，产业收入由改革前的1800余万元上升到3700余万元"。这组数据与太原市统计年鉴有出入，说明演出收入统计细目发生改变。参见山西演艺集团网页，"集团召开2012年度总结表彰暨2013年工作部署大会"，http://www.sxyanyi.com/news_detail.aspx?news_id=1081.

政府与市场：山西省级国有文艺院团收支分析

Government and Market：an Analysis on Incomes and Expenses of State-owned Professional Theatres of Provincial Level in Shanxi

文艺院团转企改制的酝酿期，在整个国民经济增长推动文艺院团演出成本逐年提升的情况下，政府逐年追加演出基础设施、舞台创作投入，希望多推精品、提升舞台表演质量，以此提升市场演出收入。

在市场收入方面，根据对山西省歌舞团市场营销调研可知，该团的市场收入来源包括居民消费、企事业单位和政府购买，其交响乐团的市场收入至少有六七成最终仍然是来自财政或国企本该上缴的利润，这部分收入与"政府财政差额拨款"相比，是横向收入与纵向收入的关系。

由于政府和国有企事业单位的政治性演出、福利慰问演出是院团市场收入的主要来源，因而当 2013~2014 年中央要求"党政机关厉行节约反对浪费"、"要求制止豪华铺张、提倡节俭办晚会"时，这两年的市场收入至多在 2000 万~3000 万元。① 省级院团目前只能获得 20%~30% 的市场收入与每年从财政上获得 60% 的固定拨款，其余部分由市场收入补足这一前期目标的实现，仍有较大差距。

2006~2012 年山西省级文艺院团年度每场演出成本、年度每场演出成本中工资支出及其年增长率如图 3 所示。

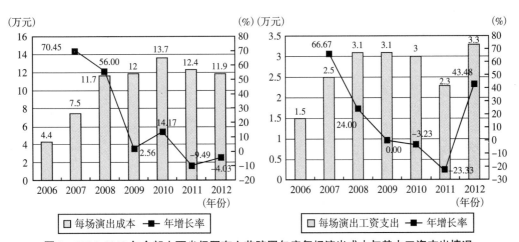

图 3　2006~2012 年全部山西省级国有文艺院团年度每场演出成本与其中工资支出情况

---

① 根据山西演艺集团资讯提示，"2014 年五院团第一季度共演出 110 场，收入 288.32 万元，演出场次与 2013 年同期相比下降了 31.68%，演出收入下降 46.07%……剖析原因：一是演出市场受片面理解'奢华晚会禁令'的影响再度萎缩，企业赞助形式的演出基本'归零'，戏曲一向看好的农村演出市场也受到严重波及，台口难定，戏价偏低；二是面对演出市场的变化，各院团'坐等靠'的思想未能得到有效解决，应对市场变化能力不强，没有形成新的营销运行机制"。"截至目前（2014 年 8 月 20 日），共计完成演出场次 500 余场，实现演出收入 1500 万元"。参见山西演艺集团网页，"面对第一季度演出场次和演出收入明显下降趋势集团积极研究应对措施"，http://www.sxyanyi.com/news_detail.aspx?news_id=1515；"集团召开 2014 年上半年目标责任制和重点工作推进会"，http://www.sxyanyi.com/news_detail.aspx?news_id=1603。

2006~2012 年，省级院团每场演出成本中工资支出占比分别为 34.09%、33.33%、26.50%、25.83%、21.90%、18.53%、27.73%，平均占比为 26.84%。平均每位职工年工资收入分别为 1.7 万元、2.2 万元、2.2 万元、2.3 万元、2.2 万元、2.6 万元、3.3 万元。① 目前每场演出成本为 12 万元上下，高于太原市国有文艺院团平均单位演出成本 2 万元左右，其中工资支出 3 万元左右，但略低于太原市国有文艺院团平均工资水平。

说明：①除去对舞台、服装、乐器、照明、音像等基础设施投入巨大外，可能交通、住宿、办公、宣传费用等也在增长。②假设外聘演员工资支出、艺术创新投入均被算作演员工资表外收入，院团同样遵照"明星效应"，将演出经费更多花给艺术创新人才和业务骨干。③演员工资支出增长，与单位演出生产力不变，但工资成本随国民经济增长而被提升的"生产力滞后"、"演出成本难题"现象相一致。②

2006~2012 年，省级院团每场演出市场收入、每场演出收入差额及其年增长率如图 4 所示。

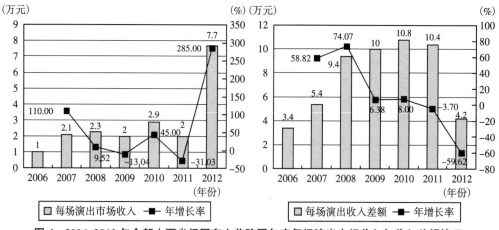

图 4　2006~2012 年全部山西省级国有文艺院团年度每场演出市场收入与收入差额情况

如果根据山西省演艺集团 2012 年的演出收支统计数据，2012 年每场演出成本为 10.3 万元，市场收入 3.7 万元，收入差额 6.6 万元（本文图表中 2012 年数据均源自《太原统计年鉴》），那么，

2006~2012 年，每场演出成本平均增长率为 15.23%，每场市场演出收入平均增长率为 24.37%，收入差额增长率为 11.69%。

我们预测，①由于市场演出收入增

----

① 2012 年职工工资收入出现显著增加的院团是山西省歌舞剧团，由 2011 年的 660.8 万元突增至 2012 年的 1818.2 万元，而访谈的结果是该团普通演员工资未显著提升，说明工资统计细目发生变化。

② 我们了解到，普通演员对当前工资待遇大多不满意，那么多少工资收入才是合理的，能让普通演员安心工作，就是一个有待专门研究的问题。

政府与市场：山西省级国有文艺院团收支分析

Government and Market: an Analysis on Incomes and Expenses of State-owned Professional Theatres of Provincial Level in Shanxi

长率高于平均成本增长率 9.14 个百分点，未来收入差额增长率将逐年减少，之后再次上升，可能最终略高于成本增长率。②根据国际经验与目前我国文化政策环境、居民文化消费增长情况，收入差额不会消失。③市场演出收入增长率最终将低于成本增长率（见上文收支差额分析模型，最终结果参考了美国非营利专业院团的收支情况）。①

由于政府投入需要持续下去，如何确定政府投入与市场收入的关系，我们将通过分析山西省晋剧院的收支情况，来提示文艺院团市场化体制改革中政府与市场关系界定现存的问题。

三、山西省晋剧院收支分析

2006~2012 年，山西省晋剧院年度总支出、年度市场演出总收入及其年增长率如图 5 所示。

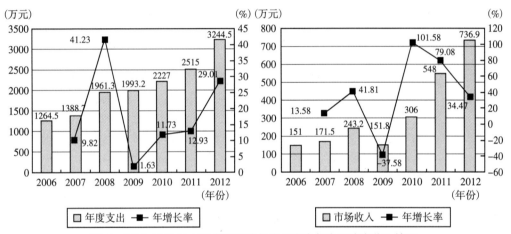

图5　2006~2012 年山西省晋剧院年度总支出与市场演出收入情况

山西省晋剧院年均支出增长率为 17.01%，市场收入年均增长率为 30.24%。根据调研我们了解到：

（1）晋剧院的支出主要用于剧场重建、演出设备更新、新剧目的创排等。

（2）晋剧院的演出分为城镇中的剧场演出和乡村中的广场演出。其中剧场演出分为：①上级部门指派的无市场收入的政治性、慰问性演出；②"百姓看戏、政府埋单"的公益演出、文化创新交流演出，由于票价低廉，投入巨大，市场收入忽略不计；③商业性的剧场演出，除非国有企事业单位和政府购买，否则票房收入不多。

---

① 在前期研究中，我们根据市场演出收入增长率与演出支出（成本）增长率之间的差距，粗略估算（由于数据有限，将演出场次设定为不变）了未来省歌舞剧院交响乐团达到市场收入与支出比例目标的所需年限。而且，在计算时，将收入差额的双变量变化关系简化为单变量关系（市场收入增长率直接减去演出成本增长率），于是部分收入差额被省去了，测算出的年限将有所提前。但即便如此，我们依然认为该团需要 10~15 年才能实现市场演出占演出支出 40% 的目标。参见郭宾、章建刚："国有文艺院团市场营销前景分析——以山西省歌舞剧院交响乐团为例"一文。

（3）晋剧院的市场收入多来自乡村民俗演出市场，目前广场演出每场要价3万元。甚至普通晋剧演员的工资表外收入也多来自省内农村与城乡结合地区的民俗演出市场。近年来，省晋剧院农村演出市场收入提高较快，说明在山西省城镇化建设的过程中，少数农村（尤其是城中村）富裕起来，由于他们的文化消费更具传统民俗性质（婚庆、祝寿、庙会、赶集等），于是对晋剧的市场需求不断扩大。[①]

（4）据《太原统计年鉴》显示，截至2012年太原市规模民营艺术表演团体（每年演出100场、演出人员在80~100人之间）有7个，分别是山西梅花文化传播有限公司、山西清徐嫦娥艺术团、山西三晋晋剧团、山西文华晋剧院、山西美锦贯众艺术团、山西晋阳晋剧团和山西贯众晋剧团。这些自收自支的戏曲表演团体在"奢华晚会禁令"未出台以前，都运营良好（见表2）。[②]

表2　2012年山西省晋剧院演出清单

时间	地点	天数	场次	时间	地点	天数	场次
2月2日~2月3日	大同矿务局	2	3	7月22日~7月25日	汾阳孙家庄	4	7
2月5日	山西大剧院演出	1	1	7月30日~8月3日	介休中堡	5	8
2月5日~2月6日	灵石剧场	2	2	8月4日~8月6日	平遥西游	3	6
2月5日~2月7日	许西	3	5	8月8日~8月11日	忻州奇村石家庄	4	7
3月5日~3月8日	孝义	4	7	8月13日~8月16日	大王村	4	7
3月11日~3月12日	武家庄	2	3	8月17日~8月20日	寿阳温家庄	4	7
3月18日~3月21日	小店杨庄	4	7	8月22日~8月26日	交城水峪贯	4	7
3月22日~3月25日	小店辛村	4	7	8月27日~8月30日	文水门世	4	6
4月11日~4月13日	许东	3	5	8月31日~9月3日	太谷营村	4	5
4月20日~4月23日	柳林庙湾	4	7	9月6日~9月10日	太谷南寒	5	8
4月26日~4月29日	柳林锄沟	4	7	9月15日~9月18日	平定	4	7
4月30日~5月2日	陕西神木菜园沟	3	5	9月19日~9月22日	南堰	4	7
5月3日~5月6日	介休孟王堡	4	7	9月23日~9月25日	历长寿	3	5
5月7日~5月11日	盂县南关	5	10	9月26日~9月28日	段家堡	3	5
5月14日~5月17日	剧场非遗展演出	4	4	9月29日~10月1日	盂县围沟村	3	5
5月20日~5月24日	小店南畔	5	8	10月2日~10月5日	南城角	4	7
6月17日~6月19日	陕西金佛寺	3	6	10月22日~10月24日	小店三队	3	5
6月26日~6月30日	临县三交	5	7	11月1日~11月3日	剧场	2	2
7月12日~7月15日	昔阳安家村	4	7	11月3日~11月6日	岗县	4	8

① 广场演出不能阻止"搭便车"行为，所以普通村民看戏不花钱，出资方为村集体或由村集体牵头的"主家"等。先富裕起来的"主家"，通常与政府联系紧密，故而农村戏曲市场也受到了"奢华晚会禁令"的影响。

② "清徐嫦娥艺术团是我省文化体制改革中产生的最早的一家民营文艺演出剧团。7年间，这个剧团演出8800余场，2600万余名基层观众身临其境欣赏到晋剧艺术的魅力。他们创排的'龙兴晋阳'、梅花版'打金枝'、'大红灯笼'3部晋剧精品大戏唱响全国。2011年上半年，该团演出550场，演出收入逾450万元。被中宣部等国家四部委授予全国服务农民、服务基层文化建设先进集体"。参见文明网，"山西嫦娥艺术团7年演出8800余场"，http://www.wenming.cn/whhm_pd/yw_whhm/201201/t20120129_475003.shtml。

政府与市场：山西省级国有文艺院团收支分析

Government and Market: an Analysis on Incomes and Expenses of State-owned Professional Theatres of Provincial Level in Shanxi

续表

时间	地点	天数	场次	时间	地点	天数	场次
11 月 7 日~11 月 9 日	张花村	3	5	11 月 15 日~11 月 18 日	东贾	4	7
11 月 11 日	东山小窑头	1	1	11 月 27 日~11 月 30 日	北六堡	4	7
11 月 13 日~11 月 14 日	剧场非遗展演	2	2	2012 年共计演出 250 场			

注：本资料数据来源于山西省晋剧院。

2006~2012 年，山西省晋剧院年度每场演出成本、年度每场演出成本中工资支出及其年增长率如图 6 所示。

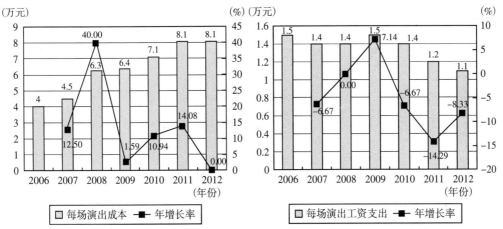

图 6　2006~2012 年全部山西省晋剧院年度每场演出成本与其中工资支出情况

近年每场演出工资支出占演出成本的比例分别为 37.5%、31.11%、22.22%、23.44%、21.13%、14.81%、13.58%，演员年均工资收入为 1.8 万元、1.7 万元、1.6 万元、1.8 万元、1.7 万元、1.9 万元、2.1 万元。当前，晋剧院每场演出成本为 8 万元左右，低于省级文艺院团演出成本 4 万元左右。说明：①剧场演出成本高于广场演出，农民对演出场所、舞台效果和表演质量的要求低于城镇居民的要求。②与少数晋剧名家、其他院团演员相比，普通演员工资待遇较低，而且广场演出旅途劳累、工作条件艰苦。①

2006~2012 年，山西省晋剧院每场演出市场收入、每场演出收入差额及其年增长率如图 7 所示。

近年省晋剧院每场演出支出年均增长率为 12.49%，市场收入年均增长率为 23.80%，收入差额增长率为 10.29%，低于省级文艺院团 1.4 个百分点。目前，省晋剧院每场演出的市场收入为 1.8 万元左右，收入差距为 6 万元左右，市场收入甚至高过了对普通演员的工资支出。这说明省晋剧院单位演出成本低、成本

---

① 为什么晋剧演员的工资收入会较低于平均工资水平，晋剧演员的工资表内、表外总收入与其他艺术行当的工资总收入有何差距，这是今后研究演员工资收入时的细节问题。

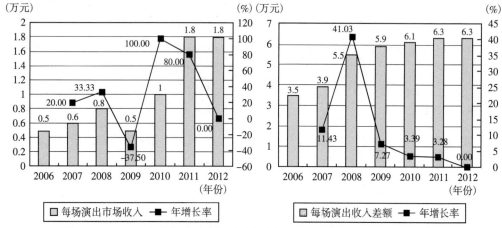

图7　2006~2012年全部山西省晋剧院年度每场演出市场收入与收入差额情况

增长率低，但市场收入增长率高，造成收入差额增长率低，其市场营销能力提升快，政府对其财政投入压力相对小些，可能将较早达到市场收入占成本支出比例40%的目标。

可见，随着未来农民文化消费需求的提高（前提是农民收入普遍提高）、城镇居民旅游文化消费的高涨，再加上目前省晋剧院被确立为文化事业单位，意味着国家将对晋剧遗产的保护、传承与创新做出更多投入，未来省晋剧院团发展前景是乐观的。

但是，我们的问题表现在以下几方面：

（1）目前文艺院团对政府各部门、国有企事业单位演出需求的供给，其收入来源既包括纵向的"财政差额拨款"，也包括横向的所谓"市场收入"，但这些收入均是政府的财政收入和国有企业应上交的利润。对此种演出的政府和国企采购隶属于政府公务活动，这笔预算目前比较凌乱，今后政府该如何统一规划投放？此外，政府对高雅艺术文化交流的支持、提供廉价的公益性演出，属于公共文化服务投入的范畴，与公务演出需求不同，这笔预算又应该如何投放？

（2）国有文艺院团的出现，最初多因为政府有公务需求（参考中国乐论思想中对"礼乐"的看法），随着国家治理体系和治理能力现代化的推进，文艺院团的转企改制首先要摆脱对政府的依赖，不再以满足政府公务演出需求为主要目标，在市场经济环境下，将主要满足社会不同阶层的文化消费需求，这必然要求其提升市场营销能力。由于高雅、传统艺术市场不景气，而高端艺术创新对社会有正外部性，政府需要支持文艺院团的艺术创新、公益性演出，这是市场经济对政府现代化转型的必然要求。

由于公共文化服务对文化市场有"挤出"效应（谁都愿意享受免费的午餐、"搭便车"，让消费者剩余最大化），那么如何处理好公益性提供文艺演出与文艺演出市场之间的关系？政府对艺术创新的支持，受益更多的是那些作为爱乐者的中等收入阶层，如何让低收入者也享受这种待遇？只有剥离了政府购买

政府与市场：山西省级国有文艺院团收支分析

Government and Market：an Analysis on Incomes and Expenses of State-owned Professional Theatres of Provincial Level in Shanxi

之后的市场演出收入才是真正的票房收入（来自与政府需求不同的企业和家庭消费），它与政府购买之间的关系如何处理？政府如何用财政投入刺激市场收入的提升？

（3）如果当前艺术创新与市场营销有矛盾①，那么，由谁并如何界定文艺创新的质量？如何处理专家说好但百姓不认可，或者百姓认可但专家说低俗的矛盾？如何测评与提升公益性演出的绩效？这可被统称为具体处理社会效益与经济效益关系的问题。

（4）针对目前国有文艺院团收入差额不断扩大的现状，有限的财政投入如何分配？同样是省级国有文艺院团，重点扶持其中某个院团是否公平？② 只要戏曲有市场需求，戏曲表演团体的供给就会跟上，所以民营乐团的出现符合市场规律，但是目前政府只支持国有文艺院团，而对民营乐团的窘境关心不足，这对于民营乐团是否公平？政府应如何处理民营乐团与国有院团的关系？

可见，文艺院团的转企改制面对的情况是复杂的，这里既有政府自身的需求，也有低收入人群对公益性文艺演出的需求，还要处理在艺术市场中艺术家与消费者供需双方的矛盾，并为所有文艺院团创造公平竞争的市场环境，所以，它直接指向政府与文化市场合理关系的探索。我们希望通过对美国非营利专业院团的收支与政府、社会捐助情况的介绍，探索解答上述问题的思路。

四、美国非营利专业院团现状与对政府和市场关系的思考

理论上，任何美国人都可以创办非营利专业院团（nonprofit professional theatres），作为非营利组织的重要组成部分，它隶属于第三部门（the third sector），与政府部门和企业界的私有部门相对。非营利院团首先具有服务于当地社区的公益性目标，所以不是以营利为目标的（not-for-profit），即在收支有盈余（surplus）的情况下，盈余将用于下一周期的成本支出，而不是与合伙人、股东分红，而且经营者的最高收入、演员的最低工资收入有法律规定。正是由于非营利院团产生了正外部性，才可获得来自（联邦、州）政府的基金资助以及企业、社会组织和个人的捐赠（donations），可以不完全依赖市场收入

① 有观点认为，文艺创新与市场营销有不可调和的矛盾，这里假设了优秀的文艺是曲高和寡的，市场中的文艺需求多是低俗的，艺术家如果以经济利益为目标，其作品将不是好作品。我们认为，首先，如果审美品位是需要通过教育而逐步深奥起来的"嗜好"，就不能总是假设大众的审美品位不会提升（这预设了文化交流的先天不平等，是错误的精英主义），所以艺术市场与艺术家创新之间是阶段性异化关系。其次，艺术家需要以艺术创新为终极目标，但是在市场环境下，艺术家首先需要一定的物质条件来满足其日常生活需要，艺术家提高收入、获得市场认可需要辩证理解：在思想市场中，争取创新获得承认是一个艰难的争辩过程，因市场认可获得收益是游戏规则。艺术家的创新无人理解因而不被市场认可，这是异化状态，容易让艺术家迷失自我、随波逐流、玩世不恭，政府为了改善异化状态，发挥艺术家的外部性，支持艺术创新、提供公益演出就有了合法性。

② 当前普通演员普遍抱怨工资收入偏低，大量的财政投入都花费在了基础设施上，而艺术创新投入仅支持了少数名角、名家，造成马太效应、明星效应、赢者通吃现象明显，这是否合理？这是今后演员收入研究的重要问题。

存活，并且捐赠收入享受税收减免政策。对于资助人而言，不能要求得到同等或成比例的资金回报，且捐赠资金可以抵消部分资助人所应缴纳的税收。

美国百老汇地区多为营利性专业院团（几十家），其他地区的专业院团基本为非营利性的（上千家）。由于剧场演出提供的是一种本真性的现场体验，所以大部分美国人都是在非营利院团中获得此种体验的。而且很多被百老汇买来再创新后用于全国、世界巡演的流行节目，最初都来自非营利院团。由于如果想要获得更多基金支持和社会捐赠，需要有艺术创新（productions），所以，很多美国艺术奖项都是由非营利院团获得的（见表3）。[①]

表3 1990~2009年美国非营利专业院团情况

年份	1990	1995	2000	2003	2004	2005	2006	2007	2008	2009
院团个数（个）	185	215	262	1274	1477	1490	1893	1910	1919	1825
总收入（百万美元）	308	444	791	1481	1571	1647	1791	1881	1884	1779
演出收入（百万美元）	188	281	466	787	856	845	923	962	955	811
捐赠收入（百万美元）	119	163	325	694	715	802	868	919	929	968
总支出（百万美元）	306	445	708	1476	1464	1530	1667	1742	1860	1892
舞台节目产量（台）	2265	2646	3241	13000	11000	12000	14000	17000	15000	17000
演出场次（场）	46131	56608	66123	170000	169000	169000	172000	197000	202000	187000
观众人数（百万人次）	15.2	18.6	22.0	34.3	32.1	32.5	30.5	31.0	32.0	30.0

注：该资料数据来源于美国统计局编的《美国统计年鉴》（2012）。

1990年，每场演出成本为0.7万美元，在2009年，增长到1万美元，年均增长率为1.89%。1990年，平均每个院团每年生产舞台节目12台，每年演出250场，平均每台节目演出20多场，到2009年，舞台节目产量下降为9台，每年演出102场，平均每台节目演出10多场。但院团个数由185个增长到1825个，舞台节目产量由2265台上升为17000台，演出场次由46131次上升为187000次，观众人次由0.152亿上升到3000万。

1990年每场演出市场收入为0.4万美元，在2009年，增长为0.43万美元，年增长率为0.38%，收入差额年增长率为3.44%。1990~2009年，市场收入占比基本为50%~60%左右，在2008年以前，市场收入一直略高于捐赠收入，2009年这一情况发生变化，可能与美国经济危机有关。市场收入由1990年的1.88亿美元增长为2009年的8.11亿美元，总支出由3.06亿美元增长为18.92亿美元。这说明虽然市场演出规模在扩大，但国民经济的整体增长增加了演出成本，增加了院团市场营销的负担。

美国非营利专业院团的市场收入是

---

① 詹姆斯·海尔布伦：《艺术文化经济学》，中国人民大学出版社2007年版。

政府与市场：山西省级国有文艺院团收支分析

Government and Market: an Analysis on Incomes and Expenses of State-owned Professional Theatres of Provincial Level in Shanxi

票房收入，不包括企业和个人的捐赠，为了降低市场风险，院团多采用会员俱乐部制度，提前收取票房，设计年度演出计划。美国联邦政府用于资助非营利院团的基金包括国家艺术基金（内设可得资助、义务资助、奖助、项目拨款）和国家人文基金（内设可得资助、项目拨款和配套资助）。州政府层面资助来自地方艺术代理机构国民会议（NASAA）内的大量基金组织，这些基金组织可分为准政府组织和民间组织。①

我国的国有文艺院团与美国非营利专业院团的区别在于，前者是国有企业，理论上民营院团只能是营利性的，不能是非营利性的，不能享受财政差额拨款。根据美国非营利专业院团收支的相关情况，借鉴其可取之处，我们认为，深化国有文艺院团的转企改制，关键在于理顺市场与政府的关系：

（1）当前应首先将财政拨款统一规划，不再零散支出（取消横向、纵向财政收入之别），其次细目做出详细划分。用于公务演出的政府购买（包括国有企业）每年做出统一预算，以勤俭节约为宗旨；用于支持艺术创新、公益性演出的政府采购，要做出单独预算，而且要对舞台节目产量、演出场次和观众人数、市场收入有相应的要求，作为院团绩效考核依据。

（2）根据本文收入差额模型，就财政投入与市场收入的关系，可以提示的是，在下一年度财政预算时，应首先根据物价、工资水平的同比增幅与演出场次、规模情况确定单位演出成本的基本增长情况。然后，思考减少收入差额与成本的比例及其增长率，如果要追加预算投入，那么需设定市场收入指标，后者的年增长率要高于前者，致使市场收入的增值大于等于成本增值。或者说，现阶段表演团体市场收入提高多少，来年的预算投入就按一定比例提高多少。我们希望，当基础设施建设基本完成后，成本可以回落，并多用于人事支出。

（3）目前，我们已在国家层面设立了国家艺术基金，并向所有表演团体开放，承诺保证公平投标，项目申报与验收、项目获奖都有严格的管理程序。我们希望今后在省级层面也设立艺术基金，逐步改善向国有企业"吃偏饭"的问题；而关于艺术产品质量的评价，需加重观众满意度测评的权重。

（4）通过减免税收的方式，鼓励企业、社会团体和个人资助本社区的艺术表演团体。对国有企业而言，政治性的公务演出、提高员工福利的慰问演出与政府公务演出标准一致，要厉行节约，并区别对待用于企业文化品牌建设、公益性营造社区文化氛围的演出。

Abstract: Using the analysis model of income gap, the incomes and expenses of state-owned professional theatres of provincial level in Shanxi are observed, which indicates their earned incomes from the market are low, so the government needs to continue the financial investment. The key to the institutional reform of them is to straighten

---

① 詹姆斯·海尔布伦：《艺术文化经济学》，中国人民大学出版社2007年版。

out the relations of government and market. It is suggested that government purchases of the show on official business should be given a unified planning; expenses on public cultural services should be budgeted alone, and be used to stimulate the increase of the market incomes. Encourage the social donation and build a fair market competition environment is also proposed.

Key Words：Income Gap；Nonprofit Professional Theatre；Market Income；Cost

文化的民族性与地域性

——基于陈国钧和刘兆吉所收歌谣的讨论*

◎　娄贵品**　曹　曦***

摘　要： 从《定番县歌谣丛录》和《贵州苗夷歌谣》来看，贵州苗夷内部不同支系的歌谣有相同或相似的情况，这说明歌谣具有民族共性特征。《定番县歌谣丛录》、《贵州苗夷歌谣》所收歌谣与《西南采风录》中贵州、云南多个地区的歌谣相同或相近，则表明歌谣具有跨民族的地域共性特征。这在一定程度上反映了文化的地域共性特征比文化的民族共性特征更为明显。同时，也在一定程度上揭示了中华各族文化已经是"你中有我，我中有你"的事实。因此，注重地域整体的地域文化研究，更符合全文本身的实际，也更有利于培养和强化国人的中华文化认同、中华民族认同和国家认同。

关键词： 文化；民族性；地域性；陈国钧；《贵州苗夷歌谣》；刘兆吉；《西南采风录》；《定番县歌谣丛录》

一

1941年12月7日，著名社会学家张少微先生在为陈国钧编译的《贵州苗夷歌谣》所做的序中，阐述了文化的种族性与地域性，揭示了歌谣在文化中的个案研究，尤其是在缺乏文献的后进民族（如苗夷）的文化研究中的重要性。张先生说：

---

　*本文删节版曾提交至由中国社会科学院、全国博士后管理委员会与中国博士后科学基金会主办，河南大学、中国社会科学院博士后管理委员会、中国社会科学院哲学所博士后科研流动站、中国社会科学院文化研究中心联合承办，于2014年11月15~16日在开封召开的"第三届中国博士后文化发展论坛"，得到了中国社科院诸位前辈的指正。后来在修改中又得到邹启宇先生的指正。谨致谢忱！

　**娄贵品（1982~），贵州关岭人，博士，云南大学人文学院历史系讲师，研究方向为近代中国民族史与边疆史。

　***曹曦（1984~）安徽泾县人，博士，安徽大学历史系讲师，研究方向为中国近现代史。

生活的形态就是文化，人类生活既然是社会生活，则人类文化当为社会文化。唯文化是人所创造的，如果人与人彼此相同，没有显然的差异，文化的内容和外形自必完全一样，毫无分别。实际上人是遗传的和环境的产物，在体质上和心理上具有各自的种族和区域特征。因此，人所创作的文化，无论在其内容或外形上，渲染着浓厚的种族色彩和地方风光。

人类社会文化有了种族性和地方性的区别，学术上的研究便不能一概而论。个别研究的途径固然很多，但是利用歌谣来做分析的资料，实不失为犀利的工具之一，倘若所研究的社会文化是属于缺乏文献的落后民族，则这种工具尤其重要。因歌谣是人类社会生活的副产品，可以反映出各种族和各区域特有的形态。不过歌谣的研究系客观研究的性质，必须首先从事于多量歌谣的搜集，否则便无法着手研究。是以搜集歌谣乃是以分析歌谣为研究人类社会文化的途径的初步工作。

贵州是中国苗夷人口分布众多的区域，而苗夷又是中国各民族中缺乏文献可考的落后民族，因此欲言研究中国的苗夷社会文化，自必要以贵州省为研究中心地带，更须以苗夷歌谣的分析为研究的首要工具。[①]

与此同时，张先生还撰文强调歌谣的社会价值，指点如何开展歌谣研究[②]。

张先生的"种族"，也即民族[③]。所以，文化具有种族性与地域性，也即文化具有民族性与地域性。这在中国尤其明显。因为中国自古以来幅员辽阔，族类众多，且各族迁徙往来非常频繁，这使中国文化呈现出明显的地域性和民族性特征。这两者之间既有联系又有区别，有时还很难区分。因此，张少微先生的观点是相当深刻的，值得我们深入研究。张先生所指点的方法也十分值得我们借鉴学习。但是，很遗憾，张先生的观点至今仍未引起学界的充分重视。

受张先生观点的启发，陈国钧和刘兆吉在全面抗战时期所收集的歌谣引起了笔者的注意。抗战爆发后，上海大夏大学迁黔，该校教师陈国钧在调查贵州苗夷的过程中收集了不少歌谣，并从中选出 1000 首，编成《贵州苗夷歌谣》，1942 年 4 月由文通书局出版。1974 年，该书作为娄子匡教授主编的国立北京大学中国民俗学会民俗丛书第四册民族篇，在中国台湾由东方文化书局再版。此外，陈先生所收歌谣还在《安顺县苗夷调查报告书》、《炉山县苗夷调查报告书》、《定番县苗夷调查报告书》[④]中出现，又在《安顺苗夷的娱乐状况》[⑤]、《定番县歌谣丛录》[⑥]等文中公布。1938 年 2~4 月，长沙

---

① 张少微：《序》，陈国钧编著：《贵州苗夷歌谣》，文通书局 1942 年版。
② 张少微：《歌谣之研究法》，《贵州日报》1941 年 11 月 15 日。贵阳市档案馆编：《黔境民风》，贵州人民出版社 2009 年版。
③ 张少微、吴泽霖、陈国钧，《贵州惠水县乡土教材调查报告》，《历史社会季刊》创刊号，1947 年 3 月 1 日。
④ 笔者只见过《贵州安顺县苗民调查报告》手稿，署名"吴泽霖陈国钧撰"（见"中国西南文献丛书"第四辑《西南民俗文献》第十九卷，兰州大学出版社 2003 年版），原稿何时完成不清楚。
⑤《安顺苗夷的娱乐状况》原载《社会研究》第 8 期（1940 年 8 月 6 日），收入《贵州苗夷社会研究》，是《安顺县苗夷调查报告书》的一部分。本文均引自《贵州苗夷社会研究》。
⑥《定番县歌谣丛录》载《新大夏》第 1 卷第 3 期（1938 年 11 月 1 日），应是《定番县苗夷调查报告书》的一部分。

文化的民族性与地域性——基于陈国钧和刘兆吉所收歌谣的讨论

Cultural National Character and Regionalism—Discuss Based on Ballads Collected by Chen Guojun and Liu Zhaoji

临时大学湘黔滇旅行团成员刘兆吉在迁滇途中收集了 2000 余首歌谣，后从中择选 771 首编成《西南采风录》，1946 年 12 月由上海商务印书馆出版。1976 年，该书作为娄子匡教授主编的国立北京大学中国民俗学会民俗丛书第 42 册，在中国台湾由东方文化书局再版。1991 年，又由中国台湾商务印书馆出版，2000 年，再由商务印书馆出版。2003 年收入《西南民俗文献》第 14 卷出版。

《贵州苗夷歌谣》在国内是第一本集录特种民族的歌谣①，具有重要价值。黄钰生在为《西南采风录》写的《序》中说："将采集所得，汇刊出来，也是一宗有用的文献。语言学者，可以研究方音；社会学者，可以研究文化；文学家，可以研究民歌的格局和情调。"

当时，《图书季刊》②、《西南边疆》③均刊有专文评价《贵州苗夷歌谣》，也有人通过《图书季刊》介绍过《西南采风录》④。或许是因为《西南采风录》由杨振声题写书名，朱自清、黄钰生、闻一多为之作序，被誉为"现代三百篇"，新中国成立后，《西南采风录》受到较多关注⑤。但是，关于《贵州苗夷歌谣》，却未见到专门的研究，更没有人将两书做一对比研究。

陈先生与刘先生所收歌谣不仅在采集和出版的时间方面相当接近，而且都涉及贵州歌谣。陈先生所收皆为苗夷歌谣，《贵州苗夷歌谣》更以族类分类，强调歌谣的民族性。因此，《图书季刊》载文批评说："是书各首歌谣下注各种族名称，不注其所居地名。种族分布有较广者，不注所居县境，究为阙失。"⑥《西南采风录》以地域分类，突出的是歌谣的地域性。朱自清在《序》中说："这中间不缺少新鲜的语句和特殊的地方色彩。"前书收录的全部是苗夷歌谣，后书只是在附录中提到两首苗族歌谣，但两书所收歌谣却有部分是相同或相似的，且这些相同或相似的歌谣还不包括后书中的两首苗族歌谣。这就值得深入研究了。

基于以上认识，本文拟对目前能见到的陈国钧收集、整理和发表的苗夷歌谣进行对比，及通过将《西南采风录》与陈先生所收歌谣的对比，对文化的民族性与地域性略做分析探讨。

---

① 陈国钧编著：《贵州苗夷歌谣·自序》，文通书局 1942 年版。

②《图书季刊》第 4 卷第三四期合刊，1943 年 9 月 12 日。

③《西南边疆》第 17 期，1943 年 6 月。

④《图书季刊》新第 8 卷第一二期，1947 年 6 月。

⑤ 相关成果主要有张景华的《论〈西南采风录〉的情歌文化》(《云南师范大学学报》(哲学社会科学版) 1992 年第 4 期)；陈晓华、刘重来的《前无古人的采风壮举——记〈西南采风录〉及其编者刘兆吉》(《中国图书评论》2001 年第 2 期)；刘重来、周鸣鸣的《三千五百里采风记——记著名心理学家刘兆吉》(《刘兆吉诗文选》，西南师范大学出版社 2003 年版)；彭斯远的《刘兆吉和他的〈西南采风录〉》(《重庆社会科学》2005 年第 1 期)；李光荣、宣淑君的《刘兆吉及其〈西南采风录〉》(《云南师范大学学报》(哲学社会科学版) 2006 年第 2 期)；田素庆的《一个人的"田野"——兼谈刘兆吉〈西南采风录〉少数民族民间歌谣的实录意义》(《民族文学研究》2012 年第 3 期) 等。

⑥《图书季刊》第 4 卷第三四期合刊，1943 年 9 月 12 日。

二

这一部分分别就《贵州安顺县苗民调查报告》、《安顺苗夷的娱乐状况》与《贵州苗夷歌谣》所收录歌谣，《定番县歌谣丛录》与《贵州苗夷歌谣》所收录歌谣进行比对，以展现不同时期形成的不同文献中相同或相似的苗夷歌谣的变化情况。然后再找出《西南采风录》中与以上文献中的相同或相似歌谣，从而为以歌谣为例分析文化的民族性与地域性奠定文献基础。

（一）

《安顺苗夷的娱乐状况》是《贵州安顺县苗民调查报告》的一部分，两者所涉及歌谣只有个别字词不同。本部分以《贵州安顺县苗民调查报告》所收歌谣为基础，以《安顺苗夷的娱乐状况》、《贵州苗夷歌谣》来校对，以展示苗夷民族内部歌谣的异同及不同文献中苗夷歌谣歌词的异同。同时，再将《西南采风录》中与《贵州安顺县苗民调查报告》、《安顺苗夷的娱乐状况》、《贵州苗夷歌谣》中的相同或相似者列出来。经统计，《西南采风录》中有 10 首歌谣与《贵州安顺县苗民调查报告》、《安顺苗夷的娱乐状况》、《贵州苗夷歌谣》相同或相似。

1. 细细木叶两头尖，一吹吹到接明天①；姊妹听到木叶叫，眼泪落到枕头边。
2. 喊来喊去不回家，娘要打来爷要杀；要打要杀随便你②，多在园里③少在家。
3. 细细毛雨细细沙，孤儿寡崽④授⑤人家，吃了多少冷茶饭，受了多少冷风刮。
4. 这杆芋儿吃得空，今年我哥运不通；今年我哥⑥运不好，十处栽花九处空。⑦
5. 七月七来七月七，手头提枪打野鸡；野鸡飞过石关口，同姐玩到谷出齐。⑧
6. 鸭子⑨筷子金包头，实意来落到在姐州⑩；实意落到草鸦筷，来到姐乡找配头。

---

① "接明天"：《贵州安顺县苗民调查报告》(313)、《安顺苗夷的娱乐状况》(203) 同，《贵州苗夷歌谣》(108) 作 "第二天"。应为 "第二天"。页码多在括号中标明，下同。

② "随便你"：《贵州安顺县苗民调查报告》(313)、《安顺苗夷的娱乐状况》(203) 同，《贵州苗夷歌谣》(108) 作 "随你便"。应作 "随便你"。

③ "里"：《贵州安顺县苗民调查报告》(313)、《贵州苗夷歌谣》(108) 同，《安顺苗夷的娱乐状况》(203) 作 "来"。应作 "来"。

④ "寡崽"：《贵州安顺县苗民调查报告》(314)、《贵州苗夷歌谣》(108) 同，《安顺苗夷的娱乐状况》(203) 作 "崽崽"。应作 "寡崽"。

⑤ "授"：《贵州安顺县苗民调查报告》、《安顺苗夷的娱乐状况》同，《贵州苗夷歌谣》作 "给"。应作 "给"。

⑥ "哥"：《贵州安顺县苗民调查报告》误为 "歌"。

⑦《贵州安顺县苗民调查报告》(314)；《安顺苗夷的娱乐状况》(203)；《贵州苗夷歌谣》(109)。

⑧《贵州安顺县苗民调查报告》(314)；《安顺苗夷的娱乐状况》(203)；《贵州苗夷歌谣》(105)。

⑨ "鸭子"：《贵州安顺县苗民调查报告》(314)、《安顺苗夷的娱乐状况》(203) 同，《贵州苗夷歌谣》(110) 作 "牙骨"。应作 "牙骨"。

⑩ "实意来落到在姐州"：《安顺苗夷的娱乐状况》作 "实意落到在姐身"。《贵州苗夷歌谣》作 "实来意落在姐州"。

7. 这条马路修得长，贵州车子来得忙；来去①主家不稀奇，坐起车子下贵阳。

8. 天上一双双，雪中跑马是小郎；呆头兽子②，世上难找嫖③亮孃。

以上为花苗歌谣。

9. 月亮出来白渗渗④，哥们赶到去嫖娘；月亮出来月亮明，哥们赶到去嫖人。

10. 青布衣裳钮子多，你家有妻我有哥⑤；只要你心合我意，你丢家妻⑥我丢哥。

11. 六月桃子半边红，爱玩情姐面不同；走路像若⑦风摆扭⑧，面上带起满桃红。

12. 姊姊⑨门口有棵槐，槐子槐牙丢⑩下来；风不吹来槐不摆，姊不招手哥不来。

13. 姊们⑪挑水担钩⑫拖，双手把住担钩脚；家头还有半缸水，不是挑水是望哥。

　　姊们⑬挑水担钩长，双手把住⑭担钩梁；家头⑮还有半缸水，不是挑水来望哥⑯。

　　挑水扁担吊钩长，两手拉住吊钩梁；家头还有半缸水，不是挑水是望郎。⑰

14. 山岭⑱竹子砍一棵，不钓深滩钓黄河；深滩黄河哥不钓，单钩⑲成都⑳小么婆。㉑

---

① "去"：《贵州安顺县苗民调查报告》(314)、《贵州苗夷歌谣》(109) 同，《安顺苗夷的娱乐状况》(203) 作"到"。

② "呆头兽子"：《贵州安顺县苗民调查报告》(315)、《安顺苗夷的娱乐状况》(203) 同，《贵州苗夷歌谣》(103) 作"兽头兽脑"。

③ "嫖"：《贵州安顺县苗民调查报告》(315)、《安顺苗夷的娱乐状况》(203) 同，《贵州苗夷歌谣》作"漂"。应作"漂"。

④ "白渗渗"：《贵州安顺县苗民调查报告》(315)、《安顺苗夷的娱乐状况》(203) 同，《贵州苗夷歌谣》(97) 作"亮堂堂"。应作"亮堂堂"。"亮堂堂"为"亮"的生动式。青苗歌谣。

⑤ "你家有妻我有哥"：《贵州安顺县苗民调查报告》(315)、《安顺苗夷的娱乐状况》(203) 同，《贵州苗夷歌谣》(97) 作"你有婆娘我有哥"。应作"你有婆娘我有哥"。青苗歌谣。

⑥ "家妻"：《贵州安顺县苗民调查报告》、《安顺苗夷的娱乐状况》同，《贵州苗夷歌谣》作"婆娘"。应作"婆娘"。

⑦ "像若"：《贵州安顺县苗民调查报告》(315)、《安顺苗夷的娱乐状况》(203) 同，《贵州苗夷歌谣》(97) 作"好像"。应作"好像"。青苗歌谣。

⑧ "扭"：《贵州安顺县苗民调查报告》、《安顺苗夷的娱乐状况》同，《贵州苗夷歌谣》作"柳"。

⑨ "姊姊"：《贵州安顺县苗民调查报告》(316)、《贵州苗夷歌谣》(96) 同，《安顺苗夷的娱乐状况》(203) 作"姐姐"。应作"姊家"或"姐家"。青苗歌谣。

⑩ "槐子槐牙丢下来"：《贵州安顺县苗民调查报告》、《安顺苗夷的娱乐状况》同，《贵州苗夷歌谣》作"槐枝槐桠吊下来"。应作"槐枝槐桠吊下来"。

⑪ "们"：《贵州安顺县苗民调查报告》(316)、《安顺苗夷的娱乐状况》(204) 同，《贵州苗夷歌谣》(96) 作"门"。"们"、"门"皆应为"妹"。青苗歌谣。

⑫ "担钩"：《贵州安顺县苗民调查报告》、《安顺苗夷的娱乐状况》同，《贵州苗夷歌谣》作"澹钩"。应作"担钩"。

⑬ "姊们"：《西南采风录》作"情妹"。

⑭ "把住"：《西南采风录》作"握住"。

⑮ "家头"：《西南采风录》作"房头"。应作"家头"。

⑯ "哥"：《西南采风录》作"郎"。"来望哥"应作"是望郎"。青苗歌谣，《贵州安顺县苗民调查报告》，第 316 页；安南歌谣，《西南采风录》，第 56 页。

⑰ 贵阳歌谣，《西南采风录》，第 35 页。

⑱ "山岭"：《贵州安顺县苗民调查报告》(316)、《安顺苗夷的娱乐状况》(204) 同，《贵州苗夷歌谣》(94) 作"一林"。应作"一林"。

⑲ "钩"：《安顺苗夷的娱乐状况》、《贵州苗夷歌谣》作"钓"。应作"钓"。

⑳ "成都"：《贵州安顺县苗民调查报告》、《安顺苗夷的娱乐状况》同，《贵州苗夷歌谣》作"城里"。应作"城头"。

㉑《贵州安顺县苗民调查报告》、《安顺苗夷的娱乐状况》均标明"男唱"。青苗情歌。

山林竹子砍一根，万马云中显哥们；情郎人才世上有，情郎心肠没处寻。①

山林竹子砍一棵，万马云中来选哥；情歌心肠难得找，选哥人才世上多。②

15. 星宿出来星宿星，两个星宿挂两边；金钩挂在银钩上，郎心挂在姊心边。③

16. 不要焦来不要愁，焦得面上起黑皱；叫④你那样得那样，好的⑤日子在后头。

17. 不要焦来不要焦⑥，琵琶银琴提⑦在腰；自己抬来⑧自己唱，那个晓得⑨姊⑩心焦？

18. 安排草来雨朗朗⑪，田中安排把秧栽⑫；同哥讲话嘴粗糙，同哥提鞋娘手脏。

19. 光棍草来雨露露⑬，安排草来把田耙⑭，同姊⑮讲话嘴粗糙，同姊⑯提鞋伸手粗。

20. 栽秧姑娘要莳⑰秧，那个得闲来瞧娘，那个得闲来看你，要等谷花米上仓。⑱

《贵州苗夷歌谣》⑲收录的仲家歌谣中有一首与20类似：

栽秧不完又栽秧，那有闲心来看郎，那有闲心来看你，直等谷黄米上仓。

21. 大田栽秧行对行，载来载去落大排⑳，那个是你亲姊妹，那个唱来下㉑二行。㉒

---

① 安南歌谣，《西南采风录》，第59页。

② 安南歌谣，《西南采风录》，第60页。

③ 青苗情歌，《贵州安顺县苗民调查报告》(316)、《安顺苗夷的娱乐状况》(204) 均标明"女唱"，与14合为一首；《贵州苗夷歌谣》(95)。

④ "叫"：《贵州安顺县苗民调查报告》(317)、《安顺苗夷的娱乐状况》(204) 同，《贵州苗夷歌谣》(95) 作"教"。《贵州安顺县苗民调查报告》、《安顺苗夷的娱乐状况》均标明16为"男唱"。

⑤ "好的"：《贵州安顺县苗民调查报告》、《安顺苗夷的娱乐状况》同，《贵州苗夷歌谣》作"好过"。

⑥ "焦"：《安顺苗夷的娱乐状况》(204) 误为"愁"。《贵州安顺县苗民调查报告》、《安顺苗夷的娱乐状况》均标明17为"女唱"。

⑦ "银琴"、"提"：《贵州安顺县苗民调查报告》(317)、《安顺苗夷的娱乐状况》同，《贵州苗夷歌谣》(95) 作"月琴"、"抱"。

⑧ "抬来"：《安顺苗夷的娱乐状况》作"抬起"，《贵州苗夷歌谣》作"弹来"。应作"弹来"。

⑨ "晓得"：《贵州安顺县苗民调查报告》、《安顺苗夷的娱乐状况》同，《贵州苗夷歌谣》作"弹得"。应作"晓得"。

⑩ "姊"：《贵州安顺县苗民调查报告》、《安顺苗夷的娱乐状况》同，《贵州苗夷歌谣》作"姐"。

⑪ "雨朗朗"：《贵州安顺县苗民调查报告》(317)、《安顺苗夷的娱乐状况》(204) 同，《贵州苗夷歌谣》(95) 作"玉琅娘"。"雨朗朗"、"玉琅娘"，方音为 yù lāng lāng，是"yù"的生动式。青苗歌谣。《贵州安顺县苗民调查报告》、《安顺苗夷的娱乐状况》均标明18为"男唱"。

⑫ "把秧栽"：《贵州安顺县苗民调查报告》、《安顺苗夷的娱乐状况》同，《贵州苗夷歌谣》作"好栽秧"。

⑬ "雨露露"：《贵州安顺县苗民调查报告》(318)、《安顺苗夷的娱乐状况》(204) 同，《贵州苗夷歌谣》(95) 作"玉辘辘"。"露"、"辘"，应作"噜"。青苗歌谣。《贵州安顺县苗民调查报告》、《安顺苗夷的娱乐状况》均标明19为"女唱"。

⑭ "耙"：《贵州安顺县苗民调查报告》、《安顺苗夷的娱乐状况》同，《贵州苗夷歌谣》作"锄"。

⑮ "姊"：《安顺苗夷的娱乐状况》、《贵州苗夷歌谣》作"姐"。

⑯ "姊"：《贵州安顺县苗民调查报告》、《安顺苗夷的娱乐状况》同，《贵州苗夷歌谣》作"姐"。

⑰ "莳"：《贵州安顺县苗民调查报告》、《安顺苗夷的娱乐状况》同，《贵州苗夷歌谣》作"插"。

⑱ 青苗歌谣，《贵州安顺县苗民调查报告》，第318页；《贵州苗夷歌谣》，第53页。

⑲ 仲家歌谣，《贵州苗夷歌谣》，第200页。

⑳ "落大排"：《贵州安顺县苗民调查报告》、《安顺苗夷的娱乐状况》同，《贵州苗夷歌谣》作"几大行"。应作"几大行"。

㉑ "下"：《贵州安顺县苗民调查报告》、《安顺苗夷的娱乐状况》同，《贵州苗夷歌谣》作"行"。

㉒ 青苗歌谣，《贵州安顺县苗民调查报告》，第318页；《贵州苗夷歌谣》，第53页。

大田栽秧行对行，郎一行来妹一行；两边都是亲姊妹，没有那个多一行。①

大田栽秧行对行，一对白鹭躲阴凉；白鹭只找阴凉躲，小妹只找少年郎。②

大田栽秧角对角，小妹下田捲裤脚；路过先生莫笑我，四月农忙可奈何！③

大田栽秧水又深，淹没情妹花手巾；那个情郎拾把我，收拾打扮报你恩。④

22. 大田栽秧细又细⑤，丢开秧把累秧箕⑥，累得⑦秧鸡红脚腿，抖⑧得我俩⑨笑嘻嘻。⑩

23. 毛坯⑪下田还是田，丫头打扮还是娘；泥鳅⑫黄鳝还是鳝，多放油盐还是香⑬。

24. 山高不过对门山，水深不过大龙潭；明姑桥上吃响⑭午，牛场场上来会娘⑮。

25. 去到⑯亲戚家送礼，亲家妹子⑰接送⑱礼，客来拿张板凳坐，主人⑲请人⑳来倍㉑坐，

多少㉒来做㉓都不怕，怕的你家拦门酒，不怕你家拦门酒，尽量吃个醉回家。㉔

26. 细篾斗篷三道箍，好妻遇着酗大夫㉕，人多跟前不好讲，埋头走路悄悄哭。㉖

---

① 云南杨林镇歌谣，《西南采风录》，第123页。

② 云南平彝歌谣，《西南采风录》，第94页。

③ 云南昭通歌谣，《西南采风录》，第130页。

④ 安南歌谣，《西南采风录》，第62页。

⑤ "细又细"：《贵州安顺县苗民调查报告》、《安顺苗夷的娱乐状况》同，《贵州苗夷歌谣》作"稀又稀"。应作"稀又稀"。

⑥ "累秧箕"：《贵州安顺县苗民调查报告》、《安顺苗夷的娱乐状况》同，《贵州苗夷歌谣》作"追秧鸡"。应作"追秧鸡"。追在西南方言中音近"累"。

⑦ "累得"：《贵州安顺县苗民调查报告》、《安顺苗夷的娱乐状况》同，《贵州苗夷歌谣》作"追得"。

⑧ "抖"：应为"逗"。

⑨ "俩"：《贵州安顺县苗民调查报告》、《贵州苗夷歌谣》同，《安顺苗夷的娱乐状况》作"两"。

⑩ 青苗歌谣，《贵州安顺县苗民调查报告》，第318-319页；《贵州苗夷歌谣》，第53-54页。

⑪ "坯"：《安顺苗夷的娱乐状况》、《贵州苗夷歌谣》作"坏"。

⑫ "泥鳅"：《贵州苗夷歌谣》作"鱼鳅"。

⑬ 青苗歌谣，《贵州安顺县苗民调查报告》，第319页；《贵州苗夷歌谣》，第98页。

⑭ "响"：《安顺苗夷的娱乐状况》、《贵州苗夷歌谣》作"向"。应为"饷"。

⑮ "来会娘"：《贵州安顺县苗民调查报告》(319)、《安顺苗夷的娱乐状况》(205)同，《贵州苗夷歌谣》(97)作"和妹联"。应作"来会娘"。青苗歌谣。

⑯ "到"：《贵州安顺县苗民调查报告》、《贵州苗夷歌谣》同，《安顺苗夷的娱乐活动》作"至"。

⑰ "妹子"：《贵州安顺县苗民调查报告》、《安顺苗夷的娱乐状况》同，《贵州苗夷歌谣》作"妹妹"。

⑱ "接送"：《贵州安顺县苗民调查报告》、《安顺苗夷的娱乐状况》同，《贵州苗夷歌谣》作"接过"。应为"接过"。

⑲ "主人"：《贵州安顺县苗民调查报告》、《安顺苗夷的娱乐状况》同，《贵州苗夷歌谣》作"主家"。

⑳ "请人"：《贵州安顺县苗民调查报告》、《贵州苗夷歌谣》同，《安顺苗夷的娱乐活动》作"请客"。

㉑ "倍"：《安顺苗夷的娱乐状况》、《贵州苗夷歌谣》作"陪"。

㉒ "少"：《贵州安顺县苗民调查报告》、《贵州苗夷歌谣》同，《安顺苗夷的娱乐活动》作"人"。应作"少"。

㉓ "来做"：《贵州安顺县苗民调查报告》、《安顺苗夷的娱乐状况》同，《贵州苗夷歌谣》作"来到"。

㉔ 青苗歌谣（酒歌），《贵州安顺县苗民调查报告》，第319页；《安顺苗夷的娱乐活动》，第205页；《贵州苗夷歌谣》，第32页。

㉕ "酗大夫"：《安顺苗夷的娱乐状况》作"甜丈夫"，《贵州苗夷歌谣》作"悍丈夫"。应作"憨丈夫"。

㉖ 仲家歌谣，《贵州安顺县苗民调查报告》，第320页；《安顺苗夷的娱乐状况》，第205页；《贵州苗夷歌谣》，第209页。

27. 老远看见① 姐翻关，手上提起花提篮②；有情有意坐起等③，无情无意快翻关。④

《贵州苗夷歌谣》⑤ 还收有另两首相似的仲家情歌：

老远望见姐翻关，大风刮姐转来玩；有情有意来玩耍，无情无意快翻关。

老远望见姐翻坡，情姐主意等情哥；有情有意坐起等，无情无意快翻坡。

隔河望见妹爬坡，桃红带子顺地拖；有心等哥站着等，无心等哥快翻坡。⑥

风吹木叶唱首歌，木叶落地妹翻坡；有情有意就等我，无情无意快爬坡。⑦

28. 生要跟来死要跟，不怕妻子在⑧ 衙门；当官不过三十板，丢下板子不⑨ 来跟。⑩

29. 太阳落坡坡背阴，拿⑪ 起白布来染青；染起青布⑫ 难得褪⑬，姐们丢我好寒心。⑭

《贵州苗夷歌谣》⑮ 还收了与29系同一母题的仲家情歌：

太阳落坡坡背阳，拿起白布来染黄；染起黄色难得褪，姐们丢我好凄凉。

太阳落坡坡背阴，背坡有个钓鱼坑；有心钓鱼用双线，有心连妹要宽心。⑯

太阳落坡坡背阴，对门大姐要招亲；你要招亲来找我，人又高来才又深。⑰

30. 郎十七来姐十八，郎杀鸡来姐杀鸭；清油白蜡⑱ 已浇好⑲，情愿同姐做一家。⑳

郎十七来姐十八，郎杀鸡来姐杀鸭；杀鸡杀鸭吃血酒，情愿同姐做一家。

郎十七来姐十八，郎杀鸡来姐杀鸭；杀鸡杀鸭吃血酒，郎管田地姐管家。㉑

郎十七来姐十八，好过清油对白蜡；清油白蜡已交上，情愿同姐做一家。

---

① "看见"：《贵州苗夷歌谣》作 "望见"。

② "篮"：《贵州安顺县苗民调查报告》、《贵州苗夷歌谣》同，《安顺苗夷的娱乐生活》作 "蓝"。应为 "篮"。

③ "坐起等"：《贵州苗夷歌谣》作 "地下坐"。

④ 仲家歌谣，《贵州安顺县苗民调查报告》，第 320 页；《安顺苗夷的娱乐生活》，第 205 页；《贵州苗夷歌谣》，第 222 页。

⑤ 仲家歌谣，《贵州苗夷歌谣》，第 222 页。

⑥ 曲靖歌谣，《西南采风录》，第 110 页。

⑦ 安南歌谣，《西南采风录》，第 59 页。

⑧ "在"：《贵州安顺县苗民调查报告》、《安顺苗夷的娱乐状况》同，《贵州苗夷歌谣》作 "到"。应作 "到"。

⑨ "不"：《贵州安顺县苗民调查报告》、《安顺苗夷的娱乐状况》同，《贵州苗夷歌谣》作 "又"。应作 "又"。

⑩ 仲家歌谣，《贵州安顺县苗民调查报告》，第 321 页；《安顺苗夷的娱乐状况》，第 205 页；《贵州苗夷歌谣》，第 229 页。

⑪ "拿"：《贵州安顺县苗民调查报告》、《贵州苗夷歌谣》同，《安顺苗夷的娱乐生活》作 "染"。应作 "拿"。

⑫ "青布"：《贵州苗夷歌谣》作 "白布"。

⑬ "褪"：原误为 "退"。

⑭ 仲家歌谣，《贵州安顺县苗民调查报告》，第 321 页；《安顺苗夷的娱乐生活》，第 206 页；《贵州苗夷歌谣》，第 137 页。

⑮ "褪"：原误为 "退"。"阴"：原误为 "阳"。仲家歌谣，《贵州苗夷歌谣》，第 137 页。

⑯ 安顺情歌，《西南采风录》，第 51–52 页。

⑰ 云南平彝（今富源）情歌，《西南采风录》，第 82 页。

⑱ "白蜡"：《贵州苗夷歌谣》作 "蜡烛"。

⑲ "浇好"：《贵州安顺县苗民调查报告》、《贵州苗夷歌谣》同，《安顺苗夷的娱乐生活》作 "交上"。应作 "浇好"。

⑳ 仲家歌谣，《贵州安顺县苗民调查报告》，第 321 页；《安顺苗夷的娱乐生活》，第 206 页；《贵州苗夷歌谣》，第 129–130 页。

㉑ 《贵州苗夷歌谣》，第 130 页。

郎十七来姐十八，郎杀鸡来姐杀鸭，杀鸡杀鸭吃血酒，郎讨姐姐来当家。①

31. 说起分离就分离，说起分离眼泪滴；当官②接张分离纸，郎走东来姐走西。③

32. 细篾斗笠十二支，一天记姐十二时，晓得姐们记不记，哥们记得饭不吃。④

细篾斗篷十二丝，一天想妹十二时；顿顿吃饭顿顿想，不得忘记那一时。⑤

（二）

本部分所涉及歌谣，均以《定番县歌谣丛录》为基础，以《贵州苗夷歌谣》、《西南采风录》来校对。据初步统计，《定番县歌谣丛录》、《贵州苗夷歌谣》中有38首基本相同，《西南采风录》中则有11首与《定番县歌谣丛录》、《贵州苗夷歌谣》中的相同或相似。

1. 哥哥送我到磨房，就将磨房说磨方，四下绳索高吊起，上扇不忙下扇忙。

哥哥送我到墙头，墙头一树好石榴，有心摘与哥哥食，恐知滋味又来偷。

哥哥送我到池塘，池塘一对好鸳鸯，鸳鸯不得成双对，前生烧了断头香。

哥哥送我到井边，照见哥哥好容颜，有缘千里来相会，无缘对面不相逢。

哥哥送我到青松，一对白鹤闹哄哄，两个毛色一般样，不知哪个是雌雄。

哥哥送我到花亭，两眼偷看赏礼人，我是灵山你不识，过从难逢吕洞宾。⑥

哥哥送我到庙堂，判官⑦小鬼立两旁，举首端杯敬神酒，一个阴来一个阳，阴阳不得成双对，世间少个做媒人。哥哥送我到庙庭，上面坐的是神人，两个有口难分说，两面少个分解人。哥哥送我到河中，对对金鱼水上浮，鱼儿也知风流事，可笑哥哥好朦胧。哥哥送我到花园，牡丹朵朵正开繁⑧，哥哥与我同路，要采仙花也不难。哥哥送我到河边，上无桥来下无船，哥哥问我水深浅，我说浸在可字边。若要⑨可字开口说，自然⑩十五不团圆。⑪

2. 正月年间⑫百花生，片草片野遍地生，当看月亮分老少，半老天花得谁怜。

二月年间百花开，片草片野遍地开⑬，当看月亮分老少，半老天花得谁怪。

---

① 陈国钧："苗族妇女的特质"，《中央日报·妇女工作》第16期，1939年8月21日。《贵州苗夷社会研究》，第73页。

② "官"：《贵州苗夷歌谣》作"中"。

③ 仲家歌谣，《贵州安顺县苗民调查报告》，第321页；《贵州苗夷歌谣》，第231页。

④ 仲家歌谣，《贵州苗夷歌谣》，第209页。

⑤ 独山苗族歌谣，《苗胞情歌选》。

⑥ 《贵州苗夷歌谣》无"哥哥送我到花亭，两眼偷看赏礼人，我是灵山你不识，过从难逢吕洞宾。"

⑦ "判官"：《贵州苗夷歌谣》作"大神"。

⑧ "开繁"：《贵州苗夷歌谣》作"盛开"。

⑨ "要"：《贵州苗夷歌谣》作"是"。

⑩ "自然"：《贵州苗夷歌谣》作"月到"。

⑪ 《定番县歌谣丛录》，第13页，仲家歌谣，《贵州苗夷歌谣》，第124-125页。

⑫ "年间"：应作"里来"，下同。

⑬ "开"：《贵州苗夷歌谣》作"生"。

三月年间三月三，一棵花杉把路拦，牛角弯弯穿棉线，那地不是姊胞妹。

四月年间四月八，喜鹊刚在上树桠，来了几多真如姊①，不得那个来当家。

五月年间是端阳，打壶美酒造②雄黄，两人吃了雄黄酒，才会有事大家当。

六月年间热忙忙，胸投③讨把扇风凉④，怀投讨把金骨扇⑤，一扇扇得桂花⑥香。

七月年间交了秋，情姊问我那怎丢⑦，情姊是个黄花女，小郎是明丢暗不丢⑧。

八月年间早谷黄，家家打米去⑨上仓，早米吃米打完了，收拾打罢去来娘⑩。

九月年间是重阳，买绸白⑪布下染缸，郎染青来妹染蓝，打起绸来做衣裳。

十月年间霜降来，花在高坡无人栽，花在高坡无人讨，摘朵鲜花黄子开。

冬月年间冬月冬，各各搜强刮冷风⑫，劝你少走东门寨，狂风刮坏女英雄⑬。

腊月年间腊月腊，毛风细雨零风刮，木叶滴水变成冰，雪上加霜那天化⑭。

3. 谁人窗外把奴瞧，梳罢头儿摇两摇，不是儿家好打扮，江边杨柳舞戋⑮腰⑯。

4. 石板砌墙砖砌街，鼓楼墙上花正开，哥在鼓楼脚下睡，风吹花帕落郎怀⑰。

5. 笋子出来林对林，狂风刮妹来塞⑱门，妹是桂花千里香，哥是蜜蜂万里寻⑲。

6. 哥是半天花蝴蝶，有处飞来无处歇⑳，借妹花园㉑歇一夜，不坏枝来不坏叶㉒。

7. 楼上点灯楼下阴，等郎等到二三更，等到油干灯草尽，揩把眼泪吹熄灯㉓。

8. 出门打伞望伞头，哥爱蜜蜂周围游，哥爱蜜蜂周围走，看你收留不收留㉔。

---

① "真如姊"：《贵州苗夷歌谣》作"情姊妹"。

② "造"：《贵州苗夷歌谣》作"选"。

③ "投"：《贵州苗夷歌谣》作"怀"。

④ "扇风凉"：《贵州苗夷歌谣》作"风凉扇"。

⑤ "怀投讨把金骨扇"：《贵州苗夷歌谣》作"胸怀讨把风凉扇"。

⑥ "桂花"：《贵州苗夷歌谣》误为"桂北"。

⑦ "那怎丢"：《贵州苗夷歌谣》作"怎样丢"。

⑧ "小郎是明丢暗不丢"：《贵州苗夷歌谣》作"小郎明丢暗不丢"。应作"小郎明丢暗不丢"。

⑨ "去"：《贵州苗夷歌谣》作"到"。

⑩ "收拾打罢去来娘"：《贵州苗夷歌谣》作"打罢收拾去见娘"。"打罢"应作"打扮"。此句应作"收拾打扮去（或来）见娘"。

⑪ "白"：《贵州苗夷歌谣》作"买"。

⑫ "各各搜强刮冷风"：《贵州苗夷歌谣》作"各人生怕刮冷风"。应作"各人生怕刮冷风"。

⑬ "英雄"：《贵州苗夷歌谣》作"娇娘"。

⑭ 《定番县歌谣丛录》，第13-14页；仲家歌谣，《贵州苗夷歌谣》，第125-126页。

⑮ "戋"：《贵州苗夷歌谣》作"纤"。应作"纤"。

⑯ 《定番县歌谣丛录》，第14页；青苗歌谣，《贵州苗夷歌谣》，第96页。

⑰ 《定番县歌谣丛录》，第14页；仲家歌谣，《贵州苗夷歌谣》，第183-184页。

⑱ "塞"：《贵州苗夷歌谣》作"寨"。应作"寨"。

⑲ 《定番县歌谣丛录》，第14页；仲家歌谣，《贵州苗夷歌谣》，第196-197页。

⑳ "有处飞来无处歇"：方殷：《苗胞情歌选（续）》（《时代生活》第2卷第2期，1944年8月）作"飞在半天无处歇"。

㉑ "花园"：《贵州苗夷歌谣》作"后园"。

㉒ 《定番县歌谣丛录》，第14页；仲家歌谣，《贵州苗夷歌谣》，第219页。

㉓ 《定番县歌谣丛录》，第14页；仲家歌谣，《贵州苗夷歌谣》，第185页。

㉔ 《定番县歌谣丛录》，第14页；仲家歌谣，《贵州苗夷歌谣》，第170页。

9. 小小星来小小星①, 妹是一颗绣花针, 我是棉线来穿你, 看到看到要②成亲。③

10. 一根④竹竿⑤容易弯, 三根⑥棉纱拉断难⑦; 猛虎落在平原地, 不愁力小⑧怕孤单。⑨

11. 月亮出来明又明, 照看⑩妹家百果林; 百果开花没人见, 乱木搭桥闪断人。⑪
　　月亮出来明又明, 照着云南火烧城; 烧死多少花大姐, 屈死多少探花人。⑫
　　月亮出来白又白, 照得江边九条蛇; 蛇不吃油自然肥, 妹不擦粉自然白。⑬
　　月亮出来月亮明, 照着云南白果林; 白果花开无人见, 烂木搭桥暗伤人。⑭
　　月亮出来月亮弯, 照见云南草果山; 草果山上出草果, 妹的鞋中出牡丹。⑮

12. 姊姊门口有条狗⑯, 金盆打水喂鱼鳅; 鱼鳅不吃金盆水, 老汉⑰不念水了⑱头。⑲
　　娘家门口有条河, 金盆打水喂家鹅; 家鹅不吃金盆水, 郎打单身莫奈何。⑳
　　妹家门前有条沟, 金盆打水喂鱼鳅; 鱼鳅不吃金盆水, 郎打单身不害着。
　　妹家门前一条河, 金盆打水喂白鹅; 白鹅不吃金盆水, 郎打单身不快活。㉑
　　云南下来一条河, 金盆打水喂雁鹅; 雁鹅不吃金盆水, 郎不贪花莫耐何。㉒

13. 半夜子鸡叫咯咯, 喊郎起来穿冷衣㉓, 郎说要走翻手惯眼泪滴㉔, 翻身起来眼泪滴㉕。㉖

---

① "星": 《贵州苗夷歌谣》作"屋"。应作"星"。
② "要": 《贵州苗夷歌谣》作"就"。
③《定番县歌谣丛录》, 第14页;《贵州苗夷歌谣》, 第192页。
④ "根": 《定番县歌谣丛录》、《贵州苗夷歌谣》同,《西南采风录》作"棵"。应作"棵"。
⑤ "竹竿": 《定番县歌谣丛录》、《西南采风录》同,《贵州苗夷歌谣》作"竹子"。
⑥ "根": 《定番县歌谣丛录》、《贵州苗夷歌谣》同,《西南采风录》作"缕"。
⑦ "难": 《定番县歌谣丛录》、《贵州苗夷歌谣》同,《西南采风录》作"篮"。
⑧ "力小": 《定番县歌谣丛录》、《贵州苗夷歌谣》同,《西南采风录》作"烦恼"。
⑨《定番县歌谣丛录》, 第14页; 仲家歌谣,《贵州苗夷歌谣》, 第165页; 贵阳歌谣,《西南采风录》, 第37页。
⑩ "看": 《贵州苗夷歌谣》作"着"。应作"着"。
⑪《定番县歌谣丛录》, 第14页; 仲家歌谣,《贵州苗夷歌谣》, 第141页。
⑫ 云南平彝歌谣,《西南采风录》, 第73页。
⑬ 云南曲靖歌谣,《西南采风录》, 第99页。"得": 应作"着"。
⑭ 云南曲靖歌谣,《西南采风录》, 第179页。
⑮ 云南平彝歌谣,《西南采风录》, 第87页。
⑯ "狗": 应为"沟"。
⑰ "老汉": 《贵州苗夷歌谣》作"老人"。应作"老汉"。
⑱ "了": 《贵州苗夷歌谣》作"丫"。
⑲《定番县歌谣丛录》, 第14页; 仲家歌谣,《贵州苗夷歌谣》, 第142页。
⑳ 仲家歌谣,《贵州苗夷歌谣》, 第142页。
㉑ 安南情歌,《西南采风录》, 第62页。
㉒ 盘县歌谣,《西南采风录》, 第68页。
㉓ "穿冷衣": 《贵州苗夷歌谣》作"快穿衣"。
㉔ "郎说要走翻手惯眼泪滴": 应有误;《贵州苗夷歌谣》作"郎听姐说声快走"。
㉕《定番县歌谣丛录》漏"翻身起来眼泪滴"。
㉖《定番县歌谣丛录》, 第15页; 仲家歌谣,《贵州苗夷歌谣》, 第217页。

14. 鱼在河中鱼显身，花在平河两岸生，鱼在河中望水涨，哥在床上望妹来。①

15. 鱼在河中鱼显鳃，花在平河两岸开，鱼在河②中望水涨，哥在床上望妹来。③

16. 好口凉水在半山，六月太阳晒不干，你变青龙来饮水，哥变花蛇水上玩。④

17. 好口凉水在半坡，六月太阳晒不着，妹变青龙来饮水，哥变花蛇水上唦。⑤

18. 好口凉水凉又凉，可惜不得在哥乡，可惜不得在哥处，不在哥处吃不常。⑥

19. 高山打鸟鸟飞高，为何平地有堆毛，你说你是贞节女，为何见哥把手抓？⑦

20. 高山打鸟鸟不飞，为何平地毛一堆，你说你是贞节女，为何见哥把嘴嘻？⑧

21. 这山不得那山高，两山拿来搭栋桥，高山古庙有人去，无人搭栋采花桥。⑨

22. 这山不得那山平，两山拿来搭栋城，高山古庙⑩有人去，无人搭栋采花城。⑪

23. 岩上挖花岩下栽，岩上滴水养花台，岩上滴水养花树，雨水调和花得开。⑫

24. 岩下挖花岩下生，岩上滴水养花根，岩上滴水养花树，雨水调和花得花。⑬

25. 吃烟⑭要吃顶叶烟，采花要采朵朵香，好烟⑮越吃越有味，好花越采越新鲜⑯

26. 吃烟⑰要吃顶叶黄，姊妹门口栽一项⑱，高人贵客你不待，拿走花叶待小郎。⑲

27. 十字街前⑳卖仙桃，手拿仙桃带麻毛，我们㉑来卖抬高价，别人来卖少二毫。㉒

　　十字街头卖仙梨，手拿仙梨斩嫩皮，我们来卖抬高价，别人来卖少二厘。㉓

28. 山歌不唱不宽怀，磨子不推不转来，酒不劝人人不醉，花不逢春不乱开。㉔

29. 山歌好唱口难开，梨子好吃树难栽，白米好吃田难做，鲤鱼好吃网难抬。㉕

　　山歌好唱口难开，今青好吃树难栽，白米好吃田难种，鲤鱼好吃网难抬。㉖

---

①③《定番县歌谣丛录》，第15页；仲家歌谣，《贵州苗夷歌谣》，第212页。

②"河"：《贵州苗夷歌谣》作"水"。

④⑤《定番县歌谣丛录》，第15页；仲家歌谣，《贵州苗夷歌谣》，第203页。

⑥《定番县歌谣丛录》，第15页；仲家歌谣，《贵州苗夷歌谣》，第204页。

⑦"抓"：《贵州苗夷歌谣》作"招"。应作"招"。《定番县歌谣丛录》，第15页；仲家歌谣，《贵州苗夷歌谣》，第186页。

⑧"嘻"：《贵州苗夷歌谣》作"吹"。《定番县歌谣丛录》，第15页；仲家歌谣，《贵州苗夷歌谣》，第186页。

⑨⑪《定番县歌谣丛录》，第15页；仲家歌谣，《贵州苗夷歌谣》，第186页。"拿"：应作"拉"。

⑩"古庙"：《贵州苗夷歌谣》作"庙古"。应作"古庙"。

⑫《定番县歌谣丛录》，第15页；仲家歌谣，《贵州苗夷歌谣》，第187页。

⑬"下"：《贵州苗夷歌谣》作"上"。应作"上"。"得花"：《贵州苗夷歌谣》作"得生"。应作"得生"。《定番县歌谣丛录》，第15页；仲家歌谣，《贵州苗夷歌谣》，第187页。

⑭⑮⑰"烟"：《贵州苗夷歌谣》作"芋"。

⑯⑲《定番县歌谣丛录》，第15页；仲家歌谣，《贵州苗夷歌谣》，第159页。

⑱"项"：《贵州苗夷歌谣》作"行"。把一块田或地分成数小块，每一块可称一xiāng。这里的"项"是取音。

⑳"街前"：《贵州苗夷歌谣》作"街头"。

㉑"我们"：《贵州苗夷歌谣》作"别们"。

㉒《定番县歌谣丛录》，第16页；仲家歌谣，《贵州苗夷歌谣》，第171-172页。

㉓"厘"：《贵州苗夷歌谣》作"文"。应作"厘"。《定番县歌谣丛录》，第16页；仲家歌谣，《贵州苗夷歌谣》，第171页。

㉔《定番县歌谣丛录》，第16页；青苗歌谣，《贵州苗夷歌谣》，第98页。

㉕黑苗歌谣，《贵州苗夷歌谣》，第88页。

㉖《定番县歌谣丛录》，第16页。

山歌好唱口难开，林青好吃树难栽，白米好吃田难种，鲜鱼好吃网难抬。①

山歌好唱口难开，鲜桃好吃树难栽，秘密痛苦实难说，鲜鱼好吃网难抬。②

山歌好唱口难开，瓜果好吃树难栽，诸位今日衣食住，没有农人何处来。③

30. 久不唱歌忘记多④，久不打鱼忘记河，久不提笔忘记字，久不见妹⑤脸面薄。⑥

久不唱歌忘记歌，久不打鱼忘记河，久不走路忘记路，久不会娘脸皮薄。⑦

丢久不唱忘记歌，丢久不爬忘记坡，丢久不到妹寨内，不知妹门那一家。⑧

31. 山歌不唱忘记多，大路⑨不走草成窝⑩，快刀不磨黄锈起⑪，胸膛不挺背成⑫驼⑬。

山歌不唱忘去多，大路不走野草多，快刀不磨生黄锈，胸膛不挺背腰驼。⑭

32. 叫你唱歌不要唱得熟⑮，怕你死在六月六，拿你妹子杀猪杀⑯，老鸦扎你皮难过⑰。⑱

33. 你十三来我十三，我俩年纪是一般，老是⑲金鸡才开叫，我是小马才背鞍。⑳

34. 青布蓝布十八匹，雷公撑到外公平，哥哥有钱买瓜吃，弟弟无钱差出去。㉑

35. 大撬，二撬，撬作那个作强作盗，熟茶，冷茶，快吃快茶，

热饭，冷饭，快吃快散，梅子□虫㉒。

檬犭+米㉓猫，作㉔耗子，

① 仲家歌谣，《贵州苗夷歌谣》，第 244 页。

② 贵阳歌谣，《西南采风录》，第 39 页。

③ "山歌"：原误为"田歌"。黄平歌谣，《西南采风录》，第 177 页。

④ "多"：《贵州苗夷歌谣》作"歌"。

⑤ "见妹"：《贵州苗夷歌谣》作"联娘"。应作"见妹"。

⑥《定番县歌谣丛录》，第 16 页；仲家歌谣，《贵州苗夷歌谣》，第 245 页。

⑦《定番县歌谣丛录》，第 16 页。

⑧ 侗家歌谣，《贵州苗夷歌谣》，第 120 页。

⑨ "大路"：《定番县歌谣丛录》、《贵州苗夷歌谣》同，《西南采风录》作"大陆"，误。

⑩ "窝"：《贵州苗夷歌谣》作"窠"，《西南采风录》作"楼"。

⑪ "黄锈起"：《定番县歌谣丛录》、《西南采风录》同，《贵州苗夷歌谣》作"起黄锈"。

⑫ "成"：《西南采风录》、《贵州苗夷歌谣》作"要"。应作"要"。

⑬《定番县歌谣丛录》，第 16 页；侗家歌谣，《贵州苗夷歌谣》，第 120 页；曲靖歌谣，《西南采风录》，第 178 页。

⑭ 安南歌谣，《西南采风录》，第 57 页。

⑮ "熟"：《贵州苗夷歌谣》作"毒"。

⑯ "杀猪杀"：《贵州苗夷歌谣》作"当猪杀"。

⑰ "老鸦扎你皮难过"：《贵州苗夷歌谣》作"老鸦啄你皮连肉"。

⑱《定番县歌谣丛录》，第 16 页；仲家歌谣，《贵州苗夷歌谣》，第 246 页。

⑲ "老是"：《贵州苗夷歌谣》作"好和"。应作"你是"。

⑳《定番县歌谣丛录》，第 16 页；仲家歌谣，《贵州苗夷歌谣》，第 129 页。

㉑ "蓝布"：原误为"篮布"：《定番县歌谣丛录》，第 17 页；仲家歌谣，《贵州苗夷歌谣》，第 54 页。

㉒ 注：字迹模糊无法辨认者，以□代替，下同。《定番县歌谣丛录》，第 17 页；仲家歌谣，《贵州苗夷歌谣》，第 55 页。

㉓ "犭+米"：《贵州苗夷歌谣》作"采"。

㉔ "作"：应为"捉"。

作①不得，打三板，

作不到②，打三交，

放过猫猫去捉到。

36. 家③羊吃我家麦，吃去好多？

吃去好多？吃去三升另八百，

买来还，今天要！今天不得。④

37. 抬米花，抬米圆，

抬一个小小姑娘来做客，

油擦粉，纸花毯，

打拷胭脂配颜色。⑤

38. 栽白菜，吃白菜，

栽一斗，吃一斗，

海缺辣子摸那堆？⑥

（三）

除以上所列举的《贵州安顺县苗民调查报告》、《定番县歌谣丛录》、《贵州苗夷歌谣》、《西南采风录》中相同或相似的歌谣外，据初步统计，《西南采风录》中有近40首与《贵州苗夷歌谣》收录，而《贵州安顺县苗民调查报告》、《定番县歌谣丛录》未收录，及《定番县歌谣丛录》收录，而《贵州苗夷歌谣》未收录者相同或相似，有8首与《苗胞情歌选（续)》中的相同或相似。

1. 高坡头上栽冬青，冬青结子绿阴阴；麻雀吃去窝白屎，情妹吃去想郎君。⑦

高坡头上栽冬青，冬青结子绿茵茵；老鸦不吃冬青子，哥们不讨后婚亲。⑧

高坡头上栽冬青，冬青结果绿英英；老鸦不吃冬青子，小郎不玩后风情。⑨

2. 洋烟开花口朝天，背时倒运吹洋烟；大田大地吹完了，黄皮柳叶在世间。⑩

洋烟开花口朝天，劝哥不要学吹烟；吹会洋烟得坏病，黄色树叶在世间。⑪

洋烟开花口朝天，我劝小郎莫吹烟；吹上洋烟非小事，黄皮瘦脸在人间。⑫

洋烟开花口朝天，悖时倒运吹洋烟；吹了洋烟学狗叫，睡在床上学狗蜷。⑬

---

① "作"：《贵州苗夷歌谣》作"捉"。

② "作不到"：《贵州苗夷歌谣》作"捉不得"。应作"捉不到"。

③ "家"：《贵州苗夷歌谣》作"你家"。应作"你家"。

④⑤⑥《定番县歌谣丛录》，第17页；仲家歌谣，《贵州苗夷歌谣》，第54页。

⑦ "绿阴阴"："绿"的生动式，"绿茵茵"、"绿英英"与"绿阴阴"同。《定番县歌谣丛录》，第15页。

⑧ 贵阳歌谣，《西南采风录》，第33页。

⑨ 炉山歌谣，《西南采风录》，第27-28页。

⑩《定番县歌谣丛录》，第16页。

⑪ 盘县歌谣，《西南采风录》，第69页。

⑫ 蒙自歌谣，《西南采风录》，第129页。

⑬ 盘县歌谣，《西南采风录》，第183页。

洋烟开花口像勺，劝哥不要把烟学；吃了洋烟得坏病，死在床上难伸脚。①

3. 见妹生得白漂漂②，好比广州白云苗；恰是③苏杭白纸扇，几④时得在手中摇⑤。

4. 黑了天，黑了天，黑了洋雀在树间，黑了洋雀在树上，可怜小郎在路边⑥。

5. 整整玩到天黑来⑦，心焦晚饭又⑧焦菜，心焦晚饭无人煮，心焦水井⑨无人抬⑩。

6. 高坡打锣应四方，读书之人想文章；吃酒之人想酒醉，玩花之人想成双⑪。
   高山打锣应的宽，读书之人想做官；读书之人想官做，贪花之人想鞋穿⑫。
   高山打鼓应得宽，未曾读书想做官；未曾读书想官做，未曾连妹想鞋穿⑬。

7. 正月说起二月来，二月忙忙⑭砍春柴，三月忙忙⑮下早种，四月忙忙把秧栽⑯，
   五月端阳涨大水⑰，六月涨水过寨屋⑱，七月有个七月半，八月打伴⑲上新街⑳，
   九月有个九月九，十月有个小阳春㉑，冬月到来一天短㉒，腊月过了过一年㉓，
   只要你心合我意㉔，爱玩爱耍正月间㉕。㉖

8. 九天下雨九天晴，久久不见姐出门，久久不见姐挑水，花园不见姐来行㉗。
   久久下雨久久晴，好久不见姐出门，好久不见姊挑水，后园不见姊来行㉘。
   九天下雨九天干，久久不见妹出山，井边不见妹挑水，花园不见妹来探㉙。

---

① 平彝歌谣，《西南采风录》，第183页。
② "见妹生得白漂漂"：《西南采风录》作"老远望妹白漂漂"。"白漂漂"为"白"的生动式。
③ "是"：《西南采风录》作"似"。
④ "几"：《西南采风录》作"何"。
⑤ 《定番县歌谣丛录》，第14页；贵阳歌谣，《西南采风录》，第35页。
⑥ "洋雀"：《西南采风录》作"阳雀"；"间"：《西南采风录》作"尖"；"可怜"：《西南采风录》作"黑了"。黑苗歌谣，《贵州苗夷歌谣》，第62页；炉山歌谣，《西南采风录》，第24页。
⑦ "整整玩到天黑来"：《西南采风录》作"黑了天，黑了天"。
⑧ "又"：《西南采风录》作"心"。
⑨ "井"：《西南采风录》作"来"。应作"来"。
⑩ 炉山歌谣，《西南采风录》，第27页；黑苗歌谣，《贵州苗夷歌谣》，第62页。
⑪ 黑苗歌谣，《贵州苗夷歌谣》，第71页。
⑫ 黄平歌谣，《西南采风录》，第20页。"的"，应作"得"。
⑬ 云南平彝歌谣，《西南采风录》，第74页。
⑭⑮ "忙忙"：《西南采风录》作"忙工"。
⑯ 《西南采风录》作"四月栽秧不得来"。
⑰ 《西南采风录》作"五月有个五月五"。
⑱ 《西南采风录》作"六月抬水灌花台"。
⑲ "打伴"：应为"打扮"。
⑳ 《西南采风录》作"八月打米上金街"。
㉑ 《西南采风录》作"十月表家带信来"。
㉒ 《西南采风录》作"冬月带信表去了"。
㉓ 《西南采风录》作"腊月带信了一年"。
㉔ 《西南采风录》作"这个情表心意好"。
㉕ 《西南采风录》作"要唱山歌天天来"。
㉖ 黑苗歌谣，《贵州苗夷歌谣》，第75页；炉山歌谣，《西南采风录》，第27页。
㉗ 白苗歌谣，《贵州苗夷歌谣》，第100页。
㉘ "不"：原误为"只"。仲家歌谣，《贵州苗夷歌谣》，第178页。
㉙ 仲家歌谣，《贵州苗夷歌谣》，第191页。

久久下雨久久干，好久不见姐出山，好久不见姐挑水，后园不见姊来玩。①

久久不雨久久晴，久久不见妹出门，久久不见妹挑水，花园不见妹来游。

久久不②雨久久干，久久不见妹上山，久久不见妹挑水，花园不见妹来玩。

久久不雨久久晴，久久不见妹出门，井边不见妹打水，花园不见妹来行。③

9. 天上下雨地下滑，望你平地好栽瓜，望你平地瓜结子，抬头望见姐当家。④

天上下雨地下滑，池中鱼儿摆尾巴，那天得鱼来下酒，那天得妹来当家。⑤

10. 十七十八正唱歌，二十四五工作多，三十四五当家了，那个得闲来唱歌。

十七十八正当行，二十四五工作忙，三十四五当家了，那个得闲来唱玩。⑥

十七十八不唱歌，二十四五头路多，三十四五当家了，那个得闲唱山歌。⑦

十七十八爱唱歌，二十四五事情多，欢乐日子不得过，困穷日子又增多。⑧

十七十八爱唱歌，二十四五事情多，三十四五当家主，那有闲心唱山歌。

十七十八爱唱歌，拿着扁担爬上坡，爬到山头唱个歌，丢下扁担再做活。⑨

十七十八花正青，二十七八花登床，三十六七花老了，抬水浇花花靡青。⑩

十七十八花正红，二十四五花落虫，三十四五当家了，舀水淋花花不红。⑪

十七十八花正开，二十四五花落台，三十四五当家了，舀水淋花花不开。

十七十八花正开，二十四五花上台，三十四五花老了，那时叫哥哥不来。⑫

11. 太阳出来照白岩，金花银花滚下来，金花银花我不爱，只爱情姐好人才。

太阳出来照半坡，金花银花滚下坡，金花银花我不爱，只爱情姐好山歌。⑬

月亮出来照半崖，金花银花掉下来，金花银花我不爱，才爱姐们好人才。⑭

12. 桂花生在贵石岩，桂花要等贵人来，桂花要等贵人到，贵人来到花才开。⑮

桂花生在贵石岩，狂风刮下一枝来，妹是桂花香千里，郎是蜜蜂采花来。⑯

① "不"：原误为"只"。仲家歌谣，《贵州苗夷歌谣》，第 178 页。

② "不"：原误为"下"。

③ 安顺歌谣，《西南采风录》，第 52 页。

④ "滑"：原误为"花"。仲家歌谣，《贵州苗夷歌谣》，第 190–191 页。

⑤ 安南歌谣，《西南采风录》，第 62 页。

⑥ 花苗歌谣，《贵州苗夷歌谣》，第 107 页。

⑦ 仲家歌谣，《贵州苗夷歌谣》，第 136 页。

⑧ 云南平彝歌谣，《西南采风录》，第 179 页。

⑨ "做活"：原误为"作活"。云南杨林镇歌谣，《西南采风录》，第 180 页。

⑩ 炉山歌谣，《西南采风录》，第 24 页。

⑪ 水西苗歌谣，《贵州苗夷歌谣》，第 111 页；仲家歌谣，《贵州苗夷歌谣》，第 134–135 页。

⑫ 仲家歌谣，《贵州苗夷歌谣》，第 135 页。

⑬ 仲家歌谣，《贵州苗夷歌谣》，第 138 页。

⑭ 炉山歌谣，《西南采风录》，第 23 页。

⑮ "岩"：《西南采风录》作"崖"。"贵人来到花才开"：《西南采风录》作"贵人不到花不开"。仲家歌谣，《贵州苗夷歌谣》，第 196 页；贵阳歌谣，《西南采风录》，第 33 页。注：笔者小时候在安顺市关岭布衣族苗族自治县花江镇新桥村听过一字不识又不是少数民族的母亲哼过。

⑯ "贵石岩"：原误为"桂石岩"。"蜜蜂"：原误为"蜂蜜"。曲靖歌谣，《西南采风录》，第 97 页。

桂花生在贵石崖，一阵狂风刮下来，郎是桂花落石缝，妹是蜜蜂顺石来。①

13. 好块大田不栽糯，好个池塘不喂鹅；好个抽条情义姐，不曾送郎半首歌。②

好块大田不栽糯，好个大塘不喂鹅；好个聪明花大姐，怎不回郎一首歌。

好个大塘不栽藕，好个花笼不喂鸠；有个聪明花大姐，歌不唱来眼不瞅。③

14. 隔河看见油菜黄，割了油菜撒高粱；好吃不过高粱酒，好玩不过美貌郎。④

隔河望见菜子黄，割了菜子撒高粱；好吃不过高粱酒，好玩不过远方娘。⑤

菜子开花黄又黄，割了菜子撒高粱；好吃不过高粱酒，好玩不过少年郎。⑥

隔河看见麦子黄，割了麦子点高粱；好吃不过高粱酒，好玩不过少年郎。⑦

隔河望见大麦黄，割去大麦种高粱；好吃不过高粱酒，好玩不过年轻郎。⑧

15. 天上只有紫微星，地上只有龙潭平；家中只有神灯亮，世上只有姐聪明。

天上只有紫微星，地下只有龙潭深；家中只有神灯亮，世上只有姐宽心。⑨

天上才有紫微星，地下才有龙海深；家头才有明亮灯，世上才有姐聪明。⑩

天上只有紫微星，地下只有沙滩平；家中只有明灯亮，花园只有赛夫人。⑪

天上只有紫微星，地下只有沙坝平；世上只有姐心好，世上只有姐多情。⑫

天上只有紫微星，地下只有沙坝长；世上只有姐心好，只有姐心待得郎。⑬

天上只有紫微星，地下只有姐一人；地下只有姐一个，宽怀大量待情人。⑭

天上犹有紫微星，地下犹有姐一人；姐是天边明月亮，走到哪程亮哪程。⑮

16. 叫⑯你跟哥你不跟，别人跟上你来跟⑰；别人吃了头气酒，等你挑水淹花根⑱。

17. 抬头望云云跑⑲西，马跑金街步步低⑳；几时得妹同家坐，当□㉑河边一对鸡。㉒

---

① 平彝歌谣，《西南采风录》，第94页。

② 仲家歌谣，《贵州苗夷歌谣》，第180页。

③ "有"：原误为"由"；"歌"：原误为"哥"。平坝歌谣，《西南采风录》，第46页。

④ "高粱"：原误为"高樑"。仲家歌谣，《贵州苗夷歌谣》，第207页。

⑤ "高粱"：原误为"高樑"。仲家歌谣，《贵州苗夷歌谣》，第208页。

⑥ 永宁歌谣，《西南采风录》，第55页。

⑦ 安南歌谣，《西南采风录》，第62页。

⑧ 云南平彝歌谣，《西南采风录》，第76页。

⑨ 仲家歌谣，《贵州苗夷歌谣》，第191–192页。

⑩ 炉山（今凯里）歌谣，《西南采风录》，第23页。

⑪ 贵阳歌谣，《西南采风录》，第37–38页。

⑫ 平坝歌谣，《西南采风录》，第43页。

⑬ 平坝歌谣，《西南采风录》，第43–44页。

⑭ 安顺歌谣，《西南采风录》，第50页。

⑮ 独山苗族情歌，方殷：《苗胞情歌选（续）》（《时代生活》第2卷第2期，1944年8月）。

⑯ "叫"：《西南采风录》作"劝"。

⑰ "跟"：《西南采风录》作"争"。

⑱ "等你挑水淹花根"：《西南采风录》作"你来挑水润花根"。仲家歌谣，《贵州苗夷歌谣》，第226页；独山苗族情歌，《苗胞情歌选（续）》；贵阳歌谣，《西南采风录》，第35页。

⑲ "跑"：《苗胞情歌选（续）》作"走"。

⑳ "马跑金街步步低"：《苗胞情歌选（续）》作"转脸望妹笑嘻嘻"。

㉑ "当□"：《苗胞情歌选（续）》作"好比"。

㉒ "鸡"：《苗胞情歌选（续）》作"鱼"。仲家歌谣，《贵州苗夷歌谣》，第188页；独山苗族情歌，《苗胞情歌选（续）》。

抬头望云云跑①东，马跑经街步步松②；几时得姐同家坐③，好比江边一对龙④。⑤

18. 好块大地不薅边，茅⑥草生在地中间；十七十八不玩⑦耍，枉自做人在世间。⑧

好块大田不栽秧，茅草生得满田庄；好个女子不玩耍，枉来世上走一场。⑨

19. 郎在高山打石头，妹在平地看花牛，石头打在花牛上，望妹抬头不抬头。⑩

哥在高坡打石头，妹在平地看黑牛，石头落在黑牛背，问妹抬头不抬头。⑪

20. 大田大坝栽慈菇，杆杆细来叶子粗；可惜一个情义姐，嫁得一个坏丈夫。⑫

大田大坝栽蒲子，蒲子枝细叶子稀；选你人才世上有，选妹心肠世间无。⑬

大田大坝栽菖蒲，别人有妻哥们无；选姐人才世上有，选妹心肠世上无。⑭

21. 大田割谷小田堆，见妹美貌哥请媒；不过七天媒人到，听妹有何话来回。⑮

大田割谷小田堆，一路扬花一路飞；别人有钱买花戴，哥们无钱看花飞。⑯

22. 半夜三更出太阳，年成不好去吃粮；等到吃粮回转来，跑到娘乡娘不张。⑰

半夜三更出太阳，年成不好哥吃粮；我去前面有官做，花花轿子来抬娘。⑱

23. 爬个坡来坡又长，爬到高坡土地房；土地房前三条路，不知哪条走娘乡？⑲

爬过坡来坡又长，爬到半坡土地堂；土地庙前三碗水，不知那碗为修郎。⑳

24. 青菜白菜共园生，虽然同菜不同根；同妹同坐不同耍，想起相思病在身。㉑

青菜白菜共园栽，黄泥土壪不抽苔；妹呀，丈夫不好留他在，□留他在作"挡箭牌"。㉒

青菜白菜同园栽，小妹心思有点歪；心中想个囡囡抱，你不跟哥那里来。㉓

---

① "跑"：《苗胞情歌选（续）》作"走"。
② "马跑经街步步松"：《苗胞情歌选（续）》作"转脸望妹脸桃红"。
③ "同家坐"：《苗胞情歌选（续）》作"同床睡"。
④ "好比江边一对龙"：《苗胞情歌选（续）》作"万广悬岩去修亭"。
⑤ 炉山歌谣，《西南采风录》，第25页；独山苗族情歌，《苗胞情歌选（续）》。
⑥ "茅"：《贵州安顺县苗民调查报告》(320)、《安顺苗夷的娱乐状况》(205) 作"毛"。
⑦ "玩"：《贵州安顺县苗民调查报告》、《安顺苗夷的娱乐状况》作"顽"。
⑧ 仲家歌谣，《贵州苗夷歌谣》，第179页。
⑨ 平坝歌谣，《西南采风录》，第47页。
⑩ 仲家歌谣，《贵州苗夷歌谣》，第173页。
⑪ 贵阳歌谣，《西南采风录》东，第34页。
⑫ 仲家歌谣，《贵州苗夷歌谣》，第181页。
⑬ 平坝歌谣，《西南采风录》，第44页。
⑭ 盘县歌谣，《西南采风录》，第68页。
⑮ 仲家歌谣，《贵州苗夷歌谣》，第181–182页。
⑯ "扬花"：原误为"杨花"。安顺歌谣，《西南采风录》，第54页。
⑰ "吃粮"：即当兵。"不张"：即不理。黑苗歌谣，《贵州苗夷歌谣》，第84页。
⑱ 麻江歌谣，《西南采风录》，第21页。
⑲ 独山苗族情歌，《苗胞情歌选（续）》。
⑳ 云南沾益歌谣，《西南采风录》，第87页。
㉑ 仲家歌谣，《贵州苗夷歌谣》，第198页。
㉒ 独山苗族情歌，方殷：《苗胞情歌选》《时代生活》第2卷第1期，1944年3月）。
㉓ "心思"：原误为"心事"。曲靖歌谣，《西南采风录》，第103页。

25. 去了去了心不乐，转来挨妹要烟盒；烟盒搁在哥身上，转来看妹也心乐。①

根据对比，《贵州安顺县苗民调查报告》的定稿应在《安顺苗夷的娱乐状况》发表之前。所以比较而言，《贵州安顺县苗民调查报告》、《安顺苗夷的娱乐状况》、《贵州苗夷歌谣》中所收录的相同歌谣，越来越接近西南方言。三份文献中的相同歌谣，只有个别字词不同，除部分错字得到纠正外，多数变化应是陈先生为了更接近西南方言所做的改动。《贵州苗夷歌谣》与《定番县歌谣丛录》中相同的歌谣，《贵州苗夷歌谣》中的也比《定番县歌谣丛录》中的更接近西南方言。

由上所列可知，青苗歌谣与贵阳歌谣、安南（今晴隆）歌谣、昭通歌谣、云南嵩明县杨林镇歌谣、平彝（今富源）歌谣均有相同或相似的。仲家歌谣与侗家歌谣、独山苗族歌谣、黑苗歌谣、水西苗歌谣、花苗歌谣、白苗歌谣、黄平歌谣、贵阳歌谣、定番（今惠水）歌谣、安顺歌谣、炉山（今凯里）歌谣、平坝歌谣、永宁（今关岭）歌谣、盘县歌谣、安南歌谣、曲靖歌谣、平彝歌谣、云南嵩明县杨林镇歌谣等有相同或相似的。独山苗族歌谣除与仲家歌谣有相同或相似的，与贵阳歌谣、安顺歌谣、平坝歌谣、永宁歌谣、炉山歌谣、曲靖歌谣、沾益歌谣也有相同或相似的。黑苗歌谣与仲家歌谣、定番歌谣、炉山歌谣、黄平歌谣、贵阳歌谣、麻江歌谣、平彝歌谣都有相同的。花苗歌谣、水西苗歌谣与炉山歌谣、平彝歌谣、云南嵩明县杨林镇歌谣都有相同的。白苗歌谣与仲家歌谣、安顺歌谣有相同的。定番苗夷歌谣与仲家歌谣、侗家歌谣、黑苗歌谣、黄平歌谣、贵阳歌谣、炉山歌谣、盘县歌谣、安南歌谣、曲靖歌谣、蒙自歌谣、平彝歌谣同样有相同或相似的。可见，不仅苗夷内部不同支系的群体之间有相同或相似的歌谣，而且《西南采风录》中贵州、云南多个地方的歌谣也与《贵州苗夷歌谣》、《定番县歌谣丛录》中的相同或相近。

对于以上歌谣的跨民族地域共性特征，刘兆吉先生虽然不懂西南官话，更不要说苗语，但是他根据自己的感性认识，也已经觉察到了这一点。他说："这次采录的千百首民歌中，有许多首虽系用汉语组成，而歌中所流露的风俗，很似苗歌，这大概受苗歌的影响，也许根本就是汉化的苗胞作的。"②这或许更接近事实，与陈先生所述（详后）也有吻合之处。鉴于苗夷民族天生就能歌善舞，这些丰富的歌谣很可能是汉化的苗夷最先用西南官话唱出来的，因熟苗与汉人接触交往较多，又影响到周围的汉人。随着苗夷民族和汉人的不断迁徙，及苗夷与汉族接触的增多，这些歌谣遂不断在苗夷和汉人群体中得到传播，并发生流变。但是，无论如何变化，其与母题的关联仍不难看出来。

《西南采风录》只是刘先生在湘黔滇旅行团所经京滇公路沿线及蒙自地区采集歌谣

---

① "心不乐"：《贵州苗夷歌谣》作"心不落"。应作"心不落"。"转来挨妹要烟盒"：《贵州苗夷歌谣》作"假意转来找烟盒"。"转来看妹也心乐"：《贵州苗夷歌谣》作"望哥一眼心才落"。应作"望妹一眼心才落"。独山苗族歌谣，《苗胞情歌选（续）》；仲家歌谣，《贵州苗夷歌谣》，第229页。笔者小时候多次听母亲说过："去了去了心不落，假意转来找烟盒；去了去了心不甘，假意转来找烟杆。"

② 刘兆吉：《西南采风录·附录：苗歌》，商务印书馆1946年版，第192页。

的一部分，并未涉及整个贵州和云南，否则还会有更多歌谣与苗夷歌谣相同或相近。陈先生的调查是很深入的，而且对象都是苗夷，而刘先生则只涉及沿路的汉族，应该说，两者的调查对象没有重叠。因此，陈先生所收歌谣与刘先生所收歌谣中有不少是相同或相似的，这充分说明了这些歌谣的跨民族地域共性特征比民族共性特征更为明显。这在一定程度上反映了文化的地域共性特征比文化的民族共性特征更为明显。同时，也在一定程度上揭示了中华各族在几千年的迁移、交流、通婚、混居过程中彼此学习、相互融汇，各族文化已经是"你中有我，我中有你"的事实。

三

在调查、采访苗夷的过程中，一个重要的难题便是语言。有意思的是，做这同一件事的刘兆吉和陈国钧对此的体会却相去甚远。

作为北方人，刘兆吉对西南官话、苗话都深感困惑："言语不通——我国领土广大，交通不便，各省言语差异很大，尤其北方人初到南方来，时时会感到言语不通的困难。当我采集民歌的工作开始时，第一步便感受到这种痛苦，因为民歌童谣不像载诸书册的诗词，它是村妇野老以当地土语吟咏出来的，听他们歌唱也很悦耳，但有时不懂歌的意思，要把歌词记下来，而没有相当的字能恰巧符合它的音意。求他们解释，但问答有时不能互相了解。另外，一般的农夫牧童，虽然能唱歌谣，但多不识字，请他们把歌词写出来更不可能。往往为了仅仅四五句的短歌，费了不少的话和时间。"这里所谓"土语"，应该是西南官话或西南方言。用西南方言唱出来的歌，有很多字词，即便是文学素养较高的人，也很难找到相应的书面语，也即"没有相当的字能恰巧符合它的音意"。所以以上歌谣，有好多只顾到方音，所用书面语的意思却不能与方言对应，有好多顾到了方言的意思，但是方音又不能保证。更困难的是苗语。"在这次采集民歌的工作中，抱着最大的希望，而结果最感到失望的，就是搜集苗歌的工作。在湘黔滇三省的旅程中，自湖南晃县，一直到昆明再到蒙自，到处都可看见苗家同胞，经过了许多住有苗家的城镇村落。并且在黄平的皎沙村，在炉山县城，都曾与苗家举行过联欢，请他们歌舞多次。再者，一路山陂田畔间也常听到一两声的苗歌。可是因为语言不通，不易探访采录，所以在三千多里的旅途中，仅得苗歌两首。但是这并不能说苗歌根本就少。苗家唱歌是很普遍的。可说苗胞男女没有一个不会唱歌的，除非他是哑子。因为唱歌是他们男女恋爱的媒介。他们的'跳月'，即足以证明他们以歌舞择配佳偶的风气。"[①]

陈国钧，浙江诸暨人。早年就读于上海大学，后留学荷兰社会研究院。回国后在上海大夏大学任教。抗战爆发后，大夏大学搬迁贵阳，将苗夷列为研究重点。陈国钧也转向苗夷研究。陈先生在《贵州的短裙黑苗》中说："我曾受政府委托，做贵州的苗

---

① 刘兆吉：《西南采风录·附录：苗歌》，商务印书馆1946年版，第192页。

夷社会调查。因为苗夷族的种类庞杂，名称不一，他们散布的地域广袤。于是我采用抽样调查法，按照族类的通称，择定几个集中县份分别进行调查，自然是深入的，住进他们寨子里，与他们男女老幼为伍。"① 当时学者"因为歌谣包含有无穷的价值，莫不都加以重视，特别为研究社会学和民俗学的人所宝贵的材料，因它多自民族群众的口中唱出，也就是民族个性的真实表现，而且反映出民族过去或现在社会的一切人情道德、生活形态、风俗习惯、制度文化等"。因而，陈先生在"调查苗夷族之际，就尽量采集他们口传的各种歌谣材料，以为研究时的一种主要工作"。

应该说，同样是外省人的陈先生，在随校迁筑后才开始研究苗夷，此前对苗夷当无多少了解，但却未看到陈先生对语言有障碍的记述。陈先生到贵阳后参与黔省各种苗夷语言调查②，在不少文章中用过苗夷语言，还写过《贵州苗夷语发凡》③。《贵州苗夷歌谣》中也确实有陈先生翻译的歌谣，如生苗的《起源歌》，是陈先生在黔东南的下江县发现的，共有 488 句，由陈先生照生苗语译为汉文。可以想见陈先生对苗夷语言的造诣已达到一定高度。但也有不是陈先生翻译的，如花苗的《洪水歌》，在吴泽霖《苗族中祖先来历的传说》中名为《洪水滔天歌》，是苗族知识分子杨汉先翻译的。还有一点可以确定，既然陈先生收集的苗夷歌谣有不少与刘兆吉从汉人中采集到的贵州、云南的歌谣相同或相似，这显然已不是陈先生对苗夷语言如何精通的问题。因为无论如何精通，都不可能达到这样的程度。而且，如果都是翻译的，一定不会出现不知所云的情况，也不会留下诸多低级错误。所以，陈先生所用的"转译"一词，不完全属实。

实际上，根据陈先生所述，他收集的很多歌谣都没有经过由苗夷语翻译成汉语的过程，而是直接照录西南方言。贵州苗夷虽然有生熟之分，但是据陈先生所说，在他的调查中，已很难见到生苗。"生苗者，乃深居在穷山峻岭之中，不同汉人交通，野性难驯，每日所食的尽是些硬生生而不煮熟的东西；熟苗者，居近山之旁，略能通汉话，已同汉人交通贸易，耕田种植，差不多和汉人一样，从前苗族在未开化的时代，就笼统地被称作生苗，及经过许久时间之后，苗区中汉族的人口膨胀，汉苗的关系加深，一部分逐渐汉化者便称熟苗，至于那落后的一部分未趋向于汉化者仍旧叫生苗……到今日，对于生苗的地理分布，就笔者在各地苗区调查结果，实在找不到他们的踪迹……真正所谓生苗只有一处；这次笔者追踪到黔省东南角上的下江县，才发见一处道地的生苗，可以说是生苗硕果仅存的一种。"④ 当时其他学者也提到贵州通汉语的苗夷不在少数。"苗族言语，固与汉语迥然不同，就是他们各种类，如黑花狆家仡佬等，也各有各的言语，彼此格格不入。苗人中，年纪稍大的男子，多会说汉

---

① 陈国钧："贵州的短裙黑苗"，《旅行杂志》第 18 卷第 11 期，1944 年 11 月 30 日。

② 谢六逸、陈国钧："社会研究部工作概况"，《大夏周报》第 17 卷附刊，1941 年。

③《贵州日报·社会研究》第 44 期，1941 年 2 月 6 日。参见《贵州苗夷社会研究》。

④ "生苗的人祖神话"，《贵州苗夷社会研究》，第 130–131 页。

话，异族见面，都以汉话问答，所以汉话是一种标准的官话。"① 陈先生在《贵州的短裙黑苗》中也说："他们的语言，自成为一体。因为常和汉族来往接近之故，都用心学汉语，通汉语者已不少。""他们所处的生活环境极苦窳，终日劳动不息。平日间只有以唱歌曲为最普通的一种娱乐，藉此略描胸中的苦闷。据我们的调查，他们所唱歌曲的类别繁多，有情歌、喜歌、酒歌、孝歌等，都是用土语编成的，不论男女，从小就随人学唱。我们遇到不少汉语讲得极流利的苗族姑娘，个个擅长唱歌，所唱的都是情意缠绵的恋爱之歌曲，歌曲内容和音调字句的艳丽悱恻，仿佛我们吟哦毛诗中的采兰赠芍。"② 陈先生等因受内政部之委托，经初步调查后，派员分赴安顺、定番、炉山等处实地调查，历时八月，依照调查要点，撰成《安顺县苗夷调查报告书》、《庐山县苗夷调查报告书》、《定番县苗夷调查报告书》三种呈内政部③。"到定番做乡土调查，我们同时采集不少当地流行的歌谣"，《定番县歌谣丛录》就是其中的一部分。"定番县内汉苗夷民杂居一处，上面所写的歌谣，流行于苗夷之间，因为汉一称客家，这许多歌谣为汉人所唱，故苗夷有'唱客歌'之称。"④ 安顺苗夷"所唱歌曲，皆系土语，其句法结构，均与当地汉人所唱者不同；吾人听之深觉奇异"。调查所得花苗、青苗、仲家所唱之歌曲数十首，"唯声音节奏之抑扬高下，殊不易錄出"，陈先生称将其歌词大意译出来介绍给大家⑤。其实至少仲家歌谣是不用翻译的，因为"仲家——苗族中之进化者，多与汉人同化"⑥。陈先生在《自序》中也说，《贵州苗夷歌谣》收录歌谣1000首，仲家有656首，以仲家的特别多。这是因为仲家较接近汉人，他们的歌谣也容易采集的缘故。《贵州苗夷歌谣》中与《西南采风录》中的贵州、云南歌谣相同或相近者，显然没有经过翻译。

Abstract：Analysis from Collected Ballad of Dingfan County and Ballad of Miao in Guizhou，different sublines inner MiaoYi in Guizhou are the same or similar. It explains ballads have common features in nationality. The ballads in Collected ballad of Dingfan County and Ballad of MiaoYi in Guizhou are the same or similar to the ballad in Collect folk songs in southwest collected in multi-regions of Guizhou and Yunnan. It indicates ballad have cross-national common features in territory. It reflected that cultural regionalism superior to cultural national character to a certain extent. Meanwhile，it to certain degree reveals the fact that all nations' cultures in China have already in a status of "you have me，and I in you". Therefore，attach importance to integral territory research on regional

---

① 于曙峦："贵州苗族杂谈（续）"，《东方杂志》第20卷第14期，1923年7月25日。
② 陈国钧："贵州的短裙黑苗"，《旅行杂志》第18卷第11期，1944年11月30日。
③ 谢六逸、陈国钧："社会研究部工作概况"，《大夏周报》第17卷附刊，1941年。
④ 陈国钧："定番县歌谣丛录"，《新大夏》第1卷第3期，1938年11月1日。
⑤ 陈国钧："贵州安顺县苗民调查报告"，收入《西南民俗文献》第14卷，兰州大学出版社2003年版。
⑥ 黄曼依："黔省苗族概况"，《国立中山大学语言历史学研究所周刊》第3集第三十五三十六期合刊，1928年7月4日。

culture, is more conform to the reality of culture itself, as well more in favour of cultivate and intensify the Chinese culture identity, Chinese national identity and national identity of countrymen.

Key Words：Culture；National Character；Regionalism；Chen Guojun；Ballad of MiaoYi in Guizhou；Liu Zhaoji；Collect folk songs in southwest；Collected ballad of Dingfan County

浅析开封菊花节会展的文化品牌管理

◎ 王 淳*

摘 要：开封菊花节会展有悠久的办会历史，但面临着国内同类主题会展众多和办会同质化的处境。开封菊花节会展应通过发掘文化品牌内涵，从多种途径做好文化品牌管理和传播，实现打造"中国菊都"的目标，促进开封城市经济文化发展。

关键词：开封菊花节；会展；文化品牌管理

菊花是开封的市花，养菊历史悠久。唐代诗人刘禹锡有诗句"家家菊尽黄，梁园独如霜"，描述当时菊花在开封地区广泛种植。北宋时期，开封种养菊花品种繁多，更形成品菊、赏菊的习俗。每逢重阳佳节，民间有花市赛菊之举，而且宫廷内也养菊、插菊花枝、挂菊花灯、饮菊花酒，还召开"菊花花会"①，开了后世菊花展览之先河。明清时代开封养菊、赏菊之风依然盛行，清代乾隆皇帝南巡来到开封禹王台赏菊，留下了"枫叶梧青落，霜花菊白堆"的著名诗句，被刻在当今禹王台公园"乾隆御碑"之上，已保留至今。

开封菊花节会始于1983年，同年菊花被定为开封市市花，此后每年10月举办一届开封菊花花会。1994年，开封市第十二届菊花花会更名为"中国开封菊花花会"。从2000年开始，河南省委、省政府将中国开封菊花花会定为省级节会，2009年，中国开封菊花花会被中国节庆年会评为改革开放30年"影响中国节庆产业进程的30个节庆"之一，2011年又获得"中国节庆产业金手指奖·十大品牌节庆"的殊荣。2012年10月18日，开封菊花花会更名为"开封菊花文化节"，此次更名表明开封菊花将以一种文化形式向世人展示开封独特的文化魅力。2013年，开封菊花文化节升级为国家级菊花会展，更名为"中国开封菊花

---

* 王淳，河南大学历史文化学院讲师。

① 宋代孟元老《东京梦华录·重阳》篇记载："九月重阳，都下赏菊……无处无之，酒家皆以菊花缚成洞户。""禁中与贵家皆赏此菊"，"士庶之家亦市一二株玩赏"。

文化节"，如今已成为全市规模最大的旅游文化节庆活动。

一、菊花节会展的内外"同质化"

中国每年举办各类会展 8000 多个，除去以工业品为主题的商业会展外，以旅游文化为主题的节庆会展是其中的重要组成部分。举办各种主题的节庆会展，既可以带来巨大的经济效益，又成为塑造城市文化品牌、宣扬城市文化精神的重要方法。在这种情况下，各种名目的节庆会展层出不穷，遍地开花。

菊花名列世界四大切花，也是中国传统十大名花之一。由于菊花对土地、气候的适应性很强，喜凉，较耐寒，因此在我国南北地区广泛种植。菊花的开花期多集中在 10~11 月，可持续开放约一个月。菊花花形美丽，傲霜而放，品格清雅，与梅花、兰花、竹子并列为"花中四君子"，因而也是我国北京、太原、德州、芜湖、中山、湘潭、开封、南通、潍坊、彰化等市的市花。

在秋季，我国多个地区都举办以菊花为主题的节会展览。据不完全统计，共有十几个之多，分布大江南北。具有一定规模和影响力的有开封菊花文化节、北京菊花文化节、浙江桐乡菊花节、新疆昌吉菊花节、江苏常州菊花节、湖北麻城菊花节、安徽东流菊花节……各地菊花节会的名称相同，主要内容也大体类似：展出各种颜色、造型的菊花，同时也会开展一些与菊花相关的文化活动和经济活动，如开封菊花节有菊花邮票发行活动，浙江桐乡菊花节的主题之一是杭白菊订货会。

在这种展会主题相同、展会形式相近、时间大体一致的情况下，开封菊花文化节会展如何走出主题雷同的不利处境，怎样展出自己的风格，树立自己独有的文化品牌，成为当前面临的首要问题。

开封菊花节会在 30 年的运作当中，形成了一些固定的范式：开封菊花节会场采取以龙亭公园为主会场，其他公园为分会场的模式。[①] 但在实际展览中，龙亭公园"集开封菊花之最为一身"：最长悬崖菊、最多花朵的大立菊、最长菊花龙造型、最高造型菊花……特别是由于赛菊主题设在此处，获奖菊花在这里集中展出，所以每年的各色精品菊花云集于此。

开封分会场公园本身各有不同的文化主题[②]。在菊花节会展中，这些公园参会的形式是摆设各色菊花和用菊花搭建一些简单造型，这与龙亭公园主会场菊展形式类似。然而，这些菊花无论是颜色、品种，还是品质、造型方面都较龙亭公园相去甚远。这是因为，一方面，分会场没有设置任何特色菊花文化项目；另一方面，分会场也没有设计将现有资源与菊花相结合的新项目。这就造成分

---

① 开封菊花节会的主会场于 1983~1985 年在禹王台公园举行，1986 年之后一直以龙亭公园为主会场。

② 2014 年开封菊花节主会场是龙亭公园、天波杨府、铁塔公园，分会场是清明上河园、中国翰园、万岁山、禹王台公园。这些公园中，天波杨府以杨家将为主题，铁塔公园以开宝寺塔、佛教为主题，清明上河园以"清明上河图"为主题，中国翰园以书法、碑刻为主题，万岁山以武侠文化为主题，禹王台公园以禹王庙为主题。

会场公园在会展中走上"同质化"道路，更难在会展中崭露头角。

参观菊花节会展的游客多数为短期停留游客，认为在龙亭公园已经看完了开封菊花精品、珍品，其他分会场公园菊花观赏"可有可无"。最终形成开封菊花节会展中龙亭公园一枝独秀，分会场公园勉为陪衬、流于同质化的局面。

二、开封菊花节会展的文化品牌制度初步建立

2013 年 10 月，历经 30 余年的开封菊花节会展从"开封"走向"中国"，升级为国家级会展，这反映出开封菊花节会展历史悠久、规模宏大、影响力不断扩大的现实。开封菊花节会展作为一种文化会展，面对国内节会展览众多、会展内容同质化的现实处境，如何突破现状，不断提升自己？答案只有一个：走品牌化道路，构建自己的文化品牌制度。

根据文化品牌的有关理论，品牌是从一种有形标识转向对产品及服务的感受和体验的总和，文化品牌是文化产业品牌化的结果，文化品牌制度的建立应实现如下目标："文化品牌战略定位化、文化品牌识别具体化、文化品牌管理规范化、文化品牌保护法制化。"①

历经 30 余年，开封菊花节会展的文化品牌建设从无到有、从弱渐强。2012年，开封市向社会广泛征集方案，最终确定以"开"字、"文"字和众人手拉手形成一朵金色菊花的造型为菊花节会展的会徽，寓意着开封借助菊花为媒介传承发扬厚重的传统文化内涵。同时确定菊花节的吉祥物为"菊娃、菊妮"，以中国传统福娃造型为基础，融入朱仙镇年画名作"招财童子"中的元素塑造而成，展现了"菊城宋都"开封灿烂的历史和"大宋菊花"的文化内涵。

2012 年 8 月 20 日，开封市人民政府办公厅已向中国互联网络信息中心（CNNIC）申报注册网络品牌通用网址与无线网址：中国开封菊花文化节，注册信息已收录于"国家网络目录数据库"与"全国网络目录数据库"，且已获得中国互联网络信息中心（CNNIC）及中国电子商务协会网络知识产权推进中心颁发的网络知识产权证书。

2013 年 10 月 18 日，开封菊花节会展正式更名为"中国开封菊花文化节"，以"菊韵开封，美丽中国"为主题，以打造"中国菊都"为目标，初步完成了开封菊花节会展文化品牌战略定位；开封菊花节会展会徽和吉祥物的确定是文化品牌的物质层面塑造，也是文化品牌识别具体化的举措；正名、网络注册、取得知识产权证书则是文化品牌的法律层面塑造，文化品牌保护的法制化目标已经初步完成。

三、开封菊花节会展文化品牌的管理规范化

文化品牌制度的确立依赖于对文化品牌进行严密、规范化管理。从开封菊花节会展的发展现状看，我们急需从文化品牌管理的薄弱环节入手，"通过制

---

① 柏定国：《文化品牌学》，湖南师范大学出版社 2010 年版，第 176 页。

定文化品牌识别、文化品牌传播、文化品牌谱系、文化品牌延伸、文化品牌保护、文化品牌体检、文化品牌组织等的管理规范，使文化品牌行为与文化品牌愿景保持一致"①，达到确立文化品牌制度的目标。

结合开封菊花节会的发展现状，在文化品牌管理方面要做到：

（1）借势、联动宣传文化品牌。通过借势其他有影响力的文化活动做文化品牌传播，突破菊花节会展的时间局限，如 2014 年世界客属恳亲大会是国际性的会展，借此大会的国际影响力宣传开封菊花节会展。开封城市文化品牌中，宋文化、菊花节会是两大主题，两者可相互借势进行宣传，形成文化品牌优势。2014 年 10 月 28 日，杭州与开封两大历史文化名城首次"联姻"，以"北宋都城"和"南宋都城"的名义，共同打造菊花盛会，以此为契机，弘扬两宋文化、菊花文化。

（2）文化品牌识别符号要规范统一使用。开封菊花节会展的会徽与吉祥物是文化品牌的外在文化符号，在 2012 年 9 月已经确定并公之于众，但在办会实际中，会徽和吉祥物没有得到应有的重视，发挥作用不明显。除主会场外，分会场、市内主要旅游景区、城市的主要进出口、高速公路服务区、户外广告都应该摆放统一制作的会徽和吉祥物或张贴制作统一的菊花节会展海报。会徽和吉祥物是开封菊花节会的物质符号象征，大规模的统一规范的使用能强化受众对

节会名称、内容、主题、文化内涵的认知与体验。

（3）做好文化品牌延伸，扩大品牌的影响力与知名度。在开封菊花节会发展过程中，已经出现多种与菊花相关的衍生品和相关延伸活动。菊花衍生品如菊花菜品、菊花茶、菊花酒、菊花零食、菊花造型食物等，延伸活动也有吟诵菊花诗词、书画菊花、菊花邮票发行与展出等。对于这些菊花衍生产品和延伸活动，经过一定的授权、认证程序之后，可以实行联用菊花节会展的会标、会徽甚至是吉祥物的模式。这样既达到宣传菊花节会的目标，同时也起到宣传菊花相关衍生品的效果。当然前提是要规范使用，避免出现未授权滥用、随意使用、不统一使用等损害文化品牌标识的情况。

四、持续发掘开封菊花节会展文化品牌的内涵

文化品牌制度的各种目标建立，只是完成文化品牌的外在塑造，文化品牌内涵的发掘是文化品牌持续发展的关键。开封菊花节会展作为一种节庆会展，应采用多种手段，"充分演绎、剖析节庆内容或参展物的生成、发展过程；使参加节庆活动的参展者身临其境地得到极大的感受和意识的冲击、思维的启迪，让记忆深刻，历久弥新"②。

开封菊花节会展的重要目标就是以菊花为媒介推动旅游。当前旅游形式的发展重点是注重文化内涵和强调观众参

---

① 陈云岗：《品牌管理》，中国人民大学出版社 2004 年版，第 109 页。

② 陈忆戎：《节庆产业与城市发展》，中央编译出版社 2011 年版，第 1 页。

与的体验性旅游。游客除了欣赏菊花的绚丽颜色和奇特花形，感受菊花傲立寒霜的风姿外，更希望了解与菊花相关的文化知识，体味菊花高洁清雅的品质，获得到关于菊花的文化体验。这就需要运用多种方式、途径发掘各种"菊文化"内容来为会展增色。

（1）设置多种菊花主题，打破菊花节会展内部的同质化局面。可以举办菊花插花艺术赛事和展览；可以根据菊文化名人典故、育菊历史、菊花诗词编制演艺节目，丰富公园演出项目……各种菊文化主题有机结合、分类打造，在菊展分会场中形成特色项目，共同完成开封"菊城"文化的塑造。

（2）多手段发掘菊花元素使用范围，形成新的文化符号。可以将菊花元素与服装、配饰相结合，形成独具匠心的时尚服装、饰品；可以以菊花造型做成各类生活用品、装饰品，形成富有创意的设计，迎合年轻人的喜好；还可以利用菊花节会吉祥物菊娃、菊妮的造型，结合开封文化主题设计相关动漫作品，如"菊娃菊妮逛开封"、"菊娃菊妮品北宋"等，用老少咸宜的方式宣传开封菊花和文化。

菊花是开封市花，打造"中国菊都"，要把菊花与开封城市文化融合为一体，菊为城之品，菊为城之魂，塑造独特的"菊城"文化品牌。

参考文献

[1] 王钧、刘琴：《文化品牌传播》，北京大学出版社 2010 年版。

[2] 柏定国：《文化品牌学》，湖南师范大学出版社 2010 年版。

[3] 陈云岗：《品牌管理》，中国人民大学出版社 2004 年版。

[4] 陈忆戎：《节庆产业与城市发展》，中央编译出版社 2011 年版。

Abstract：The Kaifeng Chrysanthemum Festival exhibition has a long history and influence，however，it's also facing the situation that there are plenty internal exhibitions in similar subjects with consubstantial trend. In this article, the author insists Kaifeng Chrysanthemum Festival should deep explore the connotation in cultural brand by using multi methods to accomplish the excellent management and propagation of the cultural brand. Thereby, the aim of building "China Chrysanthemum City" can be achieved with both economy and culture of Kaifeng can be further developed.

Key Words：Kaifeng Chrysanthemum Festival；Exhibition；Cultural Brand Management

文化产业特质及其发展趋势探究

◎ 闫 雨*

摘 要： 基于促进内需、文化强国、产业升级等战略背景，文化产业是转变经济发展方式的重要支柱。解析经典的全产业链商业模式中产品延伸与品牌延伸互动协同演化机制，从文化产业与信息技术融合、国际化经营、生命周期循环与创新等方面，探索产业发展趋势与关键要素，构建了文化产业整体运作的机理。提供信息要素促进文化产业、文化产业促进经济增长的测评模型，分析当前我国文化产业的发展与未来方向。

关键词： 文化产业；商业模式；全产业链

信息高速公路将世界每一个角落融入全球化浪潮，无论是政治经济，还是思想文化层面，均超越了民族国家疆域。注意力经济被戏称为"一场跨世界的眼球争夺大战"而横空出世。美国最富有的 400 家公司中，有 70 多家是文化企业。实力超群的大型文化企业集团，不仅获得了巨大的经济效益，而且具有强大的政治和精神影响力，作为文化传播中颇具效力的桥梁，其不仅提升了国际传播话语权和国家软实力，也引发了多元文化的融合创新及国际政治视角中文明与价值观的冲突。

国家在文化产业领域的竞争是深层次的经济与意识形态的竞争。随着信息技术融入、生产力更新、消费模式升级，文化产业作为精神产品生产的现代形态、产业升级的灵魂，成为民族复兴的支柱。中华上下五千年文化屹立于世界文明，彰显出生生不息的生命力，这是我国发展文化产业的巨大资源优势。但我国文化产业的发展相对于发达国家还存在着较大的差距。这种差距不仅表现在市场规模与 GDP 比重上，还表现在文化产业的市场化运作水平、品牌知名度等方面。要实现文化强国，就必须定义价值链结

* 闫雨，男，清华大学马克思主义学院博士后，主要研究领域为管理哲学、文化产业。

构，构建具有普遍性的商业模式，为弘扬中华文明、提高生活品质、促进经济发展，做出应有的贡献。

一、文化产业发展背景

（一）信息时代的消费行为驱动

信息革命不但促进了经济结构、政治体制的改革，更带来了消费观念、消费行为的更新。美国消费者协会主席艾拉·马塔拉提出："我们现在正从过去大众化的消费进入个性化消费时代，大众化消费时代即将结束。现在的消费者可以大胆地、随心所欲地下指令，以获取特殊的、与众不同的服务。"个性化、体验化作为消费需求的主要特征，调节着文化产业的资源配置和供给，合力推动我国文化产业向更高阶段发展。

在物质极为丰富的现代社会，消费者不再满足于基本需求和千篇一律的产品，而转向归属、情感、尊重、自我实现等更高层次的需求，消费行为在符号经济时代已经转化为定义自我、享受文化的心灵旅行。文化产品独特的审美、象征属性投射人们的情感、记忆、欲望，塑造自身主体性的意义体系，满足人们展现自我、追求自我的心理需求，创造出更大的附加值。正如日本文化经济学者驹田井正提出的幸福公式，人们的生活丰富度=文化力×经济力。在这里，"经济力"特指创造物质财富的能力，而文化力指将物质财富转化为幸福的能力，

通过尽可能少的物质牺牲获得更大的满足[1]。可见，文化力是国民幸福的重要驱动力。

在体验经济大行其道的时代，顾客每一次购买的产品或服务在本质上不再仅仅是实实在在的商品或服务，而是一种感觉，一种情绪、体力、智力甚至精神的体验。任何一种美好的感受都是源于顾客在事件中全身心的参与与互动，感官体验、关联体验、情感体验、思考体验等，更新了各行各业消费者的购物心理与行为。

在精神文明崛起、大众文化蓬勃发展、数据化精准营销的现实语境下，文化产业只有以消费者内心的真正需求为导向，通过具有强烈互动性与参与感的文化关怀满足消费者的人文关怀与情感共鸣，提供个性化服务、独特而愉悦的情感体验与审美享受，才能够在文化消费品中注入灵魂和内涵，推进自身的可持续发展。

（二）文化产业强国战略

文化产业作为资源消耗低、环境污染少、附加值高、发展潜力大的"绿色产业"，相对于传统产业具有较强的拉动性和溢出效应，是当今世界公认的朝阳产业。中共十八大提出以创新驱动推动我国经济发展方式的转型，十八届三中全会上通过的《中共中央关于全面深化改革若干重大问题的决定》提出，"紧紧围绕建设社会主义核心价值体系、社会主义文化强国深化文化体制改革，加快

---

① 向勇："文化产业融合战略——一源多用与全产业价值链"，《新美术》2014年第4期，第20页。

完善文化管理体制和文化生产经营体制，建立健全现代公共文化服务体系、现代文化市场体系，推动社会主义文化大发展大繁荣"。可以预见，文化产业势必开启一片蓝海，作为支柱性产业呈现绚丽多彩的中华文化复兴梦。

文化产业升级的关键在于实现三个转变：其一，从政府主导逐步向市场主导转变，即文化的产业化与产业的文化化，其中，企业成为市场的主体；其二，在文化市场的活力、动力、魅力、潜力、合力的五力推动下，从以规模增长为目标向以质量效益为目标转变；其三，文化产业的思维方式、商业版图与生态环境作为创新的源泉，渗透到国民经济各行各业，带动文化产业由自身发展向国民经济体系整体性发展的转变，推动文化、科技、经济、社会、生态五位一体的融合发展。

（三）产业升级的原动力

文化产业作为技术密集型产业的代表，"全产业链"商业模式形成强大的关联效应和外溢效应，是促进物质资源相对稀缺地区实现跨越式发展的有效路径。自觉提炼中国优秀的传统文化、民族文化、生态文化等资源的文化旨趣、符号隐喻与新兴产业嫁接，将开启广阔的增值空间。

文化产业链的上游一般为内容制造环节，包括设备集成和内容集成，具体如独立的创意公司、节目制作公司、发行公司、广告公司（客户代理公司、媒体购买公司、媒体销售公司）、发行监测机构、广告监测公司、市场调研公司和其他配套服务商；中游为内容播出平台，

包括新媒体环境下的内容播出渠道；下游环节主要指以内容为核心产品的价值延伸部分，包括电影、图书、报纸、杂志、广播、录像带、VCD、音乐、旅游、演出市场、互联网产品、影视俱乐部、展会产业、大型奖项、节目经营、商品授权等领域。《中国好声音》这一选秀节目发展为艺人培养、艺人经纪、商业演出、唱片发行、数字音乐、现场音乐、音乐节、手机产品、学员写真集等庞大的音乐产业；从一档电视综艺节目《爸爸去哪儿》衍生的电影、图书、广告、旅游等，都初步展示了文化产业经济效益与社会效益的辐射力，拓展了我国本土的创富价值链。

文化产业作为引擎，还极大地带动了实体经济升级。例如，乔布斯和苹果品牌对用户形成的吸附能力已经强大得可以超越产品和品牌，上升到精神层面，构建起令人崇拜的"宗教式教堂"。据美国工业设计协会测算，在工业设计上每投入1美元，就可以带来1500美元的收益。创意农业的经济效益也是传统农业的几十倍。文化产业的融入是推动传统产业从生产环节向研发设计、营销与品牌等环节转变，实现差异化、创新化产业升级路径的关键。

二、文化产业的全产业链商业模式及特质解析

（一）全产业链商业模式解析

在信息时代，文化产业的最大价值动力在于独特创意与无限复制的完美结合产生显著的规模效益。迪士尼"文化

主题先行,科技手段实现"的科技与文化融合发展模式将梦幻的娱乐体验由创意变为现实,塑造了"世界上最快乐的地方"。迪士尼"一源多用,全产业链"的商业模式,也提供了经典的商业范本。

迪士尼不同于一般文化企业在电影、电视、广播、唱片等横向业务上的简单相加,而是设计了"摇钱树"商业模式,通过精心锻造的核心产品延伸出一系列跨越行业边界和消费群体类别的系列衍生产品,力求把产品核心价值发挥到极致。具体操作方法是在不同地域和不同媒体平台上,通过创作或收购出色的作品,经过多种传播渠道将作品角色塑造得深入人心,培养大量的忠实"粉丝",再利用技术创新、整合营销渠道和加强版权保护,使其产品一次投入多次产出,一个品牌开拓多个市场,由此延伸出庞大的产业链①。例如,《哈利·波特》从无人问津到成为畅销书,再到拥有上万种特许经营商品,直至出现哈利·波特主题公园与旅游业,现已成为一个经济规模达 2000 亿美元的巨型产业链,其中衍生产品收益占到总量的约 70%,正是这一商业模式的力量。

商业模式的关键步骤是推动产品延伸与品牌延伸的乘数增长,创造规模效应与协同效应,成为构建文化产业价值链中具有普遍性的现实逻辑。产品延伸(Product Extension)是指全部或部分地改变企业原有产品的市场定位,将企业现有产品品种延长的一种行动。品牌延伸(Brand Extension)是指在已有一定知名度与市场影响力的品牌基础上,将原品牌运用到新产品或服务上以期望减少新产品进入市场风险的一种营销策略。

两者围绕品牌的核心资产要素形成良性互动。公司品牌、产品品牌为衍生产品提供强有力的信誉保证、市场号召力和背书效应,可以增加新产品的可被接受性、减少消费行为的风险性。例如,忠实粉丝会排队在授权专卖店购买标价1000 美元的限量版米老鼠 T 恤,而非超市里 5 美元一件的米老鼠 T 恤。2014年,"迪士尼"媒体的品牌价值为 322.23亿美元,"可口可乐"品牌价值更高达815.63 亿美元。产品延伸意味着不同产品基于个性化目标客户群、价值主张、具体的盈利模式、关键业务与营销策略,提供同一内容的深度开发、营销创新与专业化服务,将更广泛的客户群吸附到产业链条上,实现更大的增值。例如,苹果公司除了电脑、手机等核心产品,还提供形形色色的应用软件。深圳华强文化科技集团也实现了从设计到制造、从软件到硬件、从管理到运营整体"打包输出"。"全产业链"商业模式对外形成利益共同体,公司品牌与诸多产品品牌、形象品牌共同打造完整的品牌网络。

(二)特质解析

尼采认为,知识的最高形态是艺术,艺术又是生活的最高状态。文化经济时代,文化的经济化与经济的文化化密切融合,消费者最终消费的将是文化产品和文化服务。文化作为高级资源禀赋为

---

① 张振鹏、马力:"'本山传媒'与'迪士尼'商业模式比较及启示——兼论我国文化企业国际化商业模式",《中国海洋大学学报》2013 年第 2 期,第 97 页。

产业提供思想与精神属性，是产业价值的感性呈现、凝聚与升华。文化以产业化方式运营，显示出强烈的外部性，为各行各业的核心竞争力注入稀缺性的内容要素、文化内涵、品牌附加值，提供生生不息的增长动力。对于全球化浪潮中的我国而言，充分利用文化产业的历史机遇，实现对优秀传统文化的现代传承与核心价值观的塑造，弘扬中国精神，是中华文明广泛传播的重要载体。

三、文化产业发展趋势

（一）信息技术的融合

信息技术推动文化产业内容与格局创新，"图像时代"、"数字化生存"是文化产业的现实表达。各种虚拟装置、特效技术等极大地触发了人们的感性认知、文化产品与价值体系之间的转化，展现出全新的互动的影像与思维效果。《冰河世纪》、《变形金刚》、《2012》、《阿凡达》等，一次又一次地向人们展示着虚拟技术的巨大魅力和汹涌之势。《阿凡达》的制作成本为 2.58 亿美元，票房则达到了27.8 亿美元。

文学、影视、音乐、戏剧、绘画、雕塑等艺术活动在数字化体验环境下亦幻亦真，更通过"点击"、"复制"等形式，扩大了传播的范围和频次，直接增加了受众参与量。数字博物馆、科技馆、规划馆、全球同步首映、电子地图等数字化传播方式降低了文化产品的制作成本，促进了全球思想与多元文化交汇渗透、跨界资源共享与有效整合。于是，虚拟与现实交错，时空转换随意自然，

开通了丰富艺术价值向商业价值转换的现实路径。

（二）国际化势在必行

经济全球化决定了文化全球化是一种必然的发展趋向。经济全球化所带来的不仅是物质、技术、资本、人员等经济要素在全世界范围内自由流动，还有思想意识、价值观念、文化信息、行为方式、生活方式、交流方式的全球化交流，文化产品、文化资本的自由流动与全球竞争。

随着我国经济腾飞和中华民族的伟大复兴，中国文化举世瞩目，文化产业作为使者促进了中国与世界的交流。不被国人看好的中国电影《菊豆》，在国际上却获得了良好的市场效应。少林热、汉语热……世界各国渴望全面准确地了解中华文化，世界市场对中国文化产品的消费需求与日俱增。电影《花木兰》、《功夫熊猫》表明了文化要素的"双向"流动对于世界各国的文化产业都是一种双赢的模式。为了寻求在全球范围内的资源优化配置，优化产业价值链，文化产业不可避免地要走国际化道路。

具有国际知名度的文化品牌，大多是民族文化和国际文化有机融合的成功典范。好莱坞塑造了众多的为追求幸福和自由而奋力拼搏的人物形象和美国梦，在感动世界观众的同时也不断刷新着海外票房纪录，海外市场是其重要的收入来源。迪士尼公司在全球共发展了40000 多个拥有迪士尼特许经营权的商家，产品范围横跨多个产业，仅特许经营业务每年收入就高达 10 亿美元。日本动画片《千与千寻》同样提供了削平文化

差异鸿沟的启示，虽然画面的制作、场景设置等完全是在日本本土文化范围内，但该片关注的却是人类成长面对的共同问题，如何看待物质和人类本性，如何在追求金钱和寻找自我中找到平衡，如何在困难面前释放自己的潜能克服困境等，影片主人公的心灵成长经历引起全世界人民的共鸣，不仅传递了"本文化"，同时也注重"他文化"的融入[①]。而韩国影视剧由于本土消费市场的有限性，更刻意弱化了本土文化特征，将民族、国家、时代、社会都放在背景层次，重点描写东方文化的挚爱真情、伦理美德等价值观、道德观和审美观，赢得了亚洲文化圈的集体认同，成为强势的东方文化产品输出国。

因而，我国文化产业基于国际主流社会的审美与价值取向融入特色，构建合理的内容价值内核并吸引大众市场，形成战略核心资产，是产业繁荣的基础。在全球范围有效获取并整合资源与渠道，争取市场份额是文化产业国际化运作的经营策略。

（三）产业生命周期循环与创新

经济全球化时代竞争加剧，任何一种技术、工艺、商业模式的创新都可能在很短的时间内为竞争对手所知晓和模仿。信息时代人们的观念和思维方式、娱乐方式、需求结构不断升级，人们对文化产品的一大需求特征是喜欢不断追求新奇的体验，导致产品的生命周期变短。同时，创意是隐性的知识，它是社会个体的思想与整个社会文化之间碰撞的结果。例如，设计师推广作品的时候，会与不同的人交流，特别是与其他设计师交流当前的主流和新观点时，可能会激发新的创意产生。因而，文化产业在生产与消费等层面均表现出快速升级换代的特征。

文化产业生命周期最重要的因素是创新。通过创新，将已经成熟的创意剥离出去，形成产业化发展，同时新的创新点则继续回到形成阶段。在这个循环中，创意产业发挥类似于孵化器的作用，从而为整个产业的发展提供永续动力。产品升级与创新循环是两种典型的发展趋势。迪士尼就有着"永不落幕的迪士尼"之称，乐园内的所有项目均采取连续滚动更新，其提出"永远建不完的迪士尼"的著名口号，以及一直采用"三三制"原则，即每年都要淘汰 1/3 的旧项目，新建 1/3 的新概念项目，每年补充更新娱乐内容和设施，为游客带来常游常新的感觉。

基于对产业生命周期特征的分析，可以认为文化产业演化的动力主要依靠自主创新。创意型人力资本的引进与培养是关键，依托核心资产不断开发衍生产品推进产业升级，显然是文化产业商业模式的精髓。信息技术的引入，文化资本、知识产权保护制度等为文化创意产业营造了良好的发展环境。以上趋势的分析，将为我国文化产业找到更先进、实用的商业模式。

---

① 叶常青："日本动漫产业国际化分析"，吉林大学硕士学位论文，2011 年，第 17 页。

（四）上升为支柱性产业

美国并非文化资源大国，但却是重要的文化产业强国，其产值已占 GDP 的 18%~25%。2011 年，日本文化产值已经超过 1.1 万亿美元，占 GDP 比重为 15%[1]。即使在经济萧条时期，文化产业作为光明的产业，反而表现出更加强劲的增长动力。当前，我国传统的粗放型增长方式难以为继，面对环境污染严重、自然资源枯竭、劳动力成本上升等问题，在以人为本、创新驱动、生态文明的新高点，文化产业作为技术密集型产业，具有市场容量大、需求弹性高等特征，不仅是转变经济增长方式的重要推动力量，还具有传递和谐发展正能量、塑造国家软实力的作用。随着社会认同度提升与产业政策推进，文化产业作为国民经济支柱性产业，不仅拥有了广阔的发展空间，也为产业价值、文化价值、心灵享受的共赢创造了美好图景。

四、文化产业发展的测评模型

（一）信息技术推动的文化产业竞争力模型

技术创新是文化产业持续蓬勃发展、保持生命力的原动力，随着网络信息化的迅速发展渗透，文化产业的技术创新更多地接受了信息化影响。便携式平板电脑、智能手机流行，新媒体和云存储等新技术在短时间内获得广泛应用，使得文化形态随之产生了新的变化。与信息技术结合，文化产业发展有了新的方向。如流媒体在音乐产业中的应用使得传统文化产业形式有了新发展，用户通过网络将音乐、视频等在手机、电脑、电视等多种设备上进行分享存储，此种形式一经推出便获得了用户的推崇，展现了潜力无穷的市场前景，引导了文化产业的创新方向。

信息化和数字化对于文化产业发展的影响，可以视为创新对于产业动态的影响。马雷尔巴（2011）在原本的 G-K 产业生命周期模型的基础上，研究了创新与产业动态变化和演化的关系，完善了产业生命周期与产业演化模型[2]。基础资源创新、网络要素创新、网络应用创新、知识产权创新构成了一个有机统一体，四大要素共同推动着信息时代的文化产业技术创新与发展演化。因此，可以基于以上四个维度，构建文化产业技术创新指数模型[3]：

首先，设定矩阵 $X = (x_{ij})_{m \times n}$，其中 x_{ij} 为第 j 个评价对象的第 i 个指标的原始值。

其次，进行标准化。随着技术的不断发展和应用，技术对于文化产业所带来的效益和产生的成本都会有变化。

① 余博："文化全球化语境下我国文化产业的转型升级"，《出版广角》2014 年第 5 期（下），第 14-15 页。
② 弗朗哥·马雷尔巴："创新与产业动态变化及演化：研究进展与挑战"，李宏生、乔晓楠、刘大勇译，《经济社会体制比较》2011 年第 2 期，第 61-68 页。
③ 臧志彭、解学芳："中国网络文化产业技术创新的动态演化"，《社会科学研究》2012 年第 5 期，第 44-51 页。

$$\begin{cases} y_{ij} = \dfrac{x_{ij} - \min\{x_{ij}\}}{\max\{x_{ij}\} - \min\{x_{ij}\}}, \text{效益型指标} \\[3mm] y_{ij} = \dfrac{\max\{x_{ij}\} - x_{ij}}{\max\{x_{ij}\} - \min\{x_{ij}\}}, \text{成本型指标} \end{cases}$$

再次，求权重，权重反映了该指标对于整体的影响比重。

标准化后的熵定义如下：

$$\begin{cases} f_{ij} = \dfrac{y_{ij}}{\displaystyle\sum_{i=1}^{n} y_{ij}} \\[4mm] k = \dfrac{1}{\ln n} \\[3mm] f_{ij}\ln f_{ij} = 0, \ \text{if } f_{ij} = 0 \\[3mm] H_i = -k \displaystyle\sum_{j=1}^{n} f_{ij} \ln f_{ij} \end{cases}$$

其中，H_i 为熵，f_{ij} 为状态概率，k 为熵值系数。

各年份指标的熵权为：

$$w_i = \dfrac{1 - H_i}{m - \displaystyle\sum_{i=1}^{m} H_i}$$

由以上的基本模型可得：

（1）基础资源创新指数：

$$InfI_i = \sum_{j=1}^{5} y_j \times w_j \times 10$$

（2）网络要素创新指数：

$$IelI_i = \sum_{j=6}^{9} y_j \times w_j \times 10$$

（3）网络应用创新指数：

$$IcuI_i = \sum_{j=10}^{21} y_j \times w_j \times 10$$

（4）知识产权创新指数：

$$IkpI_i = \sum_{j=22}^{24} y_j \times w_j \times 10$$

最后，根据以上公式，形成文化产业创新综合指数：

$$ITCI_i = \sum_{j=1}^{24} y_j \times w_j \times 10$$

此模型基于文化产业技术创新演化机理，挖掘、释放技术创新对文化业态创新、文化产品/服务创新、运营模式创新、版权创新的主导性与启发效应，提供了连续的测量路径，可持续地评价我国文化产业的竞争力。

表1　中国文化产业技术创新指数（2000~2011年）

年份	基础资源创新指数（InfI）	网络要素创新指数（IelI）	网络应用创新指数（IcuI）	知识产权创新指数（IkpI）	技术创新综合指数（ITCI）
2000	0.00	0.00	0.24	0.00	0.24
2001	0.01	0.03	0.14	0.00	0.19
2002	0.03	0.08	0.38	0.00	0.49
2003	0.05	0.15	0.45	0.00	0.65
2004	0.11	0.24	0.55	0.00	0.90
2005	0.18	0.32	1.30	0.00	1.80
2006	0.29	0.45	1.10	0.00	1.84
2007	0.75	0.64	2.19	0.08	3.67
2008	1.12	0.89	2.26	1.22	5.50
2009	1.23	0.92	3.42	0.38	5.95

续表

年份	基础资源创新指数（InfI）	网络要素创新指数（IelI）	网络应用创新指数（IcuI）	知识产权创新指数（IkpI）	技术创新综合指数（ITCI）
2010	0.91	0.84	3.83	0.63	6.21
2011	1.77	1.04	4.22	1.72	8.76

由表1可以看出，2000~2011年我国在网络文化方面发展力度不断加大。在基础设施方面，网络的高速普及为文化产业的发展奠定了坚实基础。信息应用创新发展，新兴的网络文化活跃，新媒体呈爆发式增长，影响力也随之扩大，与之相配套的新服务应运而生。知识产权虽然发展缓慢，但是相较于2000年也有一定进展。人们的文化产权意识逐渐增强，所有人的维权意识以及文化产权的价值都在逐步增加。文化产业逐步走向更加成熟的模式，规模也在不断扩大。信息化不只是拓宽了文化产业发展道路，更增加了文化产业成长和生存的空间。

（二）文化产业的经济促进模型

文化创意产业作为新的切入点，是经济增长的新动力。通过计算该产业的投入产出，得出影响力和影响力系数，感应度和感应度系数，可以判断它对经济的推动作用[①]。

影响力是第j部门每增加一个单位的最终产品所能导致的国民经济各部门总产出的增加量，反映了该部门对国民经济各部门需求的影响程度，其计算公式如下：

$$\overline{b_j} = \sum_{i=1}^{n} \overline{b_{ij}} \quad (i = 1, 2, \cdots, n; \; j = 1, 2, \cdots, m; \; m = n)$$

影响力系数则是该部门的影响力与国民经济各部门影响力的平均水平之比：

$$W_i^k = \sum_{j=1}^{m} \overline{b_{ij}} \frac{Y_{jk}}{\sum_{j=1}^{m} Y_{jk}} \quad (i = 1, 2, \cdots, n; \; j = 1, 2, \cdots, m; \; m = n; \; k = 1, 2, \cdots, s)$$

将产业的感应度系数代入该模型，则可以得到产业部门最终需求增加一个单位，该产业增加的总产出与整个国民经济总产出增加额均值的比值，从而得出该产业对社会生产的推动作用。

感应度系数的计算公式如下：

$$E_j = \frac{\sum_{j=1}^{m} \overline{b_{ij}}}{\frac{1}{n} \sum_{i=1}^{n} \sum_{j=1}^{m} \overline{b_{ij}}} \quad (i = 1, 2, \cdots, n; \; j = 1, 2, \cdots, m; \; m = n)$$

生产诱发系数是指某项最终需求增加一单位所诱发的各产业部门的生产额，反映该项最终需求对国民经济的影响程度，生产诱发系数的计算公式如下：

$$W_i^k = \sum_{j=1}^{m} \overline{b_{ij}} \frac{Y_{jk}}{\sum_{j=1}^{m} Y_{jk}} \quad (i = 1, 2, \cdots, n)$$

[①] 李连友："基于投入产出方法的北京市文化创意产业对经济贡献分析"，《中央财经大学学报》2012年第6期，第86-91页。

n；j = 1，2，…，m；m = n；k = 1，　　　　　以北京市为例：
2，…，s)

表2　北京市2007年四个部门各项最终需求生产诱发系数细分情况

	最终消费				资本形成			调出与出口			最终使用合计
	农村	城镇	政府	小计	固定资本	存货	小计	调出与出口	出口	小计	
第一产业	0.17	0.13	0.05	0.09	0.07	0.08	0.07	0.06	0.07	0.06	0.07
第二产业	1.77	1.92	1.07	1.55	2.45	2.9	2.49	1.87	2.16	1.97	1.98
第三产业	1.12	1.05	1.48	1.24	0.74	0.65	0.73	1.12	0.99	1.07	1.04
文化创意产业	0.05	0.08	0.12	0.10	0.19	0.03	0.18	0.09	0.06	0.08	0.10

由表2可知，文化创意产业的投入产出对于经济的刺激并不明显，但是发展趋势良好，文化创意产业对国民经济的推动作用尚未达到预期效果。北京市丰富的文化资源与先进的技术资源并没有得到有效的开发与利用，北京市作为全国文化中心的优势地位在文化创意产业的发展过程中并没有得到充分的展现。其中，文化产业的资本形成影响力较大，因而在目前阶段，文化产业对于经济发展的促进作用，更多地是通过固定资本投资来实现的。

（三）小结

模型的测评分析意味着我国当前发展文化产业仍然停留在实体经济的思维层面上，尚没有深刻意识到信息时代的文化产业属性。随着我国经济发展模式转型加速，并且逐渐从中国制造转向中国创造，从实体经济转向虚拟经济，文化产业将成为投资热点，带动经济体系的整体升级，文化产业自身也将进入信息化、国际化的良性增长阶段，并具有巨大的价值空间。

参考文献
[1] 骆郁廷：《文化软实力》，中国社会科学出版社2012年版。
[2] 赵子忠：《内容产业论》，中国传媒大学出版社2005年版。
[3] 邹广文、徐庆文：《全球化与中国文化产业发展》，中央编译出版社2006年版。

Abstract：On the base of background analysis about industry consume tendency, culture power strategy, industry upgrading, our country culture industry is one important step for transformating economy development and adjusting strategic industrial structure.

Through analysising the interactive co-evaluation of extensions of product and brand in classical whole industry chian business mode, it discovered the industry development trend and important sector, constructed the rule for whole operation of integrated culture industry from the combination of culture industry and information technology, international operation and life cycle and innovation. It offered evaluation model that information to improve culture industry, culture industry improved economy growth and analyzed the development stage and future for our country culture industry.

Key Words：Culture Industry；Business Model；Whole Industry Chain

中国电影产业风险、风险分类及风险管理浅析

◎ 何圣捷*

摘　要：随着我国国民经济的发展，风险概念的运用领域越来越广泛，许多学者也逐渐关注电影产业中的风险研究。本文在归纳整理电影产业究竟有哪些风险之后，从电影产业链和电影产业风险特殊性两个角度对电影产业风险进行分类，最后从避免、损失控制、风险自留、保险、非保险转移五个维度来探讨目前电影产业的风险管理方法。

关键词：中国电影产业；电影产业风险；电影产业风险分类；风险管理

根据《2014 中国电影产业研究报告》数据显示，目前我国电影行业发展迅速，近几年中国电影产业保持持续增长势头，2013 年票房总额突破 200 亿元大关。电影产业的繁荣发展亟需大量金融资本投入以增强电影产业动力，相关投融资也搞得风生水起，许多资金欲涌入电影行业。可是，当前呼声很高的文化与金融结合模式却出现了"拦路虎"。与电影产业高回报相伴而生的高风险让许多投资者望而生畏。

2008 年中国国产影片共计 406 部，如果每部影片平均按 3000 万元的投资计算，需要资金 121.8 亿元，票房收入实际为 43 亿元，仅占总投入的 1/3。2010 年中国一共制作了 560 多部电影，上映的有 260 部左右，票房达到 100 多亿元，但是赚钱的也就几十部而已。业内估计，拍摄 100 部影片，大约就有 70 部赔钱，或者不赚钱。国际上，电影投资希望达到的投资回报率是 35%，但是目前国内的投资无法达到。华谊兄弟总裁王中军认为，如果只拍 1 部电影，这么高的回报率是不可能的，拍几十部电影才可能有 30% 的回报。即使大牌导演也不敢保证自己的片子一定大卖，更何况普通的电影制作，制片方想要获得投资人的投资，或者运用各种手段筹措资金都相当

* 何圣捷，厦门理工学院文化产业学院，主要从事文化艺术与文化经济研究。

不易。票房的检验是残酷的，电影产业投融资依然存在较大风险。那么电影产业究竟有哪些风险？这些风险又有哪些风险管理方法呢？

一、电影产业有哪些风险

随着风险概念的运用领域越来越广泛，许多学者也逐渐关注电影产业中的风险研究。"影视行业是一个相对高风险的行业，这种风险特征不仅体现在影视作品的创作本身，还体现在其对主要人员和环境条件的高依赖方面，同时，影视行业的风险还表现为财务风险和市场风险"[①]。

电影产业的风险种类繁多，目前学者对于电影产业风险有不同的分类方法。

三类说：意外伤害风险、责任风险、财务风险。[②]

四类说：项目运作风险、价值评估风险、退出变现风险、法律政策风险。[③]

五类说：完片风险、市场竞争风险、盗版风险、政策风险、道德风险。[④]

六类说：政审风险、项目操作风险、市场风险、企业经营风险、企业管理风险、法律风险。

七类说：意外伤害风险、责任风险、信用风险、核心人员风险、财产风险、财务风险、市场风险。[⑤]

八类说：宏观经济风险、行业风险、市场风险、法律与政策风险、资源风险、经营风险、社会文化环境风险、不可抗力风险。

十一类说：政策风险、超支风险、主创配合风险、联合投资风险、安全生产风险、题材撞车风险、发行风险、盗版风险、版权风险、媒体风险、口碑风险。[⑥]

二十类说：这一分类方法涉及电影产业生产制作所有环节，包括：版权风险、投融资风险、胶片风险、额外费用风险、杂项设备风险、发行商信用风险、恶劣天气自然灾害风险、第三方风险、道具布景和服装风险、演职人员意外风险、审批风险（制片11种）；盗版风险、政策风险、发行搁置风险、经营风险（发行4种）；投资经营风险、财产损失风险、影片中断放映排片延期风险、人身意外风险、片源风险（5种）。[⑦]

除了以上分类之外，于世利在《中国电影产业风险投资的必要性分析》一文中认为："电影产业的投资风险主要分为商业风险和制作风险。"[⑧]商业风险主要是指电影成片后能否按期上映并且取得市场商业成功，获得应有的投资回报；制作风险主要是指制片公司是否能在项目进度、合理预算内按时完成拍摄任务，

①② 王和："我国影视保险研究"，《中国保险研究》2009年第2期，第24页。

③ 张辉峰、宋颖颖："期待版权担保融资模式中的投资方的风险及控制分析——以中国电影产业为例"，《媒介经营管理》2011年第4期，第87页。

④ 王凌非："中国电影产业风险投资机制研究"，北京大学硕士学位论文，2008年。

⑤ 袁缘、谭毅："中国电影保险发展现状及其可行性分析"，《上海保险》2013年第8期，第26页。

⑥ "艺恩咨询：融资规模空前 电影投资需规避11项风险"，http://www.entgroup.cn/views/a/7719.shtml。

⑦ 产品研发处精算部产品开发部："中国电影保险可行性研究"，中国人保内部资料，2012年。

⑧ 于世利："中国电影产业风险投资的必要性分析"，《吉林工商学院学报》2010年第4期，第44页。

并且达到剧本和技术指标的要求。根据这种分类笔者整理出表1。

现有的学者以及咨询机构对电影产

表1 电影产业风险分类

制作风险	商业风险
意外伤害风险	市场风险
信用风险	盗版风险
责任风险	道德风险
财务风险	政策风险
完片风险	管理风险
法律风险	法律风险
审批风险	信用风险
杂项设备（道具、服装）风险	投资经营风险
额外费用风险	发行风险
核心人员风险	财产损失风险
不可抗力风险（地震、海啸）	排片延期风险
电影胶片风险	电影版权风险
版权风险	人身意外风险
第三方财产损失风险	影片放映中断风险
	题材撞车风险
	盗版风险
	媒体口碑风险

业风险分类的缺点有：一是风险分类不全，有些分类只罗列了电影产业中的部分风险；二是风险无整理归类；三是这些分类没有确实的理论依据作为支撑，分类的理由没有详述。

综上所述，笔者认为，目前电影产业风险可以从两个角度进行分类。从第一个角度来看，可以根据电影产业链进行风险分类；从第二个角度来看，从电影产业特殊性的角度可以分为一般风险和特殊风险。

我们知道，电影产业风险和其他行业风险不同，其遍布于产业链的每个环节，风险与风险类型差别较大，因此在电影产业风险分类中往往会疏漏个别风险。之前的学者分析往往站在自身学科的研究角度进行风险分析，不太全面。从电影产业链的角度来进行电影产业风险分类，虽然不能做到风险主次分明，但是基本可以做到详列每个环节可能存在的风险，风险类别比较全面（见图1）。

从电影产业特殊性角度的风险分类方法，是对所有电影产业可能出现的风险进行主次重要性的分类，主要突出电影风险特征，凸显不同风险的重要性。我国电影产业的主要风险可以按照一般风险和特殊风险进行分类。一般风险是电影产业的基础，这些风险不单出现在电影产业，也普遍存在于其他行业；而

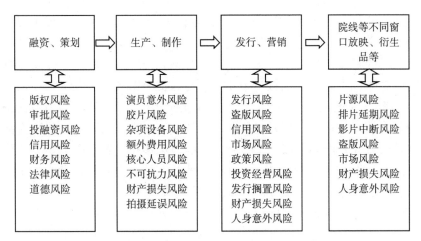

图1　根据电影产业链进行电影产业风险分类

特殊风险相对于一般风险而言，它和电　　险、电影胶片风险等，详见图2。
影产业密切相关，如完片风险、政审风

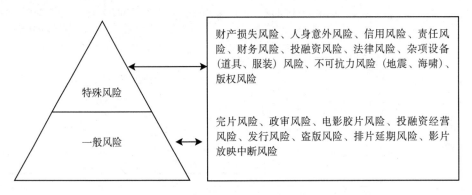

图2　从电影产业特殊性的角度进行电影产业风险分类

（1）一般风险。一般风险是指不单出现在电影产业，在其他行业中也同样面临的风险，主要有财产损失风险、人身意外风险、信用风险、责任风险、财务风险、投融资风险、法律风险、杂项设备（道具、服装）风险、不可抗力风险（地震、海啸）、版权风险。

以人身意外风险为例，人身意外风险主要分为两种：一是剧组主要成员，

包括导演、编剧、制片、摄影、演员、替身等人员，在拍摄过程中意外受伤或死亡导致拍摄中断或者被迫放弃而给制片方的拍摄带来损失的风险；二是电影制作过程中，主要人员在电影拍摄过程中遭受伤病或死亡的人身意外风险。

从目前的数据来看，近年来，电影制作中意外伤害风险逐年增大。随着电影制作水平的发展，观众的观影水平不

断提高，出新出奇、追求视觉感官刺激、惊悚、科幻、高难度动作、宏大战争场景等种类多样的特效电影层出不穷。这类影片一般制作成本高昂，拍摄过程中主要演员很容易受伤或发生意外事故，意外伤害风险的产生往往会拖延电影拍摄，严重时还会导致电影停拍，给电影投资方和制片方带来难以估量的损失。

根据慕尼黑再保险 Special Financial Risk（SFR）核保人 Michael Hossner 介绍，目前国际上所有承保电影中，因演职人员意外给影片拍摄造成的损失比率（Loss Ratio，演职人员造成的损失占所有保费的比重）高达 60%~70%，大片中因演职人员意外造成的损失比率更高达90%。由此可以看出，演职人员意外风险对电影拍摄影响很大。表2列出了一些知名演员在影片拍摄过程中遭遇意外风险的案例。

表2　意外风险案例

年份	拍摄影片	事件
1973	《死亡游戏》	李小龙在拍摄该片时，猝然离世
1993	《乌鸦》	李小龙的儿子李国豪在电影片场拍摄枪战镜头时，被真枪实弹击毙
2001	《战栗空间》	女主角妮可·基德曼在拍摄期间腿伤发作，停止拍摄，最终导致电影延期完工
2007	《梅兰芳》	电影拍摄现场发生吊车倒塌事件，副导演兰丁被砸中脑袋，化妆师左手受伤，服装员被砸中脸部，另一名剧组工作人员腿部受伤，拍摄进度被迫延迟
2008	《我不在那儿》	男主角希斯·莱杰，因急性药物中毒而死，影片不得不修改剧本，请来其他演员救场
2008	《赤壁》	拍摄撞船镜头时发生火灾，造成1名特技演员被烧死，6名工作人员受伤
2011	《生化危机5》	在拍摄过程中发生群众演员集体摔伤事件，加拿大劳动部参与调查，电影面临被延期的可能
2011	《上海1925》	副导演聂春申在上海松江车墩基地拍摄途中突发急病，因抢救无效辞世
2013	《速度与激情7》	主演保罗·沃克大约拍完了《速度与激情7》一半的戏，拍摄期间不幸于洛杉矶发生车祸意外身亡，他的弟弟以替身演员的身份拍摄完成剩下的部分

（2）特殊风险。特殊风险是指常出现于电影产业中，与电影产业的特征息息相关的风险，主要有完片风险、政审风险、电影胶片风险、投融资经营风险、发行风险、盗版风险、排片延期风险、影片放映中断风险。

以盗版风险为例，如果影片正式上映之前遭到盗版，影片的票房将受到致命的影响（见表3）。目前，盗版风险是我国电影发行业面临的主要风险。2009年12月，由韩国明星 Rain 主演的电影《忍者杀手》在上映一个星期后，网络出现许多非法盗版下载，对影片的票房造成了不良影响。

表3　2013年通过 Bit Torrent 被非法下载次数最多的电影

排名	电影名称	估计下载量	全球票房
1	《霍比特人:意外旅程》	8400000	$1017003568
2	《被解救的姜戈》	8100000	$425368238
3	《速度与激情6》	7900000	$788679850
4	《钢铁侠3》	7600000	$1215439994
5	《乌云背后的幸福线》	7500000	$236412453
6	《星际迷航:暗黑无界》	7400000	$467365246
7	《匪帮传奇》	7200000	$105200903
8	《惊天魔盗团》	7000000	$315723989
9	《宿醉3》	6900000	$351000072
10	《僵尸世界大战》	6700000	$540007876

资料来源: torrentfreak.com。

二、现有风险管理分析

在乔治·E.瑞达的《风险管理与保险原理》一书中，把处理风险的方法分为了"避免、损失控制、风险自留、保险、非保险转移"五类①。笔者借鉴这种分法对电影产业风险管理按次序进行分析。

(一) 避免

避免是处理风险的一种方法。例如，担心电影武打会造成主演的意外伤害而导致影片无法按时完成，可以去掉武打的戏份；担心电影会造成历史古迹的破坏，可放弃拍摄历史古迹的场景。

但是在电影产业风险中，并不是所有的风险都可以避免。例如，电影中爆炸场景拍摄可能会造成人员伤亡和火灾，导演可以选择不拍爆炸场景，但这是一个不现实的选择，因为电影剧本的剧情需要，尽管存在可能发生火灾或者人员伤亡的危险，还是要拍爆炸场景。但是总体来说，电影爆炸度拍摄的安全记录还是相当高的。

(二) 损失控制

损失控制是电影产业风险管理的另一种手段。损失控制包含两方面：

(1) 降低风险造成损失发生的频率。2013年4月，中国香港清水湾的邵氏片场发生的着火事件，再次引发人们对片场火灾风险、爆破危险隐患的关注。据当时媒体报道，当天下午发生的大火，产生了大量的浓烟，消防车到达后拉出了将近一公里的消防栓才将火势控制，所幸该事故无人员伤亡。2010年10月，俞灏明和 Selina 在拍摄《我和春天有个约会》时发生意外事故，火灾造成两位演员均严重烧伤，时隔几年后，演员才渐渐走出伤痛。爆破、坠楼、骑马、吊威

---

① ［美］乔治·E.瑞达 (George E. Rejda)：《风险管理与保险原理 (Priciples of Risk Management and Insurance)》，申曙光译，中国人民大学出版社2006年版，第14页。

亚、撞车，这些在电影中让观众看得惊心动魄的画面经常让演员命悬一线，风险很高，因此爆破戏目前依然是众多演员谈之色变的对象。如何在片场降低火灾、爆破、坠楼、吊威亚、撞车事故的风险以及其损失发生的频率是损失控制的关键所在。要做到日常监控，对于电影片场分析所确定的火灾、爆破、坠楼、吊威亚、撞车等风险诱因进行实时监控的管理，就要预警预控电影拍摄活动中风险事故征兆的不良趋势，做好防火防灾预防、紧急备案处理，尽量使之向良性趋势扩展，防患于未然，对于已经发生的事故做好备案，防止此类风险再次发生。

（2）降低风险造成损失的严重性。2013年6月，在刘德华主演的3D动作大片《富春山居图》中，片方为主演刘德华投了天价保单，防范各类风险。虽然主演刘德华十分敬业、经验丰富，片中许多危险镜头都不用替身执意亲自完成，却还是因为尝试跳车、从高楼跳下等专业特技在片场频发危险事故，屡屡受伤。当然，为了降低风险造成损失的严重性，片方也采取风险管理手段，为主演刘德华购买了高额的人身保险以防事故发生。除此之外，在部分危险场景，如烈火中对峙打斗场景，演员身穿易燃的戏服根据剧情发展在烈火中打斗，片方准备了灭火设备以及防止火势蔓延的阻燃灭火剂，降低拍摄现场火灾的严重性。

（三）风险自留

风险自留，顾名思义是指电影制片公司不规避风险，把风险主动承担下来，采取内部控制，或者直接等风险发生后再进行补救措施。

我国风险自留的现象比较普遍，很多电影制片公司都是等重要事故发生后再进行补救。例如，2013年6月上映的电影《富春山居图》，影片拍摄完毕后，回去检查时才发现电影胶片数据丢失。发生了胶片损坏事故，通过调查得知，拍摄胶片过机场安检时X光机扫描导致电影胶片数据丢失。该事件发生后，制片组不得不采取风险自留的风险管理方式，重返迪拜帆船酒店补拍遗失镜头。当然，如果该制片组在事件发生前对该影片的电影胶片风险进行规避，如找电影保险公司对胶片风险进行投保，就可以有效减少损失，或者获得相应的补偿。该事件的发生不单拖延拍摄进度，耗时耗力返工补拍花了大量的人力成本和资金，并且影响了电影原计划上映的时间，整整拖延了一年。

（四）保险

保险是电影产业风险管理目前采取的主要措施之一，在国外有专门为电影提供各项保险的保险公司与险种。主要的保险公司有：救火队基金保险公司（Fireman's Fund）、国际电影保险公司（International Film Guarantors）、劳合社、伦敦劳埃德保险公司（Lloyd's of London）、旅行者保险公司（Travelers-US）和HCC保险公司（HCC Insurance-Holdings）。此外还有英国的特殊风险保险计划代理机构（SISA），该机构专门针对影视行业不同的风险对象提供了各种不同的保险计划。在这些保险公司和代理机构中，有一批专业的保险精算师、会计以及熟悉电影拍摄各个环节的专业人员，在保险合同签订前对电影投保的每个环节进行评估，预算可能发生的亏损，并将之前的投保赔付率进行比对，如果某部电影之前的赔付率特别高，多数保险公司可能会为其多签订补充条款或者增加一定的保险费用。[①]

（五）非保险转移

1. 强制连带担保

目前，针对版权担保投资方的风险控制，一个比较有效的方式就是投资方强制要求融资方负责人或者直接相关人将个人资产进行连带担保。

强制性的连带担保，要求融资方以个人资产抵押作为融资的连带条件，一旦项目运作出现问题，可以得到融资方的个人资产作为补偿，投资风险也大为降低，从降低风险的方式来看，这是一种有效的方式。

2. 多方联合投资

多方联合投资是现在许多影视制作公司在分散投资风险中经常采取的风险管理方法。郜寿智在《融资中国》中对于电影项目的联合投资谈道："随着影片拍摄成本的升高，联合投资既可以解决自身资金不足的问题，分散投资风险，同时又能整合各家投资方背后的资源为影片服务。多方联合投资目前渐成趋势。《赤壁》等大片几乎都是联合投资。在选择联合投资方时，各电影公司基本以业内资金为主，尽量避免与完全和影视行业无关的行外资金合作，主要原因是行外资金不了解电影行业，在合作过程中

可能会出现意见分歧。"[②]

3. 政府设立专项基金

我国很多地方政府为支持电影产业都设立了专项资金，在电影企业的融资中提供部分资金支持，这些基金目前主要有两种形式，即贷款贴息与担保专项资金。具体来说，是在电影企业进行版权担保融资时，政府基金出资补贴利息或提供支持性担保，电影企业有了这些支持，则降低了投资风险。

从目前的资料来看，由于政府部门的大力推动，近几年文化企业得到的支持资金不断增多，但是目前此类专项资金的总额度相对较低，在实际运作中资金流不足，不能保证一定规模的市场运作。

4. 版权信托融资

版权信托融资是国内比较新的风险控制方式，简而言之就是电影企业通过信托公司将版权的未来现金拆分为信托产品向投资者销售。版权信托一般由三方共同参与，分别是信托公司、银行和电影企业。其操作流程是：首先，电影企业将电影版权质押给信托公司，信托公司以此为标的设计信托产品，将电影版权拆分为标准单位；其次，信托公司可以将之销售给自由客户或者通过银行进行销售，如果通过银行，信托公司往往就将标准单位再拆分，最后以理财产品的形式在银行柜台销售。

5. 投资多个项目、不同类型影片

这个主要是针对电影投融资风险，投资方通常采取的一种风险管理措施。对同一家制片企业的多个项目、多种类

---

① 何圣捷："中国电影完片保险现状初探"，《福建论坛（人文社会科学版）》2014年第2期，第77页。

② http://www.entgroup.cn/news/markets/227249.shtml.

型影片，采取打包投资。这样能规避以下风险：①完片风险，如果有其中一个项目不能按时按质量完片，其他电影项目依然可以作为替补按时上档期。②市场风险，众所周知，电影拍片到完成再到上映通常要耗费一年甚至更长时间，大部分的电影项目都是提前预测市场可能喜欢的电影类型和观众偏好，所以存在很大的市场风险，电影投资方采取投资多个项目或不同类型影片的方法，这就恰好运用了投资学里经常说的一句话：不要把鸡蛋放在同一个篮子里。

6. 众筹电影

众筹电影是对传统融资模式的颠覆，是依靠大众、群众筹资的一种新型电影投资方式。它把电影项目作为理财产品，由电影项目发起人、跟投人和大型平台构成，大多通过网络平台把赞助者集合起来对未上映的电影项目进行群众募资。风险管理之处在于，电影产业一般存在很大的市场风险，这种风险具有延迟性，不能预估判断。众筹电影这种方式，很多时候是通过运用"粉丝经济"对还未上映的电影项目进行一种预先的投资。当然，众筹电影并不能完全规避市场风险，它是市场风险的指南针，可以进行

预判，最终的票房还是市场说了算。例如，百度上线了"百发有戏"的众筹平台，定位众筹消费加上金融的信托产品，入门门槛很低，只要10元。用户在众筹平台投资后可以获得电影票，并根据票房的实际情况还可能获得8%~16%的现金收益，百度众筹首期推出的电影项目是《黄金时代》。

三、结　语

从发达国家的实践情况看，文化产业发展的关键是投融资，投融资的关键是风险管理。因此，电影产业想要发展好，表面繁荣的背后需要有一个良好的风险管理作为支撑，有一个基于风险管理和保险担保的投融资平台，并相互作用形成一种良性循环机制。相比国外，当前，我国的风险管理还未成熟，究竟有哪些风险，这些风险如何管理，管理机制是否合理，哪些地方还有待完善都值得进一步探讨。同时，在全球化的今天，电影产业是一个创意产业，希望未来有效的风险管理可以为我国的电影企业打造一张安全网，为其繁荣发展保驾护航。

Abstract：With the development of China's economy, the concept of risk has been widely applied in different fields, with increasing focus from the academic community on the research of risks in the film industry. This paper tries to summarize the risks in the film industry and categorize these risks from the perspective of business chain and particularity of the industry. Finally, we will discuss the approaches of risk management from the perspectives of risk avoidance, risk control, risk taking, insurance and non insurance transfer.

Key Words：Chinese Film Industry；Risk of Chinese Film Industry；Risk Categorization；Risk Management

中心城市文化产业竞争力比较研究*

◎ 韩宝华 **

摘 要：提升文化产业竞争力是中心城市发展中迫切需要解决的问题。本文以北京、上海、天津、重庆、广州、武汉六个中心城市为研究对象，充分统筹文化产业的文化性及产业性，从文化资源内涵特色、文化产业发展现状、文化产业市场环境、文化产业创新能力、文化产业促进政策、文化产业支撑条件六个方面入手，系统地进行城市间的文化产业竞争力比较研究，以为其发展文化产业提供参考。

关键词：中心城市；文化产业；竞争力

文化产业作为依赖非物质资源的新兴产业形态，是推动产业结构升级、转变发展方式的新引擎，已势不可当地成为全球最具活力、最具发展潜力的朝阳产业。中共十八届三中全会特别指出"提高文化产业规模化、集约化、专业化水平"。中心城市作为区域经济、文化的中心，文化产业在其城市竞争力中更是发挥着越来越重要的作用。快速提升文化产业竞争力，已经成为中心城市发展中迫切需要解决的问题。

一、文化产业竞争力的内涵与研究指标构建

文化产业竞争力是指"一国（地区）文化产业对于该国（地区）文化资源禀赋结构（比较优势）和市场环境的反映与调整能力，是一国（地区）文化产业比较优势和竞争优势的总和"①。关于区域文化产业竞争力评价指标体系的研究成果颇丰，笔者选取比较有代表性的观

---

* 基金项目：本文为河南省教育厅人文社会科学应用对策研究"三重"项目《马克思主义经济学视野下的河南创意产业及其发展路径研究》阶段性研究成果，项目编号：2014-DC-032。

** 韩宝华，女，河南商丘人。河南大学经济学院理论经济学专业博士后，河南大学马克思主义学院教师，主要研究方向为政治经济学、科学社会学。

① 彭民安："基于产业集群的城市文化产业竞争力提升研究"，《求索》2006年第10期，第58页。

点作为参考。彭民安认为，文化产业竞争力包括四大核心能力，即整体创新能力、市场拓展能力、成本控制能力和可持续发展能力。李宜春则采用三个模块（核心竞争力、基础竞争力、环境竞争力）和五大要素（生产要素、需求状况、相关产业、文化产业、政府行为）来构建评价指标体系，用以分析评价安徽省文化产业竞争力水平①。徐萍采用市场占有、产业规模、生产效率、经济贡献、创新能力、成长能力和文化需求基础等指标，对陕西省文化产业竞争力进行考察②。程臻宇认为，区域文化产业竞争力是区域文化竞争力和区域文化产品市场竞争力的综合体，以市场力量、行业规模、行业成长性、区域人力资源、公共文化资源、区域技术水平作为区域文化产品市场竞争力的评价指标；选择区域品牌、文化生态、媒介宣传、基础设施、区域制度和区域经济水平作为区域文化竞争力的评价指标③。顾乃华、夏杰长将文化产业竞争力概括为现实竞争力和潜在竞争力两个方面，前者反映当前文化产业表现出来的经营效率和占据市场的能力，后者反映文化产业未来的可持续发展能力④。庄锴、王虹设计了包含19个指标的文化产业竞争力评价指标体系，又将其提炼成综合实力、潜力因子、投

资收益、速度因子等若干代表性指数，用于评价分析我国区域文化产业竞争力水平⑤。梁君、黄慧芳从文化产业竞争绩效和文化产业竞争动力两个方面，设计了包括7个二级指标、15个三级指标、24个详细指标在内的文化产业竞争力综合评价指标体系⑥。高莉莉、顾江以新钻石模型为基础构建了包含7个二级指标、12个三级指标的文化产业竞争力指标体系⑦。

因不同行政级别的区域，在经济总量、区位、资源、产业结构等方面差异很大，因此对区域文化产业竞争力进行比较研究的参量因子必须具有可比性。在对前人研究成果分析借鉴的基础上，为充分统筹文化产业的文化性及产业性，本文从文化资源内涵特色、文化产业发展现状、文化产业市场环境、文化产业创新能力、文化产业促进政策、文化产业支撑条件六个方面入手，选择北京、上海、天津、重庆、广州、武汉六个中心城市为主要对象，比较其文化产业竞争力。由于具体行业的全面数据难以获取，本文兼顾代表性与可操作性的原则，选择某些单项指标加以对比。

① 李宜春："省域文化产业竞争力评价指标体系初探——以安徽省为例"，《经济社会体制比较》2006年第2期，第99页。
② 徐萍："陕西文化产业竞争力评价与分析"，《统计与信息论坛》2006年第3期，第77页。
③ 程臻宇："区域文化产业竞争力比较评价体系初探"，《东岳论丛》2011年第1期，第96页。
④ 顾乃华等："我国主要城市文化产业竞争力比较研究"，《商业经济与管理》2007年第12期，第53页。
⑤ 庄锴等："我国区域文化产业竞争力评价与提升对策"，《山东社会科学》2012年第8期，第154页。
⑥ 梁君等："中国省级区域文化产业竞争力分析"，《统计与决策》2012年第11期，第91页。
⑦ 高莉莉等："江苏区域文化产业竞争力动态分析及思考"，《南京社会科学》2013年第4期，第152页。

二、六大中心城市文化产业竞争力比较分析

北京、天津、上海、重庆、广州、武汉六城市同为国家历史文化名城，它们或者是古代政治、经济、文化的中心，或者是近代革命运动和重大历史事件发生的主要城市，均有着丰富的历史文化积淀，保留了大量的历史文物与革命遗产，为其文化产业提供了原动力，决定了区域文化产业的主要基础和发展方向。

（一）文化资源内涵特色比较

北京是一个文化产业资源异常丰厚的城市，尤其是古都名城、不可移动文物、博物馆和文物市场等历史文化资源，可以转变为发展文化产业生产力的内生动力。

天津与北京同样是以历史文化资源和人力资源取胜的城市，这种趋同将随着京津冀区域一体化的推进更加凸显。天津在600多年的城市建设历程中，积淀了大量近现代文化遗产，特别是众多历史文化名人、风格独特的中西建筑更使其可开发利用的历史文化资源和人力资源都非常丰富，为发展文化产业奠定了坚实基础。

上海市则以其更强大的经济吸引力成为吴越文化的融汇者，是江南文化最具代表性的继承者，历来以"海派文化"闻名于世。上海市开埠以来形成的海派文化，具有海纳百川、大气谦和的气魄与精神。上海市一直所依赖的以外延扩张、资本投入提高文化产出的方式逐渐式微，发展文化产业必须转移到以盘活存量、优化配置、多元拓展来提高文化产出的模式上来。

重庆市以旅游资源、民族文化资源、文物古遗迹的高度集中见长。例如，重庆市渝东南、渝东北地区集中了大量的民族民俗文化资源和旅游资源，仅渝东北地区就有60多处旧石器时代遗址、80多处新石器时代遗址和300多处明清建筑物。文化资源相对集中为重庆市发展资源型文化产业提供了便利条件。

广州市悠久的历史和现代化的元素使其兼收并蓄，成为岭南文化的中心。广州市濒临南海，自古就是我国对外贸易的港市、"海上丝绸之路"的发祥地，早在秦汉时期就奠定了岭南中心城市的地位。同时，广州市既是中国共产党领导人民群众英勇斗争的革命圣地，又是中国资产阶级民主革命的策源地。广州文化在南越文化基础上，吸收荟萃了中原文化、楚文化和西方文化的精华。

武汉市与以上五座城市都有相似点，它是楚文化的发祥地之一，其城市文明历史可追溯到3500年前的盘龙古城。武汉市在中部地区独特的交通区位特点，造就了其城市文化兼容并蓄的特点和融汇多元文化的优势。武汉文化中既有辛亥首义铸就的"敢为天下先"的首义文化，又有古老的"相知相报"的知音文化，还有"千湖之省、百湖之都"的自然风光，更有独具楚风楚韵的人文景观。此外，武汉市土家族、回族等多民族杂居，形成了独特的户部巷美食文化、汉正街小商品文化、卓刀泉武圣文化、龙王庙治水文化和武汉关租界文化和通江达海的码头文化等。

（二）文化产业发展规模比较

文化产业在六座城市不断动态发展，新的文化产业业态不断萌生，参照 2012 年颁布的新修订的《文化及相关产业分类（2012）》标准，本文选取文化产业增加值、文化产业增加值占 GDP 的比重、文化产业从业人员数量、印刷数量、文化艺术团体、文化艺术团体表演情况、公共图书馆数量、公共图书馆藏书量、博物馆数量作为比对数据，同时参考中国人民大学发布的彭翊主编的《中国省市文化产业发展指数报告（2012）》[①] 和教育部哲学社会科学研究重大课题攻关项目组发布的胡惠林等著的《中国文化产业发展指数报告》[②] 统计数据（见图 1）。

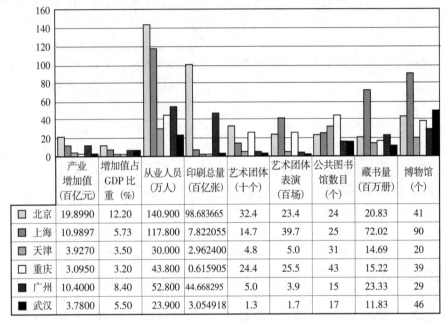

	产业增加值（百亿元）	增加值占GDP比重（%）	从业人员（万人）	印刷总量（百亿张）	艺术团体（十个）	艺术团体表演（百场）	公共图书馆数目（个）	藏书量（百万册）	博物馆（个）
北京	19.8990	12.20	140.900	98.683665	32.4	23.4	24	20.83	41
上海	10.9897	5.73	117.800	7.822055	14.7	39.7	25	72.02	90
天津	3.9270	3.50	30.000	2.962400	4.8	5.0	31	14.69	20
重庆	3.0950	3.20	43.800	0.615905	24.4	25.5	43	15.22	39
广州	10.4000	8.40	52.800	44.668295	5.0	3.9	15	23.33	29
武汉	3.7800	5.50	23.900	3.054918	1.3	1.7	17	11.83	46

图 1　相关统计数据 1

资料来源：笔者根据《中国统计年鉴》(2013)、《广州统计年鉴》(2013)、《武汉统计年鉴》(2013) 自行整理。

胡惠林等发布的"文化产业发展综合指数"侧重于反映全国总体文化产业的发展动态、特征和运行规律，彭翊则主要以区域文化产业的发展状况为度量对象。将两者的数据结合起来考察，可以更好地反映出六个城市的文化产业发展状况。通过整理六城市的 CCIDI 与 CCIRI 的相关数据，可知北京市的文化产业规模各项比对因子都位居榜首，广州市、上海市紧随其后。相比之下，天津市、重庆市、武汉市属于第二梯队。随着京津冀一体化的发展，北京城市功能辐射的同时，必然也能带动天津的文化产业发展。重庆市和武汉市作为中西

---

① 彭翊主编：《中国省市文化产业发展指数报告》，中国人民大学出版社 2013 年版，第 126 页。
② 胡惠林、王婧著：《中国文化产业发展指数报告（CCIDI）》，上海人民出版社 2012 年版，第 44 页。

部中心城市，必须抓住中西部崛起的机遇，大力发展文化产业，建设新型产业结构。

（三）文化产业市场环境比较

文化产业市场环境主要包括文化消费能力、文化消费潜力、市场需求、消费者成熟度等因素，六城市主要因子比对情况如图 2 所示。

从文化消费能力看，广州市 2012 年城镇居民家庭平均每人的年教育文化娱乐服务支出为 5574.8 元，占其全部消费性支出的 18.28%，位居榜首；而这一比值在武汉市为 12.77%，北京、上海、天津、重庆四城市分别为 15.37%、14.18%、11.26%、8.87%。从消费潜力看，2012 年武汉市实现地区生产总值 8003.8 亿元，虽然在六座城市中为最低值，与榜魁上海市的地区生产总值还有相当大的差距，但按年末常住人口 1012 万人计算，武汉市人均 GDP 为 79482 元，按当年平均汇率折合 12591 美元，与上海市的人均水平 85373 元已经非常接近。在文化产业规模最大的北京地区，2012 年实现地区生产总值 17879.40 亿元，年末常住人口 2069 万人，北京市人均 GDP 为 87475 元，按当年平均汇率折合 13857 美元。发达国家经验表明，当一个地区人均 GDP 达到 3000 美元时，文化需求会进入快速发展期，人均 GDP 达到 5000 美元时，文化需求就会向井喷式发展。这一规律在人均 GDP 高的广州、天津、北京、上海四城市市民的文化产业消费活动中得以印证，四城市的市民人均年教育文化娱乐服务支出相对较高，占全部消费支出的比重也相对较大。武

汉市民的人均年教育文化娱乐服务支出已达到 2402.1 元，表明武汉市文化产业有巨大的发展潜力。近年来，武汉市的新闻出版、博物馆、动漫游戏、网络增值服务等各行业的消费水平都有不同程度的提高，拉动了文化产业整体消费水平的提升。从消费需求看，武汉市的剧场影院、博物馆数量仅次于北京市、上海市。剧场影院为 61 个，博物馆 46 个，北京市这一数值分别为 198 个、41 个，上海市则是 99 个、90 个。但广州、天津、北京、上海四城市的广播电视节目综合人口覆盖率为 100%，图书馆藏书量、人均拥有公共图书馆藏量也位居全国前列，武汉市的文化公共用品供应数量有待追加。从消费者成熟度上看，有资料表明，广州、北京、上海、武汉四城市的文化消费水平较高，但是企业和居民对文化氛围和包容度主观评价还有待提高。

综上所述，随着中心城市居民收入的持续提高、消费能力的日益增强、精神文化消费意识的逐渐强化，其文化产业迎来了消费驱动产业发展的良好时机。首先，收入水平提高带动文化消费需求增大，文化娱乐服务消费金额、电影票房收入和网民数量等均可体现这一发展趋势。2012 年，六城市的人均文教娱乐消费支出相比 2011 年增长最多的当数人均 GDP 最高的广州市，增长 583.62 元，北京市增幅第二，武汉 2012 年人均文教娱乐消费比 2011 年增加 303.8 元，天津市、上海市增幅较慢，重庆市基本持平。在文教娱乐消费增长中，增长贡献最大的是文化娱乐服务支出，六城市均有增长，北京市的增幅高达 397.62 元，武汉市的文化娱乐服务增幅为 160.2 元，已

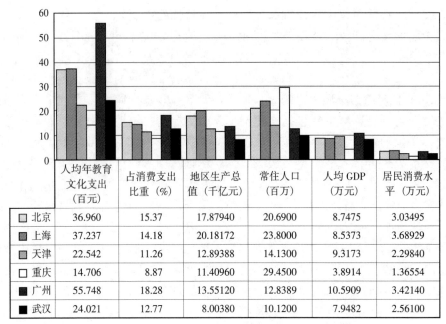

	人均年教育文化支出（百元）	占消费支出比重（%）	地区生产总值（千亿元）	常住人口（百万）	人均 GDP（万元）	居民消费水平（万元）
□ 北京	36.960	15.37	17.87940	20.6900	8.7475	3.03495
■ 上海	37.237	14.18	20.18172	23.8000	8.5373	3.68929
□ 天津	22.542	11.26	12.89388	14.1300	9.3173	2.29840
□ 重庆	14.706	8.87	11.40960	29.4500	3.8914	1.36554
■ 广州	55.748	18.28	13.55120	12.8389	10.5909	3.42140
■ 武汉	24.021	12.77	8.00380	10.1200	7.9482	2.56100

图 2　相关统计数据 2

资料来源：笔者根据《中国统计年鉴》（2013）、《广州统计年鉴》（2013）、《武汉统计年鉴》（2013）自行整理。

经超过上海市 1.39 元。[1] 其次，人口规模扩大和高素质人才增长推动着文化消费扩张。中心城市普遍人口总量大，人口结构中高学历人才和新一代年轻人所占比重高，均有利于文化产品的消费。庞大的高学历人员是文化消费的主力人群，并将在一定程度上带动着其他人群的消费需求。最后，社会消费偏好转变促进文化消费的释放。成长于我国高速发展时代的"80 后"和"90 后"逐渐成为社会的主力，这一代人更加注重自我价值的实现、自我需求的满足，他们的审美情趣更加时尚化，更加注重精神文化层面需求的满足，这一人口结构变动有利于文化消费潜力的释放和文化产业消费的扩张。从这个角度讲，武汉市的消费者有较大潜力尚待发挥。

（四）文化产业创新能力比较

文化产业是凸显内容和载体融合的新兴业态，高新科技是提升文化影响力、表现力、传播力的重要载体。高新科技与文化创意聚合成新的文化产业形态、促进文化产业结构调整、创新文化产品传播方式、拓展文化服务，科技创新重塑了文化产业的发展周期与成长空间，成为文化产业发展的制高点和实现赶超的驱动力。因而，科技创新能力是提升城市文化产业创新能力的关键。科教力量是科技创新、文化创意的主要保障，是文化产业创新的基础所在；文化产业的快速发展与传播高度依赖于文化科技融合度，这是文化产业创新能力的重要标准。因此，本文选取科教资源、文化

① 根据 2012 年、2013 年《中国统计年鉴》、《广州统计年鉴》、《武汉统计年鉴》计算整理。

科技融合度作为城市文化产业创新能力的比较指标。

1. 科教资源比较

智力资本是 21 世纪的重要生产要素，直接参与生产价值形成。文化产业作为高新科技运用的新兴领域，高端人才更加关键。科教资源能够为文化产业的发展提供智力支撑，因此科教力量是文化产业的核心动力；专利是支撑文化产业竞争的硬件技术利器；研发经费投入为文化产业所需的科技创新、科技应用等提供后方保障。从科教资源上看，北京市的高校数量最多，但是高校人力资源储备即在校学生数量却远低于武汉。2012 年，上海市的专利授权数在六城市中夺魁，同时上海市规模以上工业企业 R&D 经费内部支出数额最大，说明上海市的科技文化融合度硬件支持力量最为雄厚。武汉市在六城市科技资源中，以科技人才储备为最强优势。因此，武汉市的文化产业创新能力应着重以此作为发展点（见图 3）。

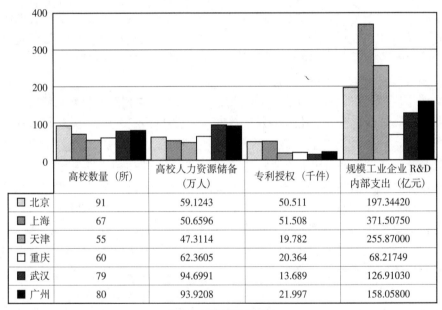

	高校数量（所）	高校人力资源储备（万人）	专利授权（千件）	规模工业企业 R&D 内部支出（亿元）
□ 北京	91	59.1243	50.511	197.34420
■ 上海	67	50.6596	51.508	371.50750
▨ 天津	55	47.3114	19.782	255.87000
□ 重庆	60	62.3605	20.364	68.21749
■ 武汉	79	94.6991	13.689	126.91030
■ 广州	80	93.9208	21.997	158.05800

图 3　相关统计数据 3

资料来源：笔者根据《中国统计年鉴》(2013)、《中国科技统计年鉴》(2013)、《广州统计年鉴》(2013)、《武汉统计年鉴》(2013) 自行整理。

2. 文化与科技融合度对比

文化科技融合体现为文化与科技的双向互动。一方面，科技进步为文化产业发展注入了强劲动力，科技成果为各类文化产品增添了无穷魅力，使文化产业生产、消费在一定程度上突破了空间约束，更广泛地嫁接外地生产资源；培育新的文化消费群体，从精英走向大众。同时，高新技术与文化产业的融合发展还能带动传统文化产业向技术密集、知识密集的方向发展，形成文化产业的新兴领域。另一方面，文化创意产业的发展和繁荣，不断为科技创新提供新课题，为科技运用拓展新疆域。中心城市普遍高度重视文化科技互动融合发展，通过加快文化行业标准规范制定，加大对文化产业产学研合作研发的扶持，聚焦文化产业链上的创作、传播、展现等环节，实施文化科技融合关键技术突破，以科技创新推动文化生产和传播方式的创新，促进演艺、娱乐、艺术品、文化会展等传统文化产业的科技含量提升。北京市文化和科技的融合十分紧密，"科技+文化"模式已经成为驱动北京市文化产业快速发展的双轮。广州市一直坚持以科技创新驱动文化产业的竞争力，每年用于文化产业的科研资金一直居全国前列，2011 年就已经达到人均 84.99 元①，这有力地推动了广播影视、新闻出版、演艺娱乐以及游戏设备制造等行业运用数字、网络高新技术，促进了产业升级。广州市的动漫产业在六城市对比中遥遥领先，正是科技与文化融合的业态代表。广东原创力公司创作的"喜羊羊"形象已遍及欧美、日韩等动漫产业发达地区，提升了我国动漫产业在国际上的地位。天津滨海新区国家影视网络动漫实验园在 2012 年国家动画产业基地国产电视动画片生产排名中位居第七②。上海市依托网络、多媒体、3D 动画、云计算等新兴技术的快速发展，推动了以数字出版、网络信息服务、动漫游戏为引领的文化产业新兴业态快速发展。上海市文化科技

融合的新高地——张江高科技园区被评为国家级文化和科技融合示范基地。武汉市、重庆市都在积极部署，武汉市拥有丰富的历史文化资源和深厚的文化底蕴，具有充足的人才资源。武汉市的高校和科研院所总数量仅次于北京市、上海市，高校在校学生数 94.7 万，位居全国第一，每年大学毕业人数多达 30 万左右③。众多科教机构为武汉市文化产业发展提供了有力的技术和人才支撑，使其在文化与科技深度融合上迈出重要一步。武汉市建立了文化和科技融合工作部门联席会议制度，充分利用现有的科技资源，加大文化科技类孵化器的建设，以加快文化科技融合进程。

（五）文化产业配套机制比较

2011 年 10 月，中共十七届六中全会通过了《中共中央关于深化文化体制改革、推动社会主义文化大发展大繁荣若干重大问题的决定》，提出要全面实施文化强国战略，到 2020 年，文化产业要成为国民经济支柱性产业，整体实力和国际竞争力显著增强。中心城市纷纷围绕《决定》制定出台一系列文化产业促进政策，积极为区域文化产业发展营造良好的配套环境。从国内外文化产业发展经验看，文化产业发展较好的国家或地区都有自己明确的发展战略和扶持政策。北京、上海、广州三地政府早在 20 世纪 90 年代就关注文化产业的发展，扶持力

---

① 彭翊主编：《中国省市文化产业发展指数报告》，中国人民大学出版社 2013 年版，第 181 页。
② 卢斌："2012 年国家动画产业基地国产电视动画片生产数据"，中商情报网，http://www.askci.com/news/201306/03/03853889930.shtml，2013 年 6 月 3 日。
③ 根据《武汉统计年鉴》（2013）整理。

度大，文化产业政策和发展措施初步形成了较为完整的配套机制。六城市的文化产业发展起点和阶段不同，推进措施各异，求同存异，集中比较以下几个方面。

1. 文化金融融合促进机制

金融资本是推动文化产业前进的直接动力，文化、科技必须与追逐利润的金融资本相结合，才能产生效益。文化产业往往因其消费市场的风险性和投入产出的不对称性，面临着严重的融资约束，亟需产业与融资间的协调和利益分配机制。解决长期的融资问题，需要跨越分业监管的条块分割，推动商业银行、担保、证券公司、资产管理公司、风险投资等机构在文化产业领域的合作，才能促使资金与信用的有效组合，各地都在努力构建功能完备的投融资服务平台和文化产权交易服务平台，为文化产业的融资活动提供完善的公共服务。

从文化金融融合的发展环境来讲，北京市文化产业能够获得的金融资源最为丰厚。北京市积极推进文化产业融资，与国家开发银行、中国银行等10家银行签订了文化金融创新发展合作协议，为文化产业发展争取到1000亿元的授信额度，并提供文化企业融资专项对接服务活动，开通"首都优质文化企业绿色审批通道"，为首都文化企业发展提供"一站式"金融服务。① 北京市进一步健全了文化投融资服务体系，已建立文化创新发展专项资金，每年统筹资金100亿元，用于支持首都文化发展。上海市金融办等11部门则于2010年联合发布《上海市金融支持文化产业发展繁荣的实施意见》，从加大对文化产业的信贷投入、推动文化产业直接融资、培育文化产业保险市场、改进对文化产业的综合金融服务和健全金融支持文化产业发展的配套措施五个方面，提出了金融支持文化产业发展的具体意见。2012年，上海进行文化金融政策创新：大力促成金融机构签订文化产业战略合作协议。中国银行等8大银行签订"百亿授信"，五年内对上海影视企业给予130亿元的意向性授信额度；推进重点文化产业项目，上海当代艺术博物馆、中华艺术宫等重点文化项目进展顺利。中国工商银行等成为首批两馆理事会成员单位，五年内为其提供2500万元的资助；上海市积极募集社会资金，华人文化产业投资基金与美国梦工厂动画公司共同合资组建的"东方梦工厂"成功落户。

相比较而言，天津、广州、重庆、武汉四城市的文化金融融合体系尚待完善，天津市由政府牵头施行"一企一策"的文化金融新思路，最大限度地调动民间资本为文化产业提供信贷。广州市的文化产业资本投资活跃，上市文化企业实力雄厚，发展态势良好。重庆市文化产业融资担保有限责任公司以版权、播映权等知识产权作为质押物帮助中小文化企业融资的模式开创全国先河；同时设立了重庆创意产业发展专项资金、宣传文化发展基金会，集中资金扶持文化团体和文化新人的成长。武汉市自2007年设立5000万元动漫产业发展专项资

① 张景华等："北京市文资办挂牌成立"，新浪新闻中心，http://news.sina.com.cn/o/2012-06-20/045024623177.shtml，2012年6月20日。

金，并成立文化科技小额贷款（担保）公司和"科技支行"为重点行业提供资金支持，依据2012年出台的《武汉市关于加快文化产业发展的若干政策》，每年至少安排2亿元的文化产业发展专项资金，在投融资、文化贸易与消费等方面助其发展。

2. 文化产业服务体系构建

营造文化产业发展的良好环境除需出台相关政策举措外，还要政府文化管理部门提供高素质、高水平的管理与服务作为坚强后盾。北京市成立了"文化创意产业领导小组"，并成立独立的国有文化资产监督管理办公室；率先在全国搭建了跨层级、跨部门的联合会议和决策机制，从市、区到园区管委会，多层面互动，研究制定基地建设规划，协调解决文化产业建设中出现的重点问题，形成了纵横互联、相对完善的文化产业科技创新管理服务体系。近日，十二届全国人大常委会审议通过了《关于在北京、上海、广州设立知识产权法院的决定》，这将是京、沪、穗保护知识产权，促进文化产业发展的重要平台。北京市一贯大力支持产业联盟和公共服务平台建设，培育以孵化器、战略联盟、企业集群与社会网络为单元的新型产业组织形态，培养文化产业复合型人才队伍，为公民提供优质的文化服务。上海市实行的是"强党委、大政府"指导引领下的"政府主导"文化管理模式。其特点是整个城市文化发展建设完全在宣传文化系统统一领导下，按照条线块面及部门划分，将管理职能和功能触角延伸覆盖到了城市文化事业产业的各个层面：引入专业管理和运营团队，进行孵化基

础管理和投资项目的全程服务，通过服务平台和政府合力形成中小文化企业高端专业化服务簇群；同时，综合运用以高新科技服务平台、人才引进等为特色的一系列推动文化产业发展政策，创新了文化服务模式，实现了"按需点菜"、直面消费者。天津市的服务平台旨在完成四大服务计划，即根据初创、发展、壮大等企业不同成长阶段的发展需求，为众多文化产业量身订做全程孵化服务，助推落户企业实现跨越式发展，逐渐形成了一批以云计算见长的公共技术服务平台和以"三级跳"为特色的创新型文化企业孵化器。广州市在相关政策的保障下，从市场准入、人才引进、投资融资、货币扶持、出口优惠、土地使用、基地园区建设等方面，围绕重点文化企业及其上下游企业进行一体化扶持，形成了"产业孵化、投融资服务、技术创新、产品交易、国际交流"的公共服务平台体系。重庆市对民营微型企业的扶持是其服务平台建设的亮点，对新开办企业、重点文化产品实行免除税收、财政补贴、降低文化企业组建条件、允许无形资产作价入股等政策优惠。武汉市着力为文化产业发展搭建信息平台、投融资平台、人才保障平台和产业推广平台。把握国家"三网融合"及NGB建设契机，发动大众参与，形成系列人才团队、技术团队、创新团队，数字化开发全市公共文化共享服务系统。

3. 文化产业园发展实践

在市场经济条件下，生产要素和资源流动的方向是回报率高的区域与领域。在各地对文化产业的系列鼓励措施引导下，文化产业的生产要素加速集聚于国

家中心城市的文化产业园区，成为区域文化产业实践发展的重要载体。近年来，我国各地文化产业园区发展势头强劲，不仅引领了区域经济的发展，而且对于提升区域文化产业竞争力具有重大意义。文化产业园区承载着文化产业的集群化发展，是我国未来文化产业发展的必由之路。文化产业园的数量在一定程度上反映了当地文化产业集聚、配套服务、技术支持的情况。

《中国文化文物统计年鉴》（2013）数据显示，上海市的全国文化产业示范（试验）园区和产业示范基地多达 61 个，为六城市第一[①]。以其为中心的浙江、江苏两省的国家级文化产业园数量总和也位居全国第一，以北京市为中心的环渤海区域稍居其后，以广州市、深圳市为中心的珠三角地区国家级文化产业园的总数则位居第三。上海市日益合理的文化产业空间集聚已凸显了良好的经济效益与社会效益。截至 2012 年底，上海市已形成 114 家文化产业园，入驻企业 6110 家，从业人员 11.47 万人，营业总收入 422.2 亿元[②]。张江示范基地 2011 年的文化产业总产值已达 329.66 亿元[③]，作为其"龙头企业"的盛大文学占据了国内原创文学版权市场90%以上、覆盖全球中文用户 70%以上[④]。文化产业园不仅直接产生经济效益，还能大力推动周边地区的交通、旅游、购物、就业等，促进资源整合，实现科技、人才、企业

等多方面要素的集聚，营造文化创新氛围。上海市的文化产业园与江浙区域互动密切，联动发展，为经济发展及社会进步做出巨大贡献。三地的文化产业通过多渠道合作，扬长避短，各得其所，江浙也形成了 LOFT49、中华恐龙园等有代表性的文化产业园区。这些产业园区以科技与文化作为生产要素，加速了对传统产业、旧城区的改造，形成了强大的辐射效应，推动上海等地实现创新驱动的历程。北京市的文化产业发展则力求凸显特色和整体提升，依托文化产业集聚区，推进城市发展新区和生态涵养发展区建设。其中海淀文化创意产业先导基地联合石景山园、雍和园、德胜园，2011 年文化创意产业总产值达到 4206 亿元，销售收入超过 4071 亿元，出口创汇近 34.3 亿元，实现税收 25.58 亿元[⑤]。广州市拥有 6 家国家级文化产业园，主要文化产业基地和园区、特色街区 90 多个，凭借中国"南大门"的地理优势和立足国际远景的世界目光，在文化产业价值链各环节全面发展，促进广州的文化产业进入国际市场。但是由于文化产业园区的发展规划、产业集聚等缺乏可操作性的政策安排，广州市文化产业园区绝大部分是区域性的，具有全国影响力的较少。随着天津滨海新区"一区多园"和"六大平台"的加速建设，其对文化产业的聚集效应日趋明显。2012 年，落户滨海新区的文化创意企业达

---

① 根据《中国文化文物统计年鉴》（2013）整理。
② 张京成主编：《中国创意产业发展报告》，国家图书馆出版社 2013 年版，第 175 页。
③ 张京成主编：《中国创意产业发展报告》，国家图书馆出版社 2013 年版，第 161 页。
④ 张京成主编：《中国创意产业发展报告》，国家图书馆出版社 2013 年版，第 160 页。
⑤ 张京成主编：《中国创意产业发展报告》，国家图书馆出版社 2013 年版，第 54 页。

4000 余家，总资产近 900 亿元，实现营业收入 500 亿元，利润总额近 60 亿元，增加值达 220 亿元左右，占 GDP 的 4.4%，增速为 40% 左右[①]。但天津市的文化产业园区大部分处于成长期，发展潜力尚未得到充分发挥。武汉市文化产业园近年来迅速发展，2012 年已建成并运营的文化产业园区有 21 个，涵盖动漫、网游、创意设计、出版、传媒等多个行业，入驻企业 1525 家，吸纳就业人数近 8 万人，实现经营收入 72.74 亿元[②]。涌现出光谷数字创意产业园、洪山创意大道、181 楚天创意园等有代表性的文化创意园区品牌，但是文化与科技的融合缺乏深度，文化产业链条发展不完善，未形成领军全国的文化产业园品牌。

4. 城市绿色发展指数

城市绿色发展指数是支撑文化产业持续发展的重要影响因素。本文参考英国《经济学人》杂志推出的亚洲绿色城市指数来判断六城市综合发展水平。"亚洲绿色城市指数"从能源供应和二氧化碳排放、建筑和土地使用、交通、垃圾、水资源、卫生、空气质量和环境治理八个方面对亚洲 22 个主要城市的环境绩效进行了评估。该研究认为，越发达的城市，产业模式向服务性行业的过渡对二氧化碳减排越将起到越重要的作用，同时高水平的基础设施也能提高城市的绿色指数[③]。我国经济总量最大的城市——

上海市的供水管网漏水率仅为 10%，而 22 个亚洲城市的平均值是 22%[④]。政府对环保法规和标准的执行能力、市民关注环境品质的意识对城市绿色指数具有极大影响力，正如城市环境专家 Nicholas You 所言，城市是一个有生命的有机体，需要整体发展的思路[⑤]。

我国被《经济学人》测评的六城市里，中国香港位居总排名第二位，仅次于新加坡。北京、广州、南京、上海、武汉五城市的综合评分均处于"平均水平"，北京市位列内地五城市之首，居于第 9 位，广州、南京、上海、武汉四城市综合得分分别居于第 11 位、第 14 位、第 15 位、第 16 位[⑥]。上海市的城市绿色发展指数因其能源供应和二氧化碳排放得分过低而受到很大影响，这是我国大部分城市所面临的问题。提高能效、对传统产业进行改造，既是大力发展文化产业的机遇，也是必然的选择。武汉市的综合得分在我国测评城市中处于最低，独有水资源一项得分在五城市居中，其他得分均较低。尽管在垃圾处理、公共交通、废水处理、生物发电等诸多方面做出了积极努力，但在能源供应和二氧化碳排放、建筑和土地使用、空气质量方面，所取得的成绩低于平均水平。尽管城市环境恶化有可能对文化产业发展带来消极的负面影响，但随着人们对生活综合品质的追求，文化产业作为可持

---

① 张京成主编：《中国创意产业发展报告》，国家图书馆出版社 2013 年版，第 80 页。
② 黄永林主编：《武汉市文化创意产业发展报告》，社会科学文献出版社 2013 年版，第 5 页。
③ Asian Green City Index, Economist Intelligence Unit, 2011: 13.
④ Asian Green City Index, Economist Intelligence Unit, 2011: 103.
⑤ Asian Green City Index, Economist Intelligence Unit, 2011: 23.
⑥ Asian Green City Index, Economist Intelligence Unit, 2011: 11.

续发展的高附加值产业无疑是中心城市应对环境和物质生产困境、改善产业结构、进行产业升级、推进两型社会建设的最佳选择。

三、对比总结与武汉市文化产业发展的总体评价

通过上述六个方面的综合比较可以看出，五个中心城市在文化产业竞争力的不同维度、不同层面各有所长、各具特色，都具有快速发展文化产业的有利条件和比较优势。总体来讲，武汉市的文化产业发展状况与北京市、上海市、广州市差距较大，且仍然落后于天津市和重庆市。中心城市近年来大力引导扶持，文化产业发展迅速，已经成为区域经济发展的新兴支柱产业之一。但与发达国家的中心城市相比，六城市的文化产业竞争力还有较大差距，整体上呈现"大而不强"的状况。

一是产业规模落后，表现为文化产业增加值占 GDP 的比重、从业人数及其占全社会从业人员的比例等多项指标较低，支柱产业的作用没有得到充分发挥。二是对文化资源的整合不够，文化产业核心竞争力不强。六座中心城市的传统文化资源多元而深厚，但文化产业对文化资源的开发利用不够深入，同时没有在此基础上进行内容创新。三是文化科技融合、文化金融融合还有待进一步提升。六城市丰富的科教资源优势缺乏，投融资平台不成熟，新兴文化产业形态发展缓慢。四是缺乏文化领军企业和著名文化品牌。罕有龙头企业能在文化产业园区和文化产业孵化器中起到核心作用，我国文化产业的定位缺乏国际战略，没有形成享誉中外的文化品牌。

造成六城市文化产业竞争力落后的原因至少有以下几个方面：①受经济发展水平、科技发展程度等因素的影响，文化产业相对于区域内其他产业而言，无论是总量还是比重都相对较低，抑制了文化产业对经济增长的贡献；②受当地居民消费能力的限制，文化消费市场规模和潜力均相对较小；③文化产品制造业不够发达，妨碍了文化服务业同文化产品制造业的融合成长；④文化创意高素质人才的缺乏导致文化资源整合开发不够，形成不了具有独特个性和竞争力的文化产业体系和品牌体系。

对中心城市的文化产业而言，挑战是如何实现从量到质的转变，这种转型正在途中，以发达国家文化名城为发展参照物，结合自己的产业实践，扬长避短，方能加快六城市跻身世界文化产业中心城市的进程。

Abstract：Improving cultural industry competitiveness is an urgent question for the development of central cities. Choose Beijing, Shanghai, Tianjin, Chongqing, Guangzhou and Wuhan six central city as the research object，take account of The cultural industry in cultural and industrial session. From the culture resources connotation characteristics, current situation of the development of cultural industry，cultural industry market environment，the cultural industry innovation ability，promote cultural industry policy, supporting conditions and so on six aspects of cultural industry. System comparative study cultural industry competitiveness between the six, to provide reference for the development of cultural industry.

Key Words: Central City; Cultural Industry; Competitiveness

论文化立法的宪法规范及其指引下的重点选项[*]

◎ 石东坡[**]

摘 要: 文化立法是"后体系时代"立法中的一个重点领域,也是颇具难度、易被忽视的一个重要领域。适应和引领全面深化改革中的文化体制机制改革的需要,对文化立法的规划布局和项目论证是首要的,但是,必须立足宪法的高度和视域进行文化立法的宪法依据、宪法规范是否具有供给的有效性、明确性的审视。为此,基于我国宪法思想和宪法文本,结合宪法修改的发展轨迹与阶段特征,在充分肯定我国宪法在文化领域的规定的同时,还需要冷静剖析和准确判断现行宪法规范的缺憾与局限,并由此具有针对性地予以适时适宜的修改,从而为文化立法的基本法律创制和结构体系健全确立宪法指引。

关键词: 文化立法;宪法依据;宪法修改;宪法规范;法律保留

引 言

近代以来,志士仁人前仆后继地探索民族复兴、变法图强的道路。中国共产党成立以来,已领导和团结中国各族人民走过新民主主义革命和社会主义革命,成功确立中国特色社会主义制度并在继续坚持中国特色社会主义道路的完善和发展,古老而又生机勃发的中国历经着如黑格尔所说的"文化结合的锻炼",或者说融汇、综合、创新、转化、发展的历史变迁和当代变革。"文化作为历史地凝结而成的生存方式",作为社会

* 此为笔者主持的国家社科基金项目(12@ZH007)、浙江省本科院校中青年学科带头人学术攀登项目(PD2013033)的阶段成果。

** 石东坡,法学博士、教授、硕士生导师,浙江工业大学文化与法制研究中心主任,学校发展规划处副处长、省部共建办公室副主任。主要研究立法学与法理学、宪法学与行政法学。

生活群体和个体富于主观能动性、实践创造性和鲜明时代性的核心价值观念、思想意识形态、制度行为规范、文学艺术作品以及历史遗存传承等的综合表现，也在历史的洗礼和实践的推动之下，越来越得到自觉的体认、自省的反思和自信的创新，正在进入一个大发展大繁荣的新时期。2013年11月12日，中共十八届三中全会通过的《中共中央关于全面深化改革若干重大问题的决定》进一步强调：紧紧围绕建设社会主义核心价值体系、社会主义文化强国深化文化体制改革，加快完善文化管理体制和文化生产经营机制，建立健全现代公共文化服务体系、现代文化市场体系。

伴随和适应着文化发展的客观需求，文化立法和文化发展相互依存、相互促进和共同发展的局面即将形成。以中共十七届六中全会的《决定》为标志，我国的文化立法正在受到前所未有的关注和重视。《决定》明确指出："加快文化立法，制定和完善公共文化服务保障、文化产业振兴、文化市场管理等方面法律法规，提高文化建设法制化水平。"其中，至少有五处分别对于文化立法、文化法制建设、网络法制、法律环境等给予了重点强调。《国家"十二五"时期文化改革发展规划纲要》中进一步指出："建立健全文化法律法规体系，加快文化立法，制定和完善公共文化服务保障、文化产业振兴、文化市场管理等方面法律法规，将文化建设的重大政策适时上升为法律法规，加强地方文化立法，提高文化建设法制化水平。"可以说，在我国立法均衡协调发展中，已经吹响了"文化立法的春天"的号角。

一、文化立法再审思

在社会实践的基础上，作为通过劳动及其组织生成的"城邦动物"，人类从其诞生的那一刻起，就是文化的存在。当然，人类首先是生物的存在。在自然属性的意义上，人类在生命的存续和繁衍上，必然遵从着自然的法则和生命的规律。但是人类的这种存在并不再是以单纯的自然生存和丛林法则作为其表现形式。毕竟人类以其更为特质的社会属性而迥别于其他生物物种，人类的自然存在必然获得并通过其社会结构、社会运行的相应内容和实现方式，即适应、改造和调和与自然界之间的关系，因此人类生产、取得和支配劳动产品的能力，是在社会的生产关系和组织方式之中得到实现的，两者之间是表里关系和依存关系。进而言之，人类的社会演进和社会建构，不仅有着客观的、物质的动力源泉，而且有着人类自身的认知、感受和愿望等的主观能力在其萌发、成长过程中对外在的客观世界和自身的社会空间予以知会、得以诠释和加以设计的助力。尽管这种助力作为世间"最美的花朵"，有着其不可抛弃的物质制约性和历史传承性，但是也有其本身基于个性创造、富有想象空间的鲜明的能动性，并因此获得在人类的意象境界的多彩表现。由此，在人类社会逐渐专业分化的进程中，出现诸多文化艺术门类、思想意识形态、科学文化事业，甚至文化传播的商业活动和专门职业群体。因此，与历史同步的、贯穿始终的人类是自然的存在，是社会的存在，还是文化的存在。

立足人类社会实践的文化，是广泛和复杂的。联合国教科文组织在 2001 年《世界文化多样性宣言》中指出：文化是"某个社会或某个社会群体特有的精神与物质、智力与情感方面的不同特点之总和；除了文学和艺术以外，文化还包括生活方式、共处的方式、价值观体系、传统和信仰"。综观而言，文化的内在核心是价值观念和思维方式，文化的外在表现在整体上是一定社会生活主体的生活方式、行为规范和制度体系。在专门化的领域上，文化表现在围绕体现和反映核心价值体系的历史文化遗产、民族文化形态、个体文化表现、文化艺术事业、文化创意产业，以及相应的社会、国家的文化治理等活动中，其中最为关键的三个主要的方面，即思想文化意识、文化艺术事业和文化产业活动。

文化领域纳入法律调整的范围，告别其自在的状态，具有历史的必然性和现实的必要性。原本在历史的初期，文化的渊源来自个体的生存、劳动的主观感受和思想感悟，如岩画、舞蹈等的直观表达和艺术再现。随之，社会群体的文化获得仪式化的集中表现并且融合在该社会群体的组织运行之中。在其初显的时刻，即被作为该氏族、部落或者部落联盟的组织要素和权力要件，强化内部的决策调遣，保证正常的生产秩序，确立"合法"的资源配置，凝聚和形成群体在懵懂禁忌之上的文化格律，用于维护集体的力量和权威，用以塑造群体的特征和形象，因此也有意识地以该群体不断成长的文化个性而有别于其他的生活群体，乃至于群体为了维持生存组织形态，不仅诞生了相应的与权力执掌者合一或者合流的文化（思想、价值、宗教）的职业者，甚至垄断者，而且将一定的文化符号、文化载体和思想观念如恩格斯所言的那样"神圣化"①。可以毫不夸张地说，文化不论是以价值观念，还是以行为方式的哪种形态呈现，都直接或者间接地起着规训②、宰制的作用，实际上有着显在或者潜在的治理、统治的功能，由此文化——即便相对于法律而言是两种游离的存在（尽管这是不可能的）——在其存在和实现上，就不能不有着与法律在"规范性"上同样的性质和功用。进入到阶级社会，政权的所有者随之将自身的文化标榜为全社会的主流文化，甚至唯一的、单一的、绝对的文化样式，并且以其法律制度和强制力量对于社会的文化状况进行甄别、导控甚至钳制。可见，在一定政权的支配下，尽管依然存在着不竭的社会个体、群体（包括族群、族裔等）的文化创造活力和文化流传承续，以及文化的商业风行和市场容量，但是文化——具体而言是思想文化意识以其外在的社会文化活动、文化生产消费等的行为——被置于法律调控之中，就成为必然。

因此，毋宁说"这种文化与法律的

---

① 恩格斯曾经指出，公平"始终只是现存经济关系或者反映其保守方面，或者反映其革命方面的观念化的神圣化的表现"。进而言之，包括公平在内的价值观念等的文化内核要素皆然。《马克思恩格斯选集》第 3 卷，人民出版社 1995 年版，第 211-212 页。

② "规训"意为"规范化训练"，包含了或者说能够揭示一种文化样式的"规范性"具有的权力属性和训导功能。[法] 福柯：《规训与惩罚》，刘北成、杨远婴译，生活·读书·新知三联书店 2007 年版，第 375 页。

同质性和同构性，不在于法律本身属于执掌政权的阶级联盟的文化的规则化表现，或者说制度形态的组成部分，而在于文化自身根植于经济、社会、生活并且有着能动的反作用，正是文化的这种本质属性使得与法律之间可以相向而行、融合而行"。正如法国政治学者莫里斯·迪韦尔热在其《政治社会学》中深刻和坦率地指出：社会的全部文化因素——包括规范、价值观体系、行为模式，都具有同国家一样的性质和功能。"它们构成马克思主义含义上的'意识形态'，即旨在为社会结构……的观念体系和价值体系。"[①] 在现实的法治视域中，文化应当是社会个体基于自身的生产生活的主观感受外化于文学、艺术等多样化的文化传承、表达和创造，和外在地以文化商品形式流转、传播等的合法的活动；维系在宪法法律文本规定的社会思想意识内化于社会个体；以及立法机关、行政机关、审判机关和一定的社会组织等公共权力主体按照宪法法律的尊重、维护、保障、促进等的合法活动。换言之，特定社会历史时段的文化，都是首先获得其"合法"存在的文化，或者争取合法性的"文化"。文化与宪法法律，在法治国家，表现为两者的统一，或者说应有

的统一。这种统一，简言之，意味着宪法法律为文化所孕育，成为文化的表征和载体；文化为宪法法律所保障，成为在宪法法律的底线共识之上的精神形态。[②]

一般而言，广义的文化立法是对应经济、政治、社会、文化、生态文明等的总括范围，专门调整文化领域中文化行为、文化管理等的社会关系的各种法律原则和规范的总称。狭义的文化立法，则是在文化领域中再排除相对独立的教育、科技、卫生、体育等方面的立法，针对文化宣传、文化事业、文化产业、文化市场、文化管理、文化服务等活动的立法，主要包括以下四个方面的法律制度创设：公共文化事业[③]的举办和供给、文化产业发展的促进与规范、公民文化权益的保障和实现、政府文化管理的实施与约束。从立法的对象与过程上分析，文化立法的内涵是指将文化创造、生产、传播、消费、传承、管理等各个环节和宣传、文艺、出版、广播、电视、档案、方志等各个领域的社会关系，通过法定权利义务、职权责任等的内容和法律制度、程序的形式加以规定，实现其中的行为展开和利益流转的规范化、制度化和法律化。从立法的价值与功能上分析，文化立法是对文化发展的国家

---

① [法] 莫里斯·迪韦尔热：《政治社会学》，杨祖功、王大东译，华夏出版社 1987 年版，第 238 页。

② 对此，已有学者指出，不仅需要"一般法律和政策对文化进行制度化"，而且"要求宪法对文化进行规定"。参见刘茂林：《中国宪法导论》，北京大学出版社 2009 年版，第 251 页。

③ 关于市场经济和对外开放的条件下的文化事业的理解和定位，实质就是对于文化事业和文化产业采取二分法的划分。这样，就是在承认文化的意识形态和公共产品性质的同时，也承认其生产力和精神消费商品的双重性质。在区别于文化产业的前提下，狭义的"文化事业"，就是政府为了满足公民文化权益、维系民族文化传承和凸显国家文化主权所举办和保证的文化基础设施及其运营和服务。因此，我们主张，为了区别于以往计划经济背景下的文化事业形态，并且突出其与公民文化权益保障和实现之间的对应关系，可以将其称为"公共文化事业"。有关于文化事业的性质和功能等论述，参见王能宪："关于我国文化事业的性质、功能、分类及其发展战略的思考"，《文艺理论与批评》2007 年第 3 期。

政策和意识形态的法律确认，是对文化共享的人本属性和服务给予的法律宣示，是对文化管理的权益构成和义务职责的法律规定。具体到特定的文化立法的物化对象和行为对象，比较准确和相对狭义而言，文化立法是指新闻出版、广播电视、电影、文化艺术、文化遗产、网络传播、图书馆、博物馆、文化馆（站）、文化娱乐业等方面的法律制度的创设和完善①。因此，文化立法是文化执法的前提和基础，是实现文化法治化的首要环节、基本途径和必要条件。

二、宪法修改是推动文化立法的必要前提和重要依托

在文化的视域中，宪法是一个国家、民族的思想理论体系、核心价值观念、文化主权与权益、文化传承与发展、文化承认及政策的共识根基（有学者称之为"社会共识的底线"）、整体载负和最高宣示。宪法既是文化的遗存传递、正当存续、发展道路等合法范围的根本标示，也是文化结构中全部制度规则体系的核心灵魂、根本支撑和骨骼系统。在宪法的视角下，文化则是维系在宪法文本规定的社会思想意识内化于社会个体，社会个体基于自身的生产生活的主观感受外化于文学、艺术等多样化的文化传承、表达和创造，和外在地以文化商品形式流转、传播等的合法的活动，以及立法机关和政府、审判机关等公权力组织按照宪法进行的维护、保障、规制等的合法的活动。换言之，特定社会历史

时段的文化，都是首先获得其"合法"存在的文化，或者争取合法性的"文化"。正如法国政治学家莫里斯·迪韦尔热在其《政治社会学》中深刻和坦率地指出：社会的全部文化因素——包括规范、价值观体系、行为模式，都具有同国家一样的性质和功能。"它们构成马克思主义含义上的'意识形态'，即旨在为社会结构……的观念体系和价值体系"。文化与宪法，在法治国家，表现为两者的统一，或者说应有的统一。这种统一，简言之，意味着宪法为文化所吸纳，文化为宪法所确认。

要实现这种统一，并非一味地要求在任何国家均有宪法典，但是在成文宪法国家，基于文化路线、方针、政策等的调整或改变，则对于既定的宪法文本的表现力和包容性，进而对宪法的规范性与指引性提出了相应的要求，随之，宪法方可更有效地发挥其对于文化权利实现、文化治理、规制的正当性的衡量、评定和方向性的指导、保障功能。因此，在成文宪法的国家，修改宪法，充实宪法文本有关文化发展的目标、原则，在宪法的高度明确国家权力在文化领域的职能义务及其边界限度，划定文化权益保障、公共文化服务、文化产业振兴的基本要求和国家政策，焕发和深化思想文化领域的"正能量"以及文学艺术创作的原动力，是推动文化立法乃至文化领域法治化的必要前提和重要依托。

在我国，执政党的政治报告和党的章程提出党的主张，凝聚全党共识，对党和国家的各方面工作具有重要指导作

---

① 朱兵："建立和完善中国特色社会主义文化法律制度"，《中国人大》2012年第20期。

用。作为国家的总章程和根本法的宪法，是国家意志、人民意志的集中体现和最高表现。党的领导、人民民主和依法治国的有机统一，需要使党的主张通过法定程序成为国家意志。中共十八大胜利召开，修改了党章，将马克思主义中国化的最新成果写入党章，包括把科学发展观写在我们党的旗帜上，列入党的指导思想，把中国特色社会主义制度、生态文明建设作为中国特色社会主义事业总体布局的重要组成部分、改革开放和社会主义现代化建设新的重要思想和重大方针政策等写入党章，极大地丰富和发展了中国特色社会主义理论体系，明晰了中国特色社会主义道路，夯实了中国特色社会主义制度。这些不仅对进一步坚定关于文化建设的地位和作用的认识，而且对实现宪法与文化的应有"统一"，以及推动宪法自身的发展都具有战略层面的指导意义。对于我国1982年以来，全国人大分别于1988年、1993年、1999年、2004年进行宪法修改的宪法发展轨迹，甚至可以说我国宪法变迁的惯例而言，党章修改的所有这些重要节点，都要求宪法与时俱进，以宪法修正案的形式将有关内容确认和汲取到宪法中去，转化成为国家意志、人民意志，以便进一步树立宪法权威，在全社会发挥宪法作为最高法律规范、具有最高法律效力的应有作用。因此，在文化立法中期规划论证和拟议的根据中，中共十八大报告和修改后的党章，以及此前中共十七届六中全会决定，是其政治根据和政策依据；《国民经济和社会发展第十二个五年规划纲要》和《国家"十二五"时期文化改革发展规划纲要》是其预测根据和研判依据；文化立法的现实状况以及文化立法的内在需求是其事实根据和直接依据；宪法修改，最首要的，是其法律根据和法理依据。同时，也是文化立法中期规划中的首选项目、逻辑起点和必经环节。

当前和今后一个较长的时期内，文化立法是完善中国特色社会主义法律体系进程中十分重要而且非常紧迫的一个立法重点领域。中共十八大报告中再次庄严宣告在"五位一体"的总体发展格局中文化强国的发展目标和关键措施。同时，中共十八大报告从社会主义政治文明的高度再次强调指出"法治是治国理政的基本方式"，"加强重点领域立法，拓展人民有序参与立法途径"。因此，推进包括文化立法在内的立法进程并且着力提高立法质量，依然是一个艰巨的任务。就文化领域的现状而言，基本法律严重匮乏、法规规章众多驳杂、无法可依等问题仍很严峻，在公共文化服务、文化市场监管、文化产业促进、公民文化权益、网络文化空间、对外交流传播等诸多方面尚且存在"法律"规范和调整的空白、过多依赖政策调控和文件指令的国情事实和法治窘境。在人民群众不断增长的文化需求需要得到满足、网络环境下社会公众的文化表达需要梳理、世界经济一体化进程加快的条件下对外文化传播和文化产业发展需要助推的形势下，文化立法的短缺和粗疏已经表现得十分明显。文化领域法律制度的科学创设，既是保障文化建设、繁荣和发展的必要途径和首选举措，也进而成为包括文化制度在内的中国特色社会主义制度得以坚持、完善和发展的根本保障和必由之路的有机组成部分。可见，寻求和把握未来五年乃至十年我国立法的重点领域和重点指向，其中不可或缺的一个方面，应该聚焦在文化立法上，并且着力将其作为一个颇具广度、延展宽度、挖掘深度、锻造精度、提升力度的"领域"的立法，而并非传统意义上的"部门"的立法去加以严肃认真的对待。

三、文化强国目标、核心价值观教育等均应明确入宪

宪法修改，除去在不成文宪法的国家以宪法惯例、宪法事件等的形式改变宪法规范的内容与形式之外，是指在成文宪法国家，就现行宪法文本，遵循宪法修改的原则、限制和程序，修改、补充、废止宪法的若干条款，以使得该宪法更加充分和贴切地体现和反映当下执掌国家主权的人民意志，使之成为国家意志的规范表达。在我国，宪法修改是在坚持宪法确立的指导思想、根本制度的前提下，根据改革开放和社会主义建设的实践，在不断深化中国特色社会主义理论体系的指导下，发展和完善宪法、树立和弘扬宪法权威的基本路径之一。尽管有学者强调宪法解释的重要性和必要性，但是，宪法解释尚不可替代和取代宪法修改。就我们的初步研判而言，可能接下来第五次宪法修正案不仅着眼于文化的视域中的有关方面，还一定会有其他视角之下对于宪法文本的审视和调整，但可以预知：在明确科学发展观的指导下，"五位一体"总体发展格局中文化强国的建设目标和丰富内涵，将应该成为宪法修改的一个重要取向和

主要内容选项。这将为文化立法进一步提供宪法资源、标识宪法领航、强化宪法指引。

学界已有对于文化方面的宪法修改的初步讨论。有学者侧重在文化权利宪法规范上提出了完善的意见，认为《宪法》第 47 条关于文化权利的规定从文本意义上来看，是不充分的，因为只是突出了"科学研究"、"文学艺术创作"作为文化活动的意义，其他的文化活动没有详细列举，而根据各国宪法的规定，文化权利的范围应当扩展到教育权利、学术自由、科学研究自由、文化创造和文化活动、体育和其他有益于人民群众身心健康的娱乐活动。所以，要赋予文化权利以宪法上的地位，从而建立一个以国家和政府履职机制为基础的文化权。我们认为，这里实际上不仅限于文化权利的外延和类型问题，而且是一个需要将文化权利作为公民基本权利，给予其相对而言更加完整的在自由权、受益权双重性质的全面规定和理解的问题。还有学者提出，将科学发展观的指导思想和和谐社会理念入宪，将司法独立制度入宪，将选举制度明确为宪法条文，以体现选举制度在我国政治生活中的重要地位和作用，将中央军事委员会主席任务限制入宪等宪法修改见解，其中包含了文化领域的部分内容，尽管并不是专门分析和论述。当然，也有学者认为，"文化"一词在《宪法》中共出现 25 次，除规定"国旗、国歌、国徽、首都"的第四章外，序言及各章均有涉及，出现"文化"一词的 15 个宪法条款，从文化政策与文化权利两个方面形成了文化法治建设的宪法基石。因此，似乎我国宪

法对于文化的规定是比较充分的，是不需要修改的。从最近中国宪法学研究会课题组、中国法学会立法学研究会关于完善法律体系的立法规划建议课题组等的调研及其观点而言，主张修改宪法文本并完善"宪法法律部门"的认识已经逐渐为更多的学者所倾向。因此，着眼于"文化强国建设"进行若干宪法条文的修改，具有厚实的理论基础和学理支持。

立足文化领域法治化的考察，第五次宪法修正案中可能采用的修改内容与表述方式至少可以考虑以下五个方面：

（1）在宪法总则有关发展道路、奋斗目标条款中确立科学发展观的指导思想和文化建设在总体发展布局中的地位，以及鲜明地提出文化强国的建设目标。在刚刚修改的党章中，把科学发展观同马克思列宁主义、毛泽东思想、邓小平理论、"三个代表"重要思想一道确立为党的行动指南，是党领导全国各族人民建设中国特色社会主义所应贯彻的治国理政的指导思想，因此，"不断完善贯彻落实科学发展观的体制机制，把科学发展观贯彻到我国现代化建设全过程"，要求把握这一重要历史契机，在宪法上一并确立科学发展观为除去党的建设以外同样的国家和社会建设的指针。况且，以人为本全面协调可持续的科学发展观本身就是思想文化领域在回答和解决发展理念、发展道路上根植于中国改革开放实践的最新成果和高度概括。此外，在宪法中明确"五位一体"的总体发展布局中文化建设作为相对独立的一个方面，文化强国建设是明确的建设目标，以此协调和密切文化建设与经济建设、政治建设、社会建设、生态文明建设之

间的关系，统率文化建设的方方面面。

（2）在宪法有关精神文明条款中充实发展社会主义先进文化的重要内容，明确核心价值观的宪法地位，突出和加强公民教育。价值观是社会个体、群体乃至于国家判断行为情境、选择行为方式、追求利益实现的利益偏好和思维导向。核心价值观是在生产生活和交往实践中的利益选择支点、利害判断基点。特定的文化类型蕴含着核心价值观、塑造着其社会成员的行为取向、构建了社会乃至国家认同的心理基础和共识。一个社会的稳定和谐，就在于即便是不同的社会层级也都共同秉持相同的、最基本的价值准则。由此，在文化的意义进而在教育的实践中，传播、交际、沟通、商谈的隐含前提就是社会的核心价值观。中共十八大报告概括提炼了核心价值观念，强调加强道德领域突出问题专项教育和治理，提出精神文明创建活动的常态化，就需要在国家法律体系的最高部位即宪法上标示和高扬核心价值观，并明确提出加强公民教育，强调在法律规范的创设环节上对于公民权利义务相统一的宪法原则的贯彻，强调公民自我主体意识中对于权利义务相统一的自觉认知。因此，宪法有关方面的规定应予以修改。再者，由宪法规范的抽象性、纲领性、指导性和无具体惩罚性等的特征而言，在宪法文本中进行上述规定，是适宜和科学的。

（3）在宪法有关公民权利和政府职能条款中确立完整意义的公民文化权利，加强政府主导的公共文化服务供给。宪法存在的意义和宪法生命的根基，在于公民权利。我国宪法修正案已经载明：

"国家尊重和保障人权"，公民不仅享有人身权利和自由、政治权利和自由，还享有经济社会文化权利等基本权利。现行宪法关于文化权利、文化权益的规定尽管不乏其数，但是的确存在如学者所言的局限，在我们看来，至少存在列举的宪法规范表述技术和语言上的局限，因此，建议采取概括式的公民文化权利的表述，以比较准确地传达公民文化基本权、公民文化权利的自由权性质和受益权性质的二重性，并在宪法上明确政府对公民负有的自由权利性质的文化权利的不作为义务和对公民受益权利性质的文化权利的作为义务等的尊重、保障促进和实现的总体义务，以厘定在文化权利上的宪法关系，规范政府主导但不是包揽的公共文化服务的给付活动并提高其积极成效。

（4）在宪法有关国民经济和产业政策条款中明确文化产业作为国民经济"支柱产业"的宪法地位。为统领和协调文化财税、金融、经济、贸易、土地政策等文化经济政策确立宪法支点，为文化产业振兴、促进的立法提供明确的宪法依据，并由此客观上也为转型升级、转变经济增长方式提供宪法的保证和导引，为实现将国民经济发展切实转变到依靠劳动者素质和科技进步上来、着力提升国民美学素养和产业创造设计能力、实现向着"中国创造"迈进奠定法律基石。

（5）在宪法相关条款中规定若干重要领域的文化类型建设。例如，规定生态文明建设在"五位一体"总体发展格局中的更加突出的地位，规定和谐社会建设，焕发社会和谐的价值观念，统领社会管理体制机制的探索和创新，规定廉洁政府的建设目标，凸显政治文明中的廉洁文化建设在防治腐败中的应有功能，为修改公务员法或者专门制定公务人员从政道德法、财产收入申报法等指明直接目标，加强对其文化熏陶、精神激励和行为约束。再如，规定宪法日等，已有提出设立每年 12 月 4 日为宪法日，促进树立全民宪法意识。所有这些尽管并非专门针对严格意义的文化建设即"小文化"建设的，但是却表征着文化建设的渗透性和文化价值的支配性，有利于丰富各个领域文化建设的内涵，拓展文化建设的覆盖领域，并使之与有关领域的法治建设相衔接，增强文化建设的针对性，并且也属于宪法所应容纳的规定层次、调整范围和所应明晰的"文化节点"。

具体根据中共十八大报告和党章修改决议，结合现行宪法文本，遵循修宪技术和语言的要求，可以在下述条文进行五点修改：

第一，将宪法序言第七自然段修改为：

中国新民主主义革命的胜利和社会主义事业的成就，是中国共产党领导中国各族人民，在马克思列宁主义、毛泽东思想的指引下，坚持真理，修正错误，战胜许多艰难险阻而取得的。我国将长期处于社会主义初级阶段。国家的根本任务是，沿着中国特色社会主义道路，集中力量进行社会主义现代化建设。中国各族人民将继续在中国共产党领导下，在马克思列宁主义、毛泽东思想、邓小平理论、"三个代表"重要思想和科学发展观指引下，坚持人民民主专政，坚持社会主义道路，坚持改革开放。只有改革开放，才能发展中国、发展社会主义、发展马克思主义。将不断完善中国特色社会主义制度，发展社会主义市场经济，发展社会主义民主，健全社会主义法制，自力更生，艰苦奋斗，逐步实现工业、农业、国防和科学技术的现代化，推动物质文明、政治文明、精神文明和生态文明协调发展，把我国建设成为富强、民主、文明、和谐的社会主义国家。

其中，科学发展观、坚持改革开放、社会主义制度、生态文明、和谐等修宪内容得到体现。

第二，"社会主义核心价值体系是兴国之魂，决定着中国特色社会主义发展方向。加强社会主义核心价值体系建设，是社会主义先进文化建设的根本任务"。按照中共十八大"深入开展社会主义核心价值体系学习教育，倡导富强、民主、文明、和谐，倡导自由、平等、公正、法治，倡导爱国、敬业、诚信、友善，积极培育和践行社会主义核心价值观"，可以将宪法第二十四条修改，并增列一款为其第三款：

第二十四条　国家通过普及理想教育、道德教育、文化教育、纪律和法制教育，通过在城乡不同范围的群众中制定和执行各种守则、公约，加强社会主义精神文明的建设，加强社会主义核心价值体系建设，建设社会主义文化强国。

国家提倡爱祖国、爱人民、爱劳动、爱科学、爱社会主义的公德，在人民中进行爱国主义、集体主义和国际主义、共产主义的教育，进行辩证唯物主义和历史唯物主义的教育，反对资本主义的、封建主义的和其他的腐朽思想。

国家在人民中进行社会主义核心价值体系教育，倡导富强、民主、文明、和谐，倡导自由、平等、公正、法治，倡导爱国、敬业、诚信、友善，积极培育和践行社会主义核心价值观。

其中，核心价值体系、文化强国建设、核心价值观等修宪内容得到体现。

第三，在现行宪法第十四条第三款后边增加：

国家合理安排积累和消费，兼顾国家、集体和个人的利益，在发展生产的基础上，保障和逐步改善人民的物质生活和文化生活，使发展成果更多更公平惠及全体人民。

在现行宪法第十五条中增加"文化产业是国民经济支柱产业"作为第二款。现行第二款和第三款合并，并删除其中"加强经济立法"，即修改为："国家完善宏观调控。依法禁止任何组织或者个人扰乱社会经济秩序。"

其中，文化产业地位、文化权益保障和公共文化服务及其均等化要求等内容能够得到体现。

第四，在现行宪法第二十五条增加一条：

国家加强和创新社会管理，加强社会主义社会建设，构建社会主义和谐社会。

随后宪法条文序号依次类推。

其中，和谐社会建设与和谐文化建设等内容得到体现。

第五，将现行宪法第二十六条修改为：

第二十六条　国家保护和改善生活环境和生态环境，防治污染和其他公害。坚持生产发展、生活富裕、生态良好的文明发展道路，努力建设美丽中国，实现中华民族永续发展。

其中生态文明建设得到集中表述，并且富有概括性。由此本条原来第二款"国家和组织鼓励植树造林，保护林木"作为一个具体的国家政策条款，拟可删去。

其他宪法修改建议同样可以在适当位置得以表述。

四、在宪法的统率和指引下甄别文化立法的重点选项

假定针对宪法文本予以上述修改和完善，将促使文化立法在宪法的统率和指引下，更加坚实地开展和实施。其中，首先将使得有关文化立法项目在立法的指导思想、基本原则与结构关系上得到进一步的整合、一致和协调，如在文化领域的基本法律和除基本法律以外的其他法律的关系上，将可以明确一些具有特定调整领域的文化特别法由全国人大常委会制定，并由此加快文化立法的步伐。其次将促使有关领域的立法需求及其项目定位浮现，如由此在核心价值体系的教育方面，在哲学社会科学的繁荣、发展、普及和应用方面，在近代特别是革命历史遗迹的立法保护，在国家文化发展基金的法律规制上，将会呈现出其立法的必要性，而不是相反——可有可无甚至无所作为的。再次将进一步在中共十八大报告、党章修正案和可能的后续宪法修改的精神指引下，更加解放思想，在包括文化强国建设在内的"五位一体"发展总体格局的广阔视野中，立足全面推进依法治国，突出立法重点领域和重点项目，审视和分析现有的立法

思维与项目拟议，并探索创新，得出可能的应有判断。最后从宪法修改的具体出发，辨析其战略意义和现实指向，将有利于在当前和今后一个时期，发掘和映现出相对集中的文化立法重点之所在。这样给予直接的启迪在于反观、消化和汲取现有规划和学界观点，以找寻和锁定具有立法可能性、必要性特别是紧迫性的文化立法项目，并立足其调整对象和供给关系来明确其实施的步骤和策略。

《国民经济和社会发展第十二个五年规划纲要》要求：建立健全文化法律法规体系，加快文化立法，制定和完善公共文化服务保障、文化产业振兴、文化市场管理等方面法律法规，将文化建设的重大政策措施适时上升为法律法规，加强地方文化立法，提高文化建设法制化水平。《文化部"十二五"时期文化改革发展规划》在规划第十一章法制保障方面，提出需要推进的立法法规工作有：《公共图书馆法》立法；研究制定《文化产业促进法》、《公共文化服务保障法》、《博物馆条例》、《大运河遗产保护条例》、《世界文化遗产保护管理条例》、《艺术品市场管理条例》、《古籍保护条例》、《国家图书馆条例》、《游戏游艺机市场管理办法》、《娱乐场所管理条例实施细则》等；需要修订完善的法律法规有《文物保护法》、《互联网上网服务营业场所管理条例》等。

在地方的文化立法及其规划中，以广东省为例，《广东省建设文化强省规划纲要（2011~2020年）》中专门提出：加强文化法规建设。加快地方性文化立法进程，修订完善现有的关于文化建设的法规或政府规章，制定出台《广东省公

共文化服务促进条例》、《广东省非物质文化遗产保护条例》、《广东省历史文化名城名镇名村保护条例》、《广东省文化产业促进条例》、《广东省知识产权保护条例》等地方性法规。其中，作为全国第一部关于公共文化服务体系建设的综合性地方法规，《广东省公共文化服务促进条例》于 2012 年 1 月 1 日起实施。

有学者在《加强文化法制建设》中提出：当前加强文化法制建设的重点在于以下五个方面：一是健全发展公益文化事业、保障人民基本文化权益的法律法规；二是健全加快发展文化产业、推动文化产业成为国民经济支柱产业的法律法规；三是健全文化管理的法律法规（包括建立健全新闻法律制度）；四是健全促进网络文化健康发展的法律法规（包括制定电信法、健全网络信息法律制度）；五是健全与文化活动密切相关的法律法规（包括制定旅游法、自然遗产保护法、志愿服务法、慈善事业法等）。有学者认为，应当主要包括文化基础立法、文化事业立法、文化产业立法、文化权利立法四个部分。还有一部分学者认为，应以"文化强国"的新思路，结合《决定》、《纲要》确定的文化发展规划，走特色化、差异化的文化立法发展之路，构建以文化基本法为核心、文化促进法为基础、涵盖文化产业、文化事业、文化交流与文化安全的文化立法体系。

在调研中，我们了解到以下关涉文化的立法吁求相对集中：包括制定出版法等文化权利方面的立法；制定财产收入申报法、反腐败法等；制定统一的知识产权保护法，修改著作权法；制定公共图书馆法、网络安全法等；制定慈善

法。还有学者主张，要用法律规范来保护公民的文化权利，制定文化方面的基本法律是最重要的任务。

在基于现有立法状况、开展调查研究、借鉴上述合理因素、参酌域外文化立法的基础上，按照顶层设计和突出重点相结合、立法需求与资源约束相结合、立法类型和国情根据相结合、体制改革和法治保障相结合等原则，本着"价值彰显、产业发展、服务均衡、规范有序"的立法目标，兼及对于在"后体系时代"完善中国特色社会主义法律体系进程中，立法的均衡性、立法的精益化（既要求基本法甚至法典化，又要求特别法，即强化其针对性和指向性）、立法的协调性和立法的创造性（既不是直接拿来、简单移植，更不是复古和守旧，而是在中国特色社会主义制度的实践探索中进行的凝聚和固化），将日益突出的发展态势和优势阻力综合研析，除去文化遗产传承保护和合理利用［修改《文物保护法》，制定《水下文物保护法》、《历史文化名城名村镇保护法》、《保护地法》（有主张《自然遗产法》）等］，文化权益尊重维护保障和实现，文化立法与教育、科技、体育等的立法融合项目、关联项目［如修改《体育法》，制定《体育仲裁法》，修改《语言文字法》、《档案法》，制定《学前教育法》、《旅游法》等，修改《科技普及法》（并非制定其实施条例）等］之外，可以明确以下三个文化立法中期规划重点：第一，在核心价值体系教育、健康文化氛围的营造上，由可能性、操作性和适度性的基准线分析，思想文化领域的立法有着其适宜的选项。第二，在公共文化服务的法律保障方面，制定

《图书馆法》、《文化馆法》、《博物馆法》、《纪念馆法》（或者相对综合的 《公共文化设施法》）等。第三，在文化产业促进和市场秩序监管方面，修改《著作权法》（进行中）、《专利法》（进行中）、《广告法》，制定 《电影法》、《文化产业促进法》、《演出法》、《艺术品拍卖法》、《互联网信息安全法》等。

Abstract：Cultural legislation is a key legislative area of the "post system era" of the rule of law system. Based on the constitution of our country ideological and constitutional text，combined with the developmental path and stage characteristics of the theory of the amendment to Constitution，it is necessary to analysis and accurate judge the shortcomings and limitations of current constitutional norms，and thus has to be timely and appropriate modification，so as to provide constitutional justification for cultural legislation.

Key Words：Cultural Legislation；Constitutional Justification；Constitutional Amendment；Constitutional Norms；the Principle of Legal Reservation

从马克思精神生产理论看当代文化生产的发展趋势

◎ 李厚羿*

摘　要：本文阐明了马克思关于精神生产理论的发展历程和核心观点，并在此基础上论述了理解文化生产的基本原则，同时也在历史唯物主义的视野下提出了现代化进程中文化生产所面临的问题及其发展趋势。

关键词：马克思；精神生产；文化；生产；发展趋势

一

人类思想史上第一次明确提出精神生产概念并做出了系统研究的是资产阶级的古典经济学派。马克思受其影响，将这一领域的探讨引入自己的经济学理论之中，而事实上，他并没有在明确的意义上对"精神生产"概念做过严格的界定，但是通过考察马克思的历史唯物主义理论的创建历程，以及他对资产阶级古典经济学理论的批判，可以找到理解该概念的明晰线索。可以说，"精神生产"是马克思在19世纪中期自由竞争时期的资本主义社会环境中阐明文化本质与特征的重要手段与方法。

在马克思的理论发展中，"精神生产"概念的确立和成形有着一个逐渐细化和完善的过程。在《1844年经济学哲学手稿》中马克思就已经将"实践"（自由的、有意识的对象化活动）与"生命活动"（维持肉体生存需要的活动）区分开来。在马克思看来，"实践"就已经是一种理想意义上的"精神活动"，因为这种活动是"不受肉体需要的支配也进行"的"真正的生产"，是按照"任何一个种的尺度"和"美的规律"[①]来创造的生产。在《神圣家族》一书中，马克思提

---

* 李厚羿，男，中国社会科学院哲学所博士后，首都经济贸易大学马克思主义学院讲师。

① 马克思：《1844年经济学哲学手稿》，刘丕坤译，人民出版社2008年版，第57—58页。

出了"精神生产"同"物质生产"一样，要关注精神产品的价值、所需要的劳动时间，从而合理地控制"精神作品"的"规模、结构和布局"的观点①。1845年，马克思在《德意志意识形态》一书中通过"社会分工"的概念回顾了整个人类实践发展的历程。由于生产力发展水平的提高，劳动的形式发生了改变，分工作为高度协调化的方式已经在原始社会末期出现，并随着劳动工具和生产规模的改变而发生改变。其中"精神劳动"通过分工而逐渐与"物质劳动"(生产)②相分离，从而开始形成了一个独立的部门。由此，在马克思的理论中，"精神生产"的概念开始有了较为清晰的轮廓，"精神生产"作为与"物质生产"相对的概念被确定下来，从而为研究意识如何摆脱世界而去创造"纯粹的"文化做出了理论铺垫。

精神生产作为人类特有的活动方式，在社会历史的发展中表现出不同的层次和阶段。在马克思看来，精神生产是在物质活动和社会分工的前提下从社会生活整体中分离出来的独立形态的"思想、观念、意识的生产"，一般来说，它被分为自发意义上的精神生产，即日常生活世界层面的思想、观念和意识的生产，以及自觉意义上的精神生产，即政治、法律、道德、宗教、哲学、艺术等的高级社会意识形式的生产两个层次。在《德意志意识形态》中，马克思提到，"思想、观念、意识的生产最初是直接与

人们的物质活动、与人们的物质交往、与现实生活的语言交织在一起的。观念、思维、人们的精神交往在这里还是人们的物质关系的直接产物，表现在某一民族的政治、法律、道德、宗教、形而上学等的语言中的精神生产也是这样。人们是自己的观念、思想等的生产者，但这里所说的人们是现实的、从事活动的，他们受着自己的生产力的一定发展以及与这种发展相适应的交往(直到它的最遥远的形式)的制约"③。

精神生产在物质生产发展水平的不同阶段有着不同的表现样式，有着从日常的意识生产到直接的、独立的精神生产的发展过程。值得注意的是，马克思认为的精神生产是一个不断运动和自我否定的发展过程，离开这个特征去理解，往往就陷入学界所质疑的精神生产只有独立于物质生产成为自己生产自己的发展阶段才算是精神生产，从而否认人类的原始社会和未来理想的共产主义精神生产的可能性，最终把精神生产放逐到一个毫无现实基础的理论境地之中。

但是，马克思又在理论阐释中保留了对自主性的一种科学预测或是期待，建立在超越"物质必然性"基础之上的文化自主和意志自由的信念，"文化上的每一个进步"就是不断"迈向自由"的过程，而这个过程正是精神生产不断被否定和扬弃的过程。值得注意的是，马克思的"意识"或"精神"概念是置于与物质生产(基础性生产方式)相对立

---

① 《马克思恩格斯全集》第 2 卷，人民出版社 1965 年版，第 10 页。
② 《马克思恩格斯全集》第 1 卷，人民出版社 1995 年版，第 292 页。
③ 《马克思恩格斯全集》第 1 卷，人民出版社 1995 年版，第 72 页。

的意义上使用的，两者之间在很多程度上是在等同地位上的，并不存在传统认为的"精神"是"意识"的一部分的说法。与此同时，精神生产与物质生产是一个有机的对立统一的整体，"宗教、家庭、国家、法、道德、科学、艺术等，都不过是生产的一些特殊的方式，并且受生产的普遍规律的支配"①。

二

在马克思的理论之中，独立的精神生产是随着生产效能的提高，直到有超出生产生活所必需的多余的产品产生，以及私有制和阶级的不断形成，最终随着脑力劳动和体力劳动的分离，才出现了现代意义上的精神生产。马克思认为，分工只是从物质劳动和精神劳动分离的时候起才开始成为真实的分工。在此基础上，这种"真实的分工"造成了专门从事精神劳动的阶层。这样专门从事脑力劳动和精神活动的部门就从以往的物质生产部门之中脱离出来，后者作为前者的物质保障共同构成了社会生产的总体。

在有分工和阶级存在的社会中，马克思将从事精神生产的人分为了三种：

（1）依附于或隶属于社会统治阶级的精神生产人员。马克思提到，"统治阶级的思想在每一个时代都是占统治地位的思想。这就是说，一个阶级是社会上占统治地位的物质力量，同时也是社会上占统治地位的精神力量。支配着物质生产资料的阶级，同时也支配着精神生产的资料，因此，那些没有精神生产资料的人的思想，一般地是隶属于这个阶级的"。所以，在阶级社会的内部，有一部分人是"作为该阶级的思想家而出现的，他们是这一阶级的积极的、有概括能力的玄想家，他们把编造这一阶级关于自身的幻想当作主要的谋生之源"②，这些人是统治阶级的文化代言人，以维护统治阶级的利益为目标。

（2）雇佣性质的精神生产劳动者。在阶级社会特别是资本主义市场经济的社会之中，资本家雇佣精神劳动者为自身物质生产扩大、资本增值、提高利润而服务。逐利是资本的固有特性，雇佣精神生产的成果也作为产品，或者是作为生产生活产品的精神性内容在市场中进行流通，实现着资本的增值。这些精神生产者由于没有生产资料的所有权，而成为了资产阶级利益的维护者和思想的代言人，自身并没有意识形态的主导权，而是沦为了资本主义社会体系发展的文化工具，正如马克思所提到的，"资产阶级抹去了一切向来受人尊敬和令人敬畏的职业的神圣光环。它把医生、律师、教士、诗人和学者变成了它出钱招雇的雇佣劳动者"③。

（3）自由的精神生产者。马克思在对资本主义社会结构的考察中，还强调了非意识形态性的、具有相对自由性的精神生产者，这个部分在传统的文化理

---

① 马克思：《1844年经济学哲学手稿》，人民出版社2008年版，第82页。
②《马克思恩格斯选集》第1卷，人民出版社1995年版，第98-99页。
③《马克思恩格斯全集》第22卷，人民出版社1965年版，第487页。

论研究中往往被忽视，或者将其归并到意识形态生产者的部分中。马克思在《剩余价值理论》一文中专门提到了"意识形态"与"自由精神生产"之间的联系和区别，事实上，建立在这种区分之上，研究文化的独立性和自律性才成为可能，以往建立在"经济基础—上层建筑"的结构性理解模式中很难凸显出这个问题。历史表明，文化的发展往往依靠这些独立自由的精神生产者，大量的民间（非官方意识形态）艺术、文学、音乐、宗教、手工制造都较少地受到当时的权力机构和统治阶级的影响，甚至呈现出越是社会结构和关系复杂，时局动荡、生产方式遭遇一定的困境的时代，人们越能反思时代，能够涌现出震撼人心的文化成果。

事实上，从历史上的人员构成来看，在资本主义以前的奴隶社会和封建社会里，由于受社会生产力发展水平低下、物质生活资料匮乏以及精神生产发展规模狭小等原因的制约，精神生产自产生以后的漫长时间里，一直是少数人的"自由"活动和政治特权，即使是所谓的自由生产者在整体和数量意义上还是依附着社会经济政治的主导者，没有逃脱主流的意识形态。

从事精神生产的主体，如统治阶级、依附于统治阶级的思想家，由于他们占有社会的物质生活资料，摆脱了体力劳动的束缚，没有为生机而奔波。他们获得了政治上、精神上的发展权。他们所从事的精神生产活动往往游离于经济或社会直接的物质生产劳动之外。他们从事精神生产的目的，不是为了生产，而是一种爱好和兴趣，而资本主义社会中这种独立的精神生产群体才从数量上和质量上确立下来。马克思提到，"资本主义生产方式的特点，恰恰在于它把各种不同的劳动，因而也把脑力劳动和体力劳动，或者说，把以脑力劳动为主或者以体力劳动为主的各种劳动分离开来，分配给不同的人"[1]。值得注意的是，在生产的逻辑下，整个精神产品作为社会生产的一个特殊部分而出现，所以精神产品也具有了商品的特性，在"生产"、"交换"、"分配"和"消费"各个环节中都体现出物质产品共有的特性，都作为物质产品的形态参与资本的运动过程，都是以追求利润为最终目标，以交换为手段，以分配和消费为归宿。精神产品享有物质产品一样的流通过程，马克思描述了这种创造财富的过程，他提到，"一切职能都是为资本家服务，为资本家谋福利；连最高的精神生产，也只是由于被描绘为、被错误地解释为物质财富的直接生产者，才得到承认，在资产者眼中才成为可以原谅的"[2]。

但是，精神生产又呈现出明显的特殊发展形态。就劳动时间而言，物质生产劳动的产品可以用无差别的"一般劳动时间"来衡量，从而可以使这些产品得以量化价值以便能够进行流通交换。精神生产的劳动是脑力劳动，这种劳动就很难予以量化统计，也无法确定劳动时间，所以也没有确定的交换价值。然

---

① 《马克思恩格斯全集》第26卷（第1册），人民出版社1972年版，第444页。
② 《马克思恩格斯全集》第26卷（第1册），人民出版社1972年版，第298页。

而，当精神生产作为规模化的产业形态出现的时候，这种问题得到了好转，但是也没有得到根本性的解决，同时在交换和分配过程中，精神生产的文化或智力属性，使得复制成本非常的低，所以盗版等现象也非常严重，保护知识产权也成为了精神生产中的必要环节。

另外，精神产品的消费方式也与物质产品有着明显的不同，后者更多是满足人的物质性需要，而前者主要是满足人的情感性需要，因而这种满足方式也导致了评价、认定方式的不同，对同样的产品的满足感也有很大区别，所以表现在利润上，也有很多不可控制的因素。例如，电影生产，好的电影和卖座的电影常常不同，而且好的电影划分标准也不尽相同，人们对电影的满足程度也因人而异，所以往往导致了精神生产的风险性和不确定性。

三

事实上，随着科学技术的发展以及生产方式的变革，文化不是外在于"社会物质生活过程"的东西，而是本身就积极参与到这一过程，成为了其中重要的组成部分。精神生产和物质生产的界限越来越模糊，精神生产不仅逐渐弱化了其独立的形态，而且也以一种符号和象征性元素积极参与到了物质生产的构建之中，呈现出丰富多元的社会发展特征，这种变化是通过精神生产研究的一系列变革体现出来的，具体表现有如下几个方面：

首先，"空间"成为了文化生产的新要素。从 20 世纪 70 年代开始，空间问题就已经成为了文化理论的重要议题，特别是受到福柯关于空间的权力构建思想的影响，空间问题逐渐被凸显出来，成为了文化符号、价值和意义研究的切入点，空间是由一系列动态的过程所构成，而这些过程暗藏在权力与象征等领域之中。正如福柯指出的那样，"整段空间的历史都有待书写，空间的历史同时也是权力的历史"①。事实上，"空间转向"开启了文化研究的新视域，是将人类的活动视为发生在空间之中的活动，并将时间和空间联系在一起，并统一在人的现实感性活动之中，成为了空间转向的研究方法。人们日益开始关注由于人们的生产活动而带来的不同的空间意义，例如，一间房子可以分为不同的空间领域，客厅、餐厅、卧室、阳台等，不同的领域有着不同的用途，这些用途便赋予了这些空间不同的意义和价值，反过来，不同的意义和价值的空间又产生了相应意义和价值的活动，这使得这些空间变成充满情感的空间。卧室是私密亲近的空间，而客厅则是公共聚会的场所，阳台是瞭望和休息的地方，厨房便是辛勤劳动和从事家务的地方。与此同时，空间领域还跟平权运动、女性主义（例如，不同的空间领域有不同的人群活动，从而也导致了这些空间领域不同的等级差异，公共领域如聚会场所、政治场所由于大多都是男人，所以被赋

---

① Edward W. Soja："Postmodern Geographies：The Reassertion of Space in Critical Theory"，London：Verso，1989.

予了阳刚、正义、坚强、友谊的符号，而私人领域如家庭空间、劳动场所由于大多都是妇女，所以被赋予了阴柔、底层、服务、从属、弱势等意义）等思想联系在一起，从而成为了现代斗争的新阵地。空间的象征性和权力被持续注入，从而使得两者紧密地结合在一起，变成一种"空间符号"。马克思在19世纪中期就已经在自己的经济学著作中多次提到了人的感性活动的"时空特性"，马克思提到，"时间实际上是人的积极存在，它不仅是人的生命的尺度，而且是人的发展的空间"①，他将时间和空间统一在人的感性的活动之中，从而带来了与传统国民经济学家截然不同的新观点，也开启了文化理解的新的视角。空间已然作为重要的元素（生产元素、价值元素以及审美元素等）参与到整个文化生产、交换、分配和交换等不同过程之中，成为了一种新的关注领域。

其次，"象征"在文化生产中凸显出了重要作用。象征是一个用来代表另一个客体或意义的记号，是一种以符号为基础的再现形式。如果说以往人们关注马克思精神生产理论的"物质领域"，那么随着人们对"象征"问题的聚焦，精神生产所带来的"象征意义"和"符号价值"便逐渐开始获得了新的关注，这正如鲍德里亚将"符号价值"作为马克思商品的两种价值（交换价值和使用价值）之外的第三种价值一样，马克思的"精神生产"理论中的"精神（主观）领域"得到进一步的开发和拓展，这是20世纪后期资本主义生产方式的转变所带

来的一种深刻的理论变革。从某种意义上说，将"物质"（指的主要是人们在交往活动、生产劳动中所产生的产品，"人化"的物品）背后的"精神属性"和"属人关系"揭示出来，的确开启了研究的新视角，但是如果过于强调后者的重要性和地位，难免就有喧宾夺主的嫌疑了。然而，20世纪后期的欧美资本主义社会的理论家由于缺少对市场经济发展逻辑的深刻把握和对未来历史走向的"信念"而往往执著于对"精神因素"的迷恋，以此来抒发着自己对资本主义的一种恐惧和担忧。不论是符号系统的研究、意义生产的领域，还是关于"符号/象征"、"语言/隐喻"、"象征性秩序/法则"等问题的探讨，无不反映着这种心理趋向。最有代表性的如法国哲学家拉康，他热衷于关注象征秩序在精神分析理论中的重要作用，并认为象征秩序不仅是一个语言结构，也具有社会性意义，而进入象征秩序则是主体得以构成的条件。在这里，拉康颠倒了主体不同层次活动的逻辑地位，将人的主体性和本质建立在了日趋虚幻的精神基础之上，从而迷恋于更加缥缈的人的"潜意识领域"和"精神分析"之中无法自拔，最终丧失了科学理解对人的劳动本质和精神特性的机会，这是比较遗憾的。事实上，马克思的社会心理理论的开发，在很大意义上揭示了人的主观活动的现实基础和真实范围。

最后，"（伦理）反思"纠正着文化生产的错误方向。文化伦理反思的主要任务就在于揭示经济活动中的总体价值

①《马克思恩格斯全集》第47卷，人民出版社1979年版，第532页。

和规范，从而更加清晰地指明社会成员正当的活动规范和行为准则，这是经济生产过程中对"人的遗忘"和"价值的遗忘"最好的补充。在经济生产（以产品形态出现）的过程中，经济目的主要是以"物的逻辑"和"工具理性"做支撑，服从的是"科学"与"知识"的要求。工具理性与经济规律要求扩大市场，并且在市场上只允许这种理性和规律发挥作用，市场越大，工具理性和分工程度就越高，文化意义体验的总体性就越少。市场自主化表明社会总体的分化，面对这种自主化所带来的一系列社会代价（价值缺失、束缚人性自由发展、生态破坏等），文化伦理（反思）则力图对经济生产活动的原则进行"价值理性"的"返魅"。

总而言之，在现代工业社会中，传统产业在国民经济中所占的比例日渐缩小，而第三产业即服务业不断扩大和做强。现代工业经济开始日益重视人的因素，随着经济观念由注重物质产品生产的量到注重服务性经济的质的转变，经济中的非物质活动的增长快于物质活动的增长，服务性经济中文化方面的增长快于工业型经济中物质生产的增长。在经济中，日常劳动生活如生产、业务劳动、消费活动中的审美和文化开始获得了新的关注和挖掘，这也为经济、艺术和文化之间的协同发展创造了新的可能性。同时，在需求和消费方面，也正在从大众消费向充满审美和文化意义要求的消费过渡，对文化含量高、精美的产品的需求不断增加。曾经限于富裕阶层的文化审美的消费行为，如今已经普遍化，成为广泛的消费需求，商品中的象征性及心理因素的价值成分随着经济的物质需要满足而相对增长，这些都成为了当前文化生产以及文化产业化发展进程中不可避免的趋势，都需要人们开启智慧，更加积极地应对。

Abstract：This paper clarifies Marx's development course and core point of views about theory of spiritual production, on this base discusses the basic principle of understanding cultural production, and also puts forward encounters and problems of cultural production in the process of modernization and its development trend in the prospects of historical materialism.

Key Words：Marx；Spiritual Production；Culture；Production；Development Trends

荷兰文化税收政策研究纲要

◎ 宋晓玲*

摘　要：荷兰政府为了实现其预期的政策目标，往往使用经济手段、行政手段和法律手段等多种政策手段。税收政策是经济手段中的重要手段之一，而且其重要性日趋上升。荷兰的文化税收政策作为其税收政策的组成部分，具有其税收政策的一般特点。作为荷兰文化发展的资金来源，其重要性甚至已经超过了政府的直接补贴。本文以荷兰的文化政策模式为背景，将文化税收政策置于荷兰税收政策的框架内，主要就荷兰如何运用积极的文化税收政策来实现文化政策目标进行了提纲式的研究，并对其存在的问题进行了初步分析。

关键词：间接资助；税收政策；文化税收政策

一、　研究的目的和意义

荷兰国土面积仅有 41528 平方公里，人口只有 1675.1 万人（2012 年）[①]，是一个地理和人口小国。但是，荷兰不仅孕育出画家梵高、伦勃朗、弗美尔等世界级大师，同时也是文学、音乐、摄影、建筑和艺术设计大国，被誉为世界设计的风向标，是一个不折不扣的文化大国。此外，截至 2014 年，荷兰已经连续十一年保持中国在欧盟第二大贸易伙伴地位。荷兰也是欧盟第三大对华直接投资来源国。同时，中国是荷兰在欧盟外第一大贸易伙伴和第二大投资来源国。当前我国正在全面深化改革、扩大对外开放，这为中荷两国经济、文化等各领域合作提供了新契机。荷兰可以分享中国发展的机遇，中国也可以在改革开放进程中借鉴荷兰的先进技术和管理经验[①]。但是，目前我国学者对于国外文化产业税收政策的研究却主要涉及位于欧洲的英

---

* 宋晓玲，中国传媒大学博士生。
① 资料来源：荷兰驻华大使馆官方网站。

国、法国和意大利，位于北美洲的美国和加拿大以及位于大洋洲的澳大利亚等。其中对法国模式、美国模式和英国模式的研究最多。对于同样位于欧洲的荷兰，我国学者却没有开展对其文化领域（含捐赠在内）文化税收政策的相关研究。因此，对于荷兰文化税收政策的研究不仅可以填补我国学术界在该领域的研究空白，而且荷兰成熟的文化税收制度对于完善我国文化产业法律体系建设、促进文化产业发展、推动经济结构转型升级具有重要的借鉴和参考价值。此外，对于促进中荷文化企业合作，推动中国文化走进荷兰、走入欧洲、走向世界也具有不可估量的重要意义。

二、荷兰的文化政策及其模式

（一）荷兰的文化政策

荷兰的文化政策是由教育文化科学部（以下简称文化部）制定的，是一个被称为补贴计划系统的一部分。荷兰的文化政策具有连续性和周期性的特点。荷兰文化政策（专项资金）法案指出，文化政策必须每四年更新一次。每四年出台的政策文件是荷兰文化政策的基本文件。虽然每四年进行更新，但是政策在实践中仍然具有高度的连续性，2013~2016 年预算的削减并没有改变这一点。参与和教育、创新和人才发展、创业和国际化一直是重点领域。当前，某些政策重点正日益成为关注的焦点，主要表

现在参与（Participation）和创业领域。文化政策的实施过程要在每个周期末被评估，文化政策本身是被连续监控的，特定的项目都会进行单独监测和评估。此外，文化部每年都会出版《文化聚焦》（荷兰语：Cultuur in Beeld），包含来自文化部门的有关数据。总之，文化政策的实施过程会导致一个错综复杂、多样性和高质量的文化供给，原则上为每位荷兰人提供参与文化的机会，不论是作为一个从业者还是一个旁观者[②]。

（二）荷兰的文化政策模式

法国的文化政策模式是政府主导型，英国的文化政策模式是准公共机构主导型，荷兰的文化政策模式则是介于两者之间的政府和准公共机构折中型。在政府方面，荷兰文化部负责制定大的文化政策方向，具体的表现是每四年出台的文化政策文件。在准公共机构方面，由覆盖文化各个领域的资助机构负责确定文化政策在该领域的政策目标及其财政资金的分配。荷兰的文化政策模式大致可以由下述部分来描述（见图1）。

1. 文化理事会——提供建议

文化理事会（Cultural Council）是由1995 年以前的艺术理事会（Art Council）改组而成的，负责提供四个方面的政策意见：文化提案、各领域资源分配方式、特定补贴申请的评价以及表彰对象的选定，为文化部出台文化政策提供智力支持和政策建议。

---

① "习近平密集外交行程开启 从荷兰推开欧洲大门"，中国新闻网，2014 年。
② "The Ministry of Education，Culture and Science"，The Dutch Cultural System 2013–2016.

2. 文化部——出台文化政策

文化部根据文化理事会提出的建议，制定和出台文化政策文件。

3. 财政部——配套资金支持

财政部确定配套资金，并且使其补贴计划与文化部的文化政策联动、配套。

4. 各资助机构——分配资金

1990 年受英国"一臂之距"原则的影响，荷兰各领域的资助机构纷纷建立起来。就目前掌握的资料来看，荷兰已经有 14 个文化资助机构，包括媒体理事会、文学理事会、电影理事会、舞台艺术理事会、民间艺术理事会、建筑理事会、设计理事会、美术理事会等。覆盖各领域的文化资助机构负责确定该领域的工作目标、实施等具体事项。

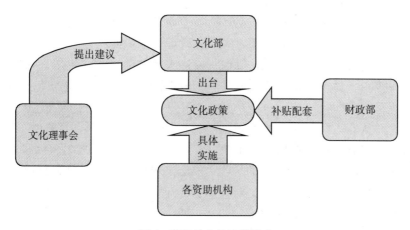

图 1　荷兰的文化政策模式

三、荷兰税收政策中的文化税收政策

（一）荷兰的税收制度

荷兰税收制度的历史可以追溯到 1813 年荷兰王国建立的时候，当时，荷兰政府在国内实行均一税制。1914 年以后，荷兰政府开始对所得进行征税。20 世纪后半叶，荷兰政府进一步引入了若干个税种。其中，增值税、面向法人和自然人的税目，以及对商业活动征税的税目占有极其重要的地位。现在多种税目的税收中最重要的是对销售额和所得的税收，占全部税收收入的 70%以上。对荷兰政府来讲，来自法人的税收是第三大税收，约占全部税收收入的 15%。

荷兰的税务事务和中国一样是财政部的管辖范围。荷兰的国税和关税的征收由财政部的国税关税执行局（DGBEL：Directoraat–Generaal–Belastingdienst）负责，税制的策划和制定则由财政部的主税局（Directoraat–Generaal voor Fiscale Zaken）负责。其中也有一部分税收事务由荷兰经济部的荷兰执行局（NL Agency）负责，如对直接补贴、税收政策的申请内容以及项目提案书的检查工作等。

（二）荷兰的税收政策及其类别

所谓税收政策（荷兰语：Belasting-uitgaven），就是根据法律规定的税收丧失或税收延迟造成的"政府支出"。也就是说，是由税收优惠所产生的一种"财政补贴"[1]。

根据征税对象的不同，荷兰的税收政策分为两类：一是面向法人和个人事业主（相当于我国的工商个体户）的税收政策，二是面向个人的税收政策。荷兰对法人的税收政策分成法人税、薪酬所得税、间接税。对个人事业主的税收政策分为所得税和间接税。对个人的税收政策分为对从业人员的税收政策（如从业人员的财产储蓄免税措施、节能汽车减税）、由资本支出产生的所得的税收政策（环境治理基金的投资免税、对荷兰历史建筑物投资免税）、减税政策（如对教育和捐赠减税）以及对个人其他的减税政策。

税收政策对于荷兰民众和法人来讲，是改变自己行为的激励措施。在荷兰历史上共有两种激励政策：第一种是积极的税收刺激政策，即通过降低成本和消费额促进人们的行为，如个体户的税收抵扣和节能汽车税的减免。第二种是消极的税收刺激政策，即提高成本和消费额抑制人们的行为，如烟税。20世纪90年代中期以后，积极的税收激励政策在荷兰迅速增加。

（三）作为间接资助的荷兰文化税收政策

为了实现政府制定的政策目标，荷兰政府通常采用三类不同的政策手段或工具：第一类是补贴，即个人、法人或者其他的各个机构从事政府期望的活动可享受政府补贴；第二类是特别交付税，主要致力于地方自治体实现自己制定的政策目标；第三类是税收政策，即国民、法人和其他机构在税制上都能适用的税收上的优惠措施或者减免措施。其中，补贴和特别交付税属于直接资助范围，而税收政策是一种间接资助。

1999年，美国M.Schuster的论文指出，1980年以后，文化领域的多种工具的开发和变化，与其说是在直接资助领域，不如说是在间接资助领域，这是一个世界性的潮流[2]。2006年，日本的后藤和子教授和荷兰的海默尔斯博士联合撰写的论文指出，近年来文化领域的税收政策不仅在美国，在欧洲也得到了发展。如荷兰通过税收对文化的间接资助在1994年以后以直接补贴的反比例在持续增长。2004年，间接资助的额度发生了逆转，超过了直接资助的总和[3]。2008~2012年，与直接补贴相比，税收政策规模（积极税收政策）的绝对值和年预算减少额在GDP中的比重均在增

---

[1] 1987年荷兰财政部资料。

[2] J. Mark Schuster："The Other Side of the Subsidized Muse：Indirect Aid Revisited"，Journal of Cultural Economics，1999，23（1）：51-70.

[3] Kazuko Got，Sigrid Hemels："Tax Incentives for Charitable Giving to Arts and Culture：A Comparison between the USA，Japan and the Netherlands"，2006.

加。2008 年是 1.49%，2012 年是 2.04%。

为什么会导致这个现象？荷兰的税收政策具有持久稳定性和一般普及性。荷兰的税收政策一般是持续实施的，政策持久稳定。而且荷兰税收政策非常公开，对适用对象、适用行业、适用条件、税率等关键信息都有公开发布，并可以向税收部门咨询详细情况。也就是说，法人、个人事业主和个人都可以依照税收政策平等享受税收优惠政策。对于文化领域也是如此。

四、荷兰的文化税收政策框架

荷兰最古老的文化税收政策诞生于 1893 年，这一政策规定，个人财富中的艺术作品可以免税。这项文化税收政策一直是荷兰税法的内容之一①。截至 2005 年，荷兰在 100 多年间共引进文化税收政策 36 种。所涉及的税种包括个人所得税、企业所得税、增值税、赠与税、遗产税等。所涉及的文化领域包括电影产业、公共广播、艺术表演、艺术收藏、戏剧表演、图书报刊杂志等。资助的对象包括主流的文化机构、作曲家、作家、新闻工作者等②。

荷兰的文化税收政策大体分为以下几类：艺术品的捐赠、促进文化遗产、

对 NPO 的捐赠、促进创意产业集聚（促进艺术家向特定地区集聚）、促进对创意产业的投资等。成熟的文化税收政策体系，使得资本不断向政策所鼓励的文化领域集聚，这是促使荷兰成为文化大国的重要因素之一。

（一）以个人所得税的减免为工具的文化税收政策

从时间上看，荷兰最古老的文化税收政策就是个人所得税政策。1983 年引进的艺术科学作品免税政策，其目的是促进艺术品的私人收购。可见荷兰在文化发展过程中对人的关注是非常早的。从数量上看共有 8 个，占文化税收政策总数的 22.2%，数量较多。所涉及领域包括电影、艺术作品、文化投资、历史文物和赠与，范围广泛。因此，引入早、数量多和范围广是以个人所得税的减免为工具的文化税收政策的优势，符合荷兰政府一直以来的提高群众参与文化的机会的文化政策目标。

从评估情况来看，8 个该类文化税收政策中只有 3 个做过评估，政策评估不足。从参与的专家类型中可以看出，只有艺术专家、税收专家或者无人三种情况，缺少艺术和税收专家的共同参与（见表 1）。

---

① ② Sigrid J.C. Hemels："Tax Incentives for the Arts：The Case of the Netherlands"，2006. 本文中所使用的文化税收政策是该论文中艺术税收政策（Tax Incentives）的应有之义。

表 1　以个人所得税的减免为工具的文化税收政策

序号	税收政策	引进时间	税种	目标	评估	百万欧元放弃的税收（万欧元）	艺术/税收专家的艺术判断
1	任意折旧的电影	1998 年	个人所得税	加强荷兰商业电影产业	2001 年和 2003 年	20（2003 年）①	无
2	电影投资减免个人所得税	2002 年	个人所得税	加强荷兰商业电影产业	2001 年和 2003 年	23（2003 年）	无
3	艺术科学作品免税	1893 年	个人所得税	促进艺术的私人收购	无	5	税收专家
4 + 5	文化投资的免税和减税	2004 年	个人所得税	促进民间资本投资博物馆和表演艺术	无	2	艺术专家
6	历史文物免税	1972 年	个人所得税	保护文化遗产	无	32	艺术专家
7	赠与可减免个人所得税	1952 年	个人所得税	促进对文化机构的赠与	2006 年	不详	税收专家
8	历史文物重建基金免税	2005 年	个人所得税	促进文化遗产的重建	无	2	艺术专家

资料来源：Sigrid J. C. Hemels："Tax Incentives for the Arts：The Case of the Netherlands"，2006.

（二）以企业所得税的减免为工具的文化税收政策

与个人所得税相比，荷兰以企业所得税的减免为工具的文化税收政策引进较晚（最早的是 1941 年），从数量上也相对较少（共 6 个）。从评估情况来看，没有对任何一项税收政策进行过任何评估，并且也无法考察其税收成本情况。从参与情况上看，只有税收专家参与，缺少税收和艺术专家的合作，这在一定程度上影响了文化政策目标的实现（见表 2）。

表 2　以企业所得税的减免为工具的文化税收政策

序号	税收政策	引进时间	税种	目标	评估	百万欧元放弃的税收（万欧元）	艺术/税收专家的艺术判断
9	企业投资图书馆免税	1941 年	企业所得税	—	无	不详	税收专家
10	企业投资文化机构免税	1969 年	企业所得税	对免税的补充	无	不详	税收专家
11 + 12	文化机构和相关志愿者可减免企业所得税	2002 年	企业所得税	避免不应有的税收	无	不详	税收专家

---

① 20（2003 年）表示：在 2003 年时，每 100 万欧元中就放弃了 20 万欧元。

续表

序号	税收政策	引进时间	税种	目标	评估	百万欧元放弃的税收（万欧元）	艺术/税收专家的艺术判断
13	开支储备	2001年	企业所得税	避免直接补贴的年度收据	无	不详	税收专家
14	赠与可减免企业所得税	1952年	企业所得税	促进企业对文化机构赠与	无	不详	税收专家

资料来源：Sigrid J. C. Hemels："Tax Incentives for the Arts：The Case of the Netherlands"，2006.

（三）以增值税的减免为工具的文化税收政策

不论就数量还是就所涉及的成本而言，以增值税的减免为工具的文化税收政策都是最重要的政策。根据 Hemels（2006）的论文，2005年已知的12个以增值税政策的减免为工具的税收政策，给文化领域的间接资助金额就至少有6.94亿荷兰盾（约24.44亿元人民币）。此外，个人所得税法案（PIT）和企业所得税法案（CIT），两者都包括7种税收政策。赠与和遗产税法（GIT）包含5种税收政策①。由此可见，增值税在荷兰文化税收体系中具有极其重要的作用，但是缺少评估和艺术与税收专家的共同参与（见表3）。

表3 以增值税的减免为工具的文化税收政策

序号	税收政策	引进时间	税种	目标	评估	百万欧元放弃的税收（万欧元）	艺术/税收专家的艺术判断
15	降低艺术品增值税率	1934年	增值税	支持艺术经销商和艺术家	无	不详	税收专家
16	降低图书、杂志和报纸的增值税率	1934年	增值税	提高全民的艺术和教育水平	无	577	税收专家
17	降低图书杂志租借的增值税	1955年	增值税	促进文化发展，支持贫困人口	无	不详	税收专家
18	降低博物馆增值税率	1956年	增值税	促进文化发展	无	不详	税收专家
19	降低表演艺术增值税率	1998年	增值税	促进文化发展	无	不详	税收专家
20	降低影院的增值税率	1996年	增值税	促进文化和电影产业发展	无	不详	税收专家
21	降低表演艺术家的增值税率	1941年（1969年废除），2002年	增值税	促进文化教育的公平和戏剧表演的发展	无	不详	税收专家

① Sigrid J.C. Hemels："Tax Incentives for the Arts：The Case of the Netherlands"，2006.

续表

序号	税收政策	引进时间	税种	目标	评估	百万欧元放弃的税收（万欧元）	艺术/税收专家的艺术判断
22	文化服务免增值税	1955 年	增值税	避免不恰当的税收和征税中的困难，支持艺术政策	无	不详	税收专家
23	公共广播免增值税	1941 年	增值税	——	无	不详	税收专家
24	讲座免增值税	1941 年	增值税	——	无	不详	税收专家
25	作曲家、作家和新闻工作者免增值税	1941 年	增值税	——	无	不详	税收专家
26	转售艺术区别税收	1995 年	增值税	避免累积增值税，支持艺术经销商	无	不详	税收专家

资料来源：Sigrid J. C. Hemels："Tax Incentives for the Arts：The Case of the Netherlaads"，2006.

（四）以赠与税和遗产税的减免为工具的文化税收政策

与企业所得税政策（1941 年）和增值税政策（1934 年）的引入时间相比，以赠与税的减免为工具的文化税收政策的引入时间较早，1917 年就已经引入了（见表 4）。赠与是荷兰文化领域资金筹集的主要来源之一，这一政策对于荷兰的文化发展具有重要的作用。如今，荷兰的赠与税政策对于世界各国仍有重要的借鉴意义。荷兰财政部 2014 年资料显示，荷兰公益组织不缴纳遗产的赠与税，或者是致力于公益而分配的礼物也免赠与税；公益组织不需要对来自机构基于公益而捐赠的礼物缴纳赠与税；自然人和法人捐款给公益组织，可以从个人所得税或企业所得税中扣除他们的赠与份额。可见，荷兰的赠与税减免的文化税收政策很成熟。

表 4　以赠与税和遗产税的减免为工具的文化税收政策

序号	税收政策	引进时间	税种	目标	评估	百万欧元放弃的税收（万欧元）	艺术/税收专家的艺术判断
27	降低文化机构税率	1921 年	赠与和遗产税	支持文化机构/促进赠与	无	不详	税收专家
28	文化机构免税	1917 年	赠与和遗产税	促进私人赠与	2000 年	不详	税收专家
29	博物馆免税	1917 年	赠与和遗产税	支持公共艺术收藏	无	不详	税收专家
30	促进艺术和科学的赠与免税	1931 年	赠与和遗产税	支持政府的职责	无	不详	税收专家
31	艺术品支付遗产税的可能	1997 年	赠与和遗产税	保护文化遗产	无	不详	艺术专家 税收专家

资料来源：Sigrid J. C. Hemels："Tax Incentives for the Arts：The Case of the Netherlands"，2006.

（五）以其他税种的减免为工具的文化税收政策

荷兰的文化税收政策还涉及以不动产转移税、资本税、车辆税和能源税的减免为工具的文化税收政策（见表5）。但是，这些文化税收政策同样缺乏政策评估，其政策效果不清楚，大多数税收政策的成本也难以计算。

表5　以其他税种的减免为工具的文化税收政策

序号	税收政策	引进时间	税种	目标	评估	百万欧元放弃的税收（万欧元）	艺术/税收专家的艺术判断
32	收集古迹免税	1972年	不动产转移税	保护文化遗产	无	11	艺术专家
33	公共福利免税	1917年	资本税	上市公司免除资本税	无	不详	税收专家
34	博物馆的前辈免税	1995年	车辆税	避免展览产生额外费用，以及恐惧使用公共道路	无	不详	税收专家
35	汽车图书馆免税	1967年	车辆税	促进图书馆走进偏远地区	无	不详	税收专家
36	文化机构退款	2000年	能源税	没有从其他退款中获益的补偿	无	不详	税收专家

资料来源：Sigrid J. C. Hemels："Tax Incentives for the Arts：The Case of the Netherlands"，2006.

五、本文小结

基于上述分析，我们可以看出荷兰的文化税收政策框架完善，具有引入时间早、税种丰富等优点，但也存在着一些明显的缺陷。

（一）缺少民主监督

从评估情况来看，36个文化税收政策中只有4个文化税收政策进行过政策评估，而且评估时间也比较晚。例如，在1952年引入的可减免个人所得税的政策，在实施了55年之后，2006年才开始对其进行评估。此外，1917年引入的免除赠与税政策，在2000年对其进行评估。由此可见，荷兰的文化税收政策在实施过程中缺少对政策效果的评估，民主控制和民主监督缺失，在政策的信息公开和透明度方面存在缺陷。

（二）缺少协调机制

从艺术判断的情况来看，在36个文化税收政策中有29个是由税收专家进行艺术判断的。只有1个税收政策（遗产税收政策，1997年引进）是由税收专家和艺术专家共同进行艺术判断的。可见，政府各部门在协调机制方面存在一定缺陷。在荷兰，文化税收政策由财政部负责制定，并不在文化部的预算之中[①]。这可能导致在文化税收政策的实施过程中，文化部和税收部门之间在协调上

---

① Sigrid J.C. Hemels："Tax Incentives for the Arts：The Case of the Netherlands"，2006.

存在困难，以及在协调中两个部门的优先决定权方面难以明确。职责分割不明确也可能导致两部门相互推诿、互相推卸责任，降低政策的实施效果。此外，也可以看出，荷兰政府在文化税收政策的设计过程中缺少文化艺术专家和税收专家的互动和交流，可能导致税收政策在实施的过程中无法达到促进文化繁荣发展、提高公众文化参与以及促进文化多样性的预期目标。

（三）溢出效应明显

荷兰的增值税法案规定，一个封面下总共超过32页的所有东西，如公车时刻表、色情杂志等，都可以像其他所有杂志一样，以同样的方式获得补贴①。由此可见，并不只是文学作品而是所有的书籍都可以从以增值税的减免为工具的文化税收政策中获益。从而，税收政策的溢出效应导致政策在实施中偏离政策制定的初衷。这在一定程度上造成了公共资金的浪费，扰乱了文化市场的正常秩序。

（四）获益对象单一

从税收优惠对象上看，文化机构和文学获益最大。文化税收政策并不是均衡地分布在所有的文化部门。一般来看，大多数的税收政策都与文化机构相关。在财政方面，6个致力广义上的文学的税收政策是最重要的。举例来说，2005年图书报纸和杂志的增值税率由19%降低到6%，导致税收收入减少5.77亿荷兰盾（约20.1亿元人民币）②。这也另辟蹊径地阐述了，为什么荷兰的作家和从事文学的人不断地抱怨缺少政府的支持。由此可见，荷兰的文化税收政策在资助对象方面的不公平，可能会引发一些文化领域从业人员以及艺术家的不满，这在一定程度上阻碍了文化的发展。

Abstract：In order to achieve its expected policy objectives, the Dutch government usually adopted diversified policy means. Tax policy is one of economic means, and its importance is increasing day by day. As a part of its tax incentives, the Dutch tax incentives for culture have the general characteristics of them. The Dutch tax incentives for culture as a source of funding for the cultural development, their importance have even exceeded the direct subsidy. This paper is based on the cultural policy model of the Netherland, and tax incentives for culture are put into the framework of Dutch tax policy. It mainly makes an ouline of the research on how to use the positive tax incentives for culture to achieve the goal of cultural policy, and analyzes the existing problems of the Netherlands.

Key Words：Direct Subsidy；Tax Incentives；Tax Incentives for Culture

---

①② Sigrid J.C. Hemels："Tax Incentives for the Arts：The Case of the Netherlands"，2006.

论传媒产品走出去的三大生产模式*

◎　刘建华**

摘　要：在文化走出去中，为了尽可能减少国际传媒产品的文化差异程度，生产环节和生产模式的选择极为重要。"ABC"模式、"混搭"模式与"纯通适文化"模式是目前全球传媒生产中最常用也最行之有效的模式。

关键词：国际传媒产品；文化差异；减少；生产模式

模式就是从不断重复出现的事件中发现和抽象出的规律，是解决问题形成经验的高度归纳总结。核心地讲，模式是解决某一类问题的方法论，是从思维上提供一种理论方法，而不是具体操作的程序。它具有宏观性、指导性与前瞻性等特征。有了模式的指导，生产者在具体的生产实践中，就会根据实际情况制定优良的设计方案，达到事半功倍的效果。传媒生产模式就是在生产传媒文化产品过程中的具有规律性总结的指导方法，它能规整传媒产品的本质、特征、定位与指向，以避免生产的无效率。对于中国传媒产业而言，在针对国外市场（尤其是欧美等发达国家市场）而进行的传媒生产中，减少文化差异的生产模式较多，我们主要剖析以下三种，即"ABC"模式、"混搭"模式与"纯通适文化"模式。

一、"ABC"模式

ABC 是 American Born Chinese 的缩写，中文意思是"香蕉人"。最初意指出生在美国的华人。这些移民后代自小就受美国文化、美国教育的熏陶，其思维方式、价值观是完全美国化的，徒具中国人黄皮肤黑头发的外形而已。现在，这个概念泛指海外华人的第二代、第三代子女，即在人种特征上具有华人形貌，

---

* 本文系中国博士后基金面上项目一等资助（2014M560159）研究成果。
** 刘建华，中国社科院文化研究中心博士后，中国新闻出版研究院副研究员。

而文化价值观却是其他国家的华裔。"黄皮其外、白瓤其内"、"黄皮白心"、"夹缝中的人"、"中文盲"、"边缘化"等是对 ABC 描述最多的词语，带有一定的贬义色彩。石瑞勇认为，"香蕉人的主要特征可以概括为'外黄内白'、'外中内西'。这些年轻华裔都有中国人的血统和特征：都是龙的传人，一样的黑头发、黑眼睛、黄皮肤。他们却只会说英语，信仰美国社会的价值理念，长着一颗'白心'"①。

潘荣成对《上海之吻》中的"香蕉人"Liam Liu 进行了分析，认为其矛盾之处就是文化身份的冲突问题。作为具有中国人特征的人却具有西方思维方式，结果为两种文化的人都不接受。由此说明，文化身份的重要性，尤其是作为核心部分的思维方式与价值观。正如斯图亚特·霍尔在《文化身份和族裔散居》中所说，文化身份一方面代表一种共有的文化，反映共同的历史经验和共有的文化符码，有一定的稳定性、相似性和连续性；另一方面它又具有不稳定性、差异性和断裂性。"种族、阶级、性别、地理位置影响'身份'的形成，具体的历史过程，特定的社会、文化、政治语境也对'身份'起着决定性作用"②。当然，"香蕉人"在文化身份上并不是非此即彼的，他们虽然具有西方文化价值观，但却很难成为真正的西方人。如《喜福会》中钟林冬所说，"华裔移民都有两张'面孔'，这两张面孔代表了华人的双重身份：

既非中国人，也非真正的美国人；或者正好相反，既是中国人，又是美国人"③。

我们对 ABC 的分析，并不是从社会学角度来研究"香蕉人"的文化认同矛盾问题，而是想从中提炼一些思路，成为传媒产品"ABC"生产模式的理论基础。首先，文化价值观是判断一个人群体归属的标准，而非血统、人种特征。我们看到，尽管华裔在外观上与中国人并无二致，但他们却没有任何中华文化因子，说的是西方语言，拥有的是西方文化价值观，属于地地道道的美国人。其次，"ABC"也有好处，可以成为中美两国文化交流的中介与桥梁，他们既非纯粹的美国人，也非传统意义上的中国人。但是，通过他们的双重特征，可以减少国际交流中的文化差异，有利于不同文化价值观的相互认可。

为此，我们所说的"ABC"生产模式是指：在产品的核心精髓上，体现的是产品输出国的文化价值观；在产品的形式甚至内容上，可以完全是东道国的文化血统与特征。从语言、历史与习惯、故事题材到内容呈现的生产者等，都可以是东道国的。这样，传媒文化产品就可以最大化地减少文化差异的障碍，为东道国消费者所接受。在消费者的不断接受中，实现对产品输出国文化价值观潜移默化的认可。这种生产模式，不仅适用于中国生产者，也适用于世界各国。凡是文化价值观与产品形式或内容刚好分属输出国与东道国的生产，我们都可

① 石瑞勇："华裔'香蕉人'现象剖析"，《当代青年研究》2008 年第 2 期，第 77 页。
② 潘荣成："从《上海之吻》谈香蕉人的文化身份问题"，《电影文学》2011 年第 7 期，第 32 页。
③ 张静："探讨美国华裔文学中'香蕉人'的文化认同"，《现代交际》2011 年第 3 期，第 100 页。

以称之为"ABC"生产模式。

这种生产模式成功的案例较多，主要为美国等西方国家运用，中国尚未出现这种生产模式的成功案例。《功夫熊猫》、《末代皇帝》就是这种模式的成功案例。在《功夫熊猫》中，文化元素、故事题材等都取自中国。熊猫是中国的国宝，功夫（虎、鹤、蛇、猴、螳螂）是中国传统的武术文化，还有风景、饮食（包子与面条）、风俗（舞龙、放鞭炮）、名字（阿宝、神龙大侠）等，都是中国文化元素，是正宗的"黄皮"，但其体现的却是美国思维方式与文化价值观，表现的是美国人的自主、自立、自信的独立精神和典型的美国式的个人英雄主义这个"白心"。但是《功夫熊猫》凭借这个"黄皮"进入中国市场，几乎没有文化差异障碍，不仅获得巨大的经济效益，而且实现了美国文化的对外扩张。据统计，《功夫熊猫1》以1.9亿元的票房收入[①]，在2008年的进口片排名榜上高居首位；《功夫熊猫2》更是乘势而上，以6亿元的票房收入[②]，在2011年上半年所有上映影片中，独占鳌头。

《末代皇帝》也是"ABC"生产模式的典型，影片几乎是纯粹的中国元素，但是，却没有传播中国真正精髓的优秀文化价值观。观众看到的是丑陋中国人的形象，体现的还是西方人傲慢、高人一等的文化价值观。《花木兰》、《国王与安娜》等影片也是如此。此外，好莱坞还有很多文化素材来源于其他国家的影片，

如《木乃伊》是来自埃及文化，迪士尼出品的《小美人鱼》、《卖火柴的小女孩》是改编自丹麦作家安徒生的童话，《寻找理查》、《罗密欧与朱丽叶》、《哈姆雷特》则是改编英国戏剧家莎士比亚的作品。这些影片毫无例外都体现了美国文化价值观这个"白心"，借用东道国文化这张"黄皮"，减少了文化差异障碍，获得了经济效益，同时也实现了美国文化价值观的扩张。

对于中国传媒业而言，在运用"ABC"生产模式作为方法论，进行传媒生产的实践时，要确保一个前提，即不论使用多少东道国文化元素，必须是"中国制造"的传媒产品，这样才能促使中华文化价值观得到东道国消费者的最大化认可。

二、"混搭"模式

"混搭"一词来源于服装时尚界，英文原词为"Mix and Match"。其意是指把各种以往不可能出现在一起的风格、材质、色彩等时装元素搭配在一起，以形成新的和谐整体。"混搭"似乎有点无厘头，但它是有一个主题的。围绕这个主题，进行自由与个性化的创新，以期混合出多样化的效果，创造出意想不到的、彰显个性与丰富视觉效果的潮流作品。在服装时尚界，皮草混搭薄纱、晚装混搭牛仔、男装混搭女装、朋客铁钉混搭洛丽塔长裙等，已是司空见惯。韩国的

---

① 资料来源：人民网，http://henan.people.com.cn/news/2009/01/07/354562.html，2011年11月29日。
② 资料来源：新华网，http://news.xinhuanet.com/ent/2011-07/13/c_121658518.htm，2011年11月29日。

叠穿法被称作"混搭"哲学的基础课程，它的核心主要是穿出节奏感。

实际上，"混搭"现象并不是现代人发明的东西，也不是仅限于服装时尚界。它自古就有，并且充斥在建筑、艺术、运动、传媒、计算机、饮食等各个领域。"混搭"也被扩展为将传统上由于地理条件、文化背景、风格、质地等不同而不相组合的元素进行搭配，组成有个性特征的新组合体。

在时间上，中国古代社会就存在"混搭"现象，郑板桥擅画竹，在以竹子为主题的画中，经常混搭上兰草、岩石等物，旧社会穿中式服装戴礼帽拄文明棍的也常有。在空间上，各个行业"混搭"的身影随处可见。建筑：有人民大会堂、北京的民族文化宫等，尤其是各地的中欧结合的房地产楼盘，更是"混搭"的天堂。音乐：中英文杂陈的歌曲比比皆是，经典的有《北京人在纽约》主题曲，当人们听完"在梦里你是我的唯一"这一句时，接下来的"Time and time again, You ask me"，使听者如饮甘露、欣喜无比。绘画：徐悲鸿的作品，把中西结合的优势发挥得淋漓尽致。戏剧：云南与俄罗斯合作的芭蕾舞剧《小河淌水》，把少数民族音乐、故事与俄罗斯的芭蕾舞完美地混搭在一起，以不朽经典成为"中俄国家年"的重点项目；国家大剧院的歌剧《西施》是把西方歌剧与中国古代绝色美女西施的题材混搭在

一起，使该剧成为大剧院的保留节目；由港金集团打造的百老汇舞台剧《梦·云南》，把百老汇与云南民族文化、时尚的艺术表现形式（如踢踏舞）、国际一流的舞台技术效果和现代交响乐、电子乐与民族音乐、美国人与中国人、美国飞虎队老兵与中国抗战等，进行混搭，赢得观众认可，成为在云南艺术剧院长期演出的剧目。运动：无论是项目混搭、有氧无氧混搭，或是动静混搭，都更具趣味性和全面性，可以同时具有塑形、减脂、增肌、健体等效果。[1] 语言：引进阿拉伯数字却用汉语数字的读音，用拉丁字母作为汉语拼音符号，口语和文章中夹杂着如引擎、马达、康拜因、拷贝、沙发、席梦思、WTO、GDP 等外来词汇和外文字符，中国香港人说话则是直接夹杂英语[2]。计算机：代表了互联网应用方向的云计算混搭上火热的移动互联网，被称作破坏性创新的云计算，在宽带移动互联网上，将成为一种绕不开的趋势[3]。

传媒业也不乏混搭：2009 年的《义乌商报》改版，"都市风情版是时尚感+本土化+服务性的一个混搭"[4]，认为"混搭"是县市报时尚报道的王道。哈文的《咏乐汇》，把访谈、娱乐、人生等混搭在一起，网友评价说是"四不像"，李咏说"四不像也有个名字，叫麋鹿，我的这个节目就叫跨界，'混搭'也是一种风格"[5]。美国的电视娱乐节目也是"混搭"的乐土，"Jon and Kate Plus 8"是纪

---

① 吕斌："运动混搭更时尚更健美"，《保健医苑》2008 年第 10 期，第 47 页。
② 百度百科，http://baike.baidu.com/view/195381.htm，2011 年 11 月 29 日。
③ CNSN："互联网混搭云计算：破坏性创新时代"，《电子商务》2010 年第 5 期，第 8 页。
④ 陈颖颖："县市报时尚报道：'混搭'才是王道"，《新闻实战》2011 年第 4 期，第 74 页。
⑤ 赵允芳："'混搭'也是一种风格"，《传媒观察》2009 年第 5 期，第 11 页。

录片与娱乐的混搭，是以一对生育了8个孩子（一对双胞胎、一组六胞胎）的韩国丈夫美国妻子为主角，记录他们的家庭生活。"娱乐本身并没有法则，某种程度上说，一切皆可娱乐。大胆跨界、创意混搭，多元化引进节目制作的风格与元素，已是综艺节目不可忽视的生存之道"①。"英国电视业中的'Mix & Match'十分盛行，跨界寻找灵感的电视节目给人耳目一新的感受，也会获得成功。主要是娱乐元素与严肃题材的混搭，包括娱乐元素+新闻调查，代表作有'Watch Dog'；娱乐元素+纪录片，代表作有'Pineapple Dance Studio'；娱乐元素+科普节目，代表作有'Spring Watch'"②。此外，电影业也有"混搭"：美国梦工厂的《牛仔和外星人》，就是西部片与外星人故事的"混搭"之作，正如编剧罗伯特·奥希所说，"这是2011年夏天最独特的电影，既不是漫画超级英雄题材，也不是续集大片，你无法忽视影片用混搭注册的片名，这会是20世纪50年代B级片能够实现的最好版本，影片将西部与科幻两种类型片元素精妙地合二为一"③。

除了以上所述不同行业之内的"混搭"外，行业之间也颇多混搭。以传媒为例，美国整体流行"混搭"风④。拉斯维加斯太阳马戏团 cirque du soleil 水秀，将传统歌舞秀和高台跳水、花样游泳等奥运比赛项目加以结合，是歌舞与高难度体育表演项目的混合。纽约1频道进行电视与电台的混搭，在众多大台、大制作的挤压下仍生存得很好。《纽约时报》成功地实施了与电视、网络的混搭。视频网站 Hulu，是迄今为止传统电视、电影工业与互联网接轨最成功的案例。这些混搭，为传媒业发展提供了新的方向与空间。

喻国明教授认为，对于中国传媒业来说，跨界与"混搭"是拐点之后最令人振奋的一种发展业态。"'跨界'是对固有的业态边界的打破：传播者角色的跨界、传播渠道的跨界、传播内容的跨界、产业资源的跨界、媒介市场的跨界……'混搭'是人们在传播要素、市场要素的使用和配置上产生了一系列跨界之下的令人耳目一新和深具想象空间的种种搭配模式。其价值在于：一是激活原有的'沉默价值'，形成范围经济的服务格局；二是拓宽原有的市场边界，谋取更大的市场版图"⑤。从艺术审美上来看，"'混搭'在社会学的视角下是短暂的，也是模糊的。设计师如何能够为他的作品贴上'混搭'标签，显然需要一定的设计艺术功底和创作力。从艺术纯与不纯双向的角度来思考，'混搭'就是要呈现'混沌'之美"⑥。

对于传媒业而言，要采取"混搭"的生产模式，需要注意以下几个问题。

①④ 万莉："融合、混搭与多元化：美国电视娱乐节目发展的启示"，《视听界》2010年第1期，第76页。

② 赵薇薇："英伦电视节目的混搭之风"，《视听界》2011年第3期，第69-71页。

③ 电影发疯："变陈腐为诡谲：神马混搭出位之作"，《电影世界》2011年第4期，第84页。

⑤ 喻国明："跨界的发展与混搭的价值"，《新闻战线》2011年第2期，第1页。

⑥ 夏杰："'混搭'审美"，《消费导刊》2009年第3期，第226页。

第一，"混搭"是有基调的组合与搭配。"'混搭'是有纪律的狂想，看似漫不经心，实则出奇制胜。混搭虽然是多种元素共存，但不代表乱搭一气，也就是说设计师是否能用混搭的方式来造境成功，关键还是要确定一个有'基调'的混搭，以一种风格为主线，其他风格做点缀，分出轻重，有主有次，才能成功地造境"①。对于中国传媒产业而言，在国际文化贸易中，其"混搭"生产的产品应该要体现中国基调。

第二，构成"混搭"的材质无疆弗界。顾名思义，之所以需要进行混搭，是因为同类材质已不能进行有创新的生产，无法生产出满足消费者需求的产品，必须不拘一格，借用各个领域不同（甚至是截然不同）的材料与元素进行组接，达到意想不到的结果。

第三，"混搭"追求开放与创新，不循规蹈矩。"混"就意味着对所有既成规则的突破与解构，"搭"意味着通过一个主基调把这些看似无序的材质联结起来。在传媒文化生产中，只有不断推陈出新，才能生产出消费者喜闻乐见的产品。

第四，"混搭"对不同材质的构成数量是有所限制的，这些有限的材质要体现自己的个性风格。服装时尚中的"混搭"，一般不超过四种元素。正如喻国明所说，"时尚界人士告诫我们：要依据自己的情况和个性来选择混搭的模式，搭出自己的风格是最好的，并且色彩搭配全身上下最好不要超过三种颜色，要不就成调色板了。做时尚是这样，做传媒也是这样"②。

第五，对于传媒文化业来说，创意是把"混搭"材料整合成和谐体的主线。传媒生产面对的文化元素极其丰富，全世界的精神财富都可以为我所用。如何把这文化元素或者劳动者混搭在一起，需要在考察研究这些文化元素的基础上，产生一个能把它们聚积起来的创意，用创意这根主线把所有材质混搭在一起。

第六，国际传媒产业的"混搭"不仅是为了创新，更重要的是为了减少文化差异。在一国传媒生产中，如美国娱乐节目，其之所以采取"混搭"生产模式，是围绕传媒发展"问题单"解决方案的种种创新，是对传播要素与市场要素进行无界限的组接与整合，以新产品满足消费者不断上升的精神需求。对于国际传媒生产来说，这只是个基础。"混搭"更重要的目的是把不同国家传播要素、市场要素进行联结与组合，造成你中有我、我中有你的态势，从而减少文化差异，实现东道国消费者对输出国文化价值观的最优化认可。

鉴于此，对于国际传媒产业而言，"混搭"生产模式主要有以下几种类型。

（1）劳动者+劳动者。此种"混搭"类型以及以下两种混搭类型，都有一个共同的前提，即是不同国家材质之间的混搭，至少是两个国家（包括产品输出国与东道国），当然也指两个以上国家。事实上，说得更确切点，应该是不同文明之间的混搭。之所以这样说，是因为我们侧重的是文化价值观的认可，这并

① 夏杰："'混搭'审美"，《消费导刊》2009 年第 3 期，第 226 页。
② 喻国明："跨界的发展与混搭的价值"，《新闻战线》2011 年第 2 期，第 1 页。

不否定每个国家独立的文化特性。"文明是放大了的文化,与文化一样都包括价值观、准则、体制和思维模式"①。根据亨廷顿的看法,目前世界有5个主要文明,即中国文明、日本文明、印度文明、伊斯兰文明与西方文明。以西方文明为例,它主要包括经济发达的欧美国家,只要是其中一国的劳动者与非西方文明"混搭"生产,其产品就可以大致适用其他国家。这样一来,为的是便于进行分析研究及生产实践。

劳动者之间的"混搭"就是指传媒产品是由输出国和东道国劳动者合作生产的。这个劳动者是指什么呢?一般来说,凡是人的因素参与生产,都称之为劳动者。首先,可分为个体与集体两类。个体就是指单个的人,包括记者、编辑、演员、导演、剧作家、音乐人等。集体是指由个体的人形成的组织,包括报社、电台、电视台、电影公司、发行公司、公益组织、行业协会,乃至政府与国家。其次,"混搭"既可指同一行业个体之间的混搭,如电影演员与电影演员之间的混搭,也可指不同行业个体之间的混搭,如演员与音乐人、演员与导演、演员与音乐人之间的混搭。最后,集体的"混搭"既指同一媒体公司之间的混搭,如《末代皇帝》就是意大利扬科电影公司、英国道奥电影公司、中国电影合作制片公司混搭而成的,也指不同类型媒体的混搭,如上文说到的纽约时报与电视、网络的混搭,还指媒体公司与非媒体公司的混搭。

对于中国传媒业来说,劳动者"混搭"较为成功的案例——《黄河绝恋》,是由中国演员宁静与美国演员 Paul Kersey 的混搭。《龙争虎斗》是中国演员李小龙与美国导演 Robert Clouse 的混搭。《尖锋时刻》是中国演员成龙,美国演员克里斯·塔克、汤姆·威尔金森,美国导演布莱特·拉特纳的混搭。《金陵十三钗》是好莱坞影星克里斯蒂安·贝尔(蝙蝠侠)与中国演员佟大为等的混搭。"鸟巢"夏季音乐会"2009《魅力·中国》"是宋祖英、周杰伦、郎朗、多明戈的混搭。北京 2008 年奥运会开幕式主题曲《我和你》是中国歌唱家刘欢与英国歌唱家 Sarah Brightman 的混搭。这些传媒产品,减少了文化差异障碍,有利于东道国消费者的最大化接受。

(2)劳动对象+劳动对象。劳动对象是人们把自己的劳动加在其上的一切物质资料。马克思把劳动对象分为两类,"一类是未经人的协助而天然存在的自然界物质,如矿藏;另一类是经过人们加工的原材料,如棉花、钢铁等"②。劳动对象就是劳动的吸收器,它吸收了由劳动资料传导来的劳动者新追加的劳动,变成了具有新的使用价值和价值的新商品。在传媒产业中,劳动对象可从两个层面去认识:一是指信息(知识)、资讯、广告、娱乐等已经加工过的产品,它们可以通过媒介这个载体进行混搭,最终呈现出来的是不同类型的媒体产品,

---

① [美] 塞缪尔·亨廷顿:《文明的冲突与世界秩序的重建》,周琪等译,新华出版社 2010 年版,第 20 页。
② 张昆仑:"论劳动对象在生产力决定生产关系中的地位和作用",《河南大学学报》(哲学社会科学版) 1989年第 3 期,第 22 页。

如图书、报纸、期刊、广播影视、互联网等。二是指构成信息、资讯、广告、娱乐等的自然物质与人类文化，人类文化包括精神文化、物质文化、制度文化与行为文化，当然，还包括表现这些物质与文化的语言符号，在这些不同类型文化中，还可以再细分，这里不再赘述。

在国际传媒产业生产中，劳动对象+劳动对象"混搭"的案例也较多。《千万次的问》是中英文不同语言的混搭。《国王与安娜》、《李小龙传奇》等是不同国家文化的混搭。央视国际频道等是不同类型新闻、资讯、娱乐的混搭。互联网更是"混搭"的天堂，它集所有内容于一体，但又体现自己的个体特色。如新浪、中国网络电视台、YouTube 等，可以说，新媒体将是劳动对象"混搭"生产的最佳表现平台。

（3）劳动者 + 劳动对象。这种类型是劳动者与劳动对象的交叉混搭。它又包括劳动者+劳动对象、（劳动者 + 劳动者）+ 劳动对象、劳动者 +（劳动对象 + 劳动对象）、（劳动者 + 劳动者）+（劳动对象+劳动对象）等不同方式。劳动者+劳动对象是指传媒生产者是输出国的，劳动对象是东道国的，或者相反，总之是不属于同一个国家，随着国际合作的日益加深，这种方式已不多见。（劳动者 + 劳动者）+ 劳动对象是指不仅有分属输出国与东道国的劳动者和劳动对象的混搭，而且有分属输出国与东道国劳动者之间的混搭，这种方式较多，如《末代皇帝》、《红河谷》、《黄河绝恋》、《花木兰》等。劳动者 +（劳动对象 + 劳动对象）是指不仅有分属输出国与东道国的

劳动者与劳动对象的混搭，而且有分属输出国与东道国劳动对象的混搭，如《功夫熊猫》、宋祖英的北京鸟巢及维也纳演唱会等。（劳动者 + 劳动者）+（劳动对象 + 劳动对象）是指有分属两国的劳动者与劳动者的混搭、劳动对象的混搭，以及这两种"混搭"之上的混搭。这种传媒"混搭"生产方式是将来发展的趋势。随着经济全球化、文化全球化的深入发展，传媒生产"混搭"将无所不包。

总之，这三种"混搭"类型只是从生产力构成要素方面进行宏观的勾勒，具体混搭形式丰富而精致，不拘一格。但凡能在新创意的串联下，把不同甚至截然相反的材质加以混搭，生产出为国内外市场喜闻乐见的传媒产品，减少文化差异，实现东道国消费者最大化接受的目的，我们就可以说，这种生产对于国际传媒产业运营是有效的。

三、"纯通适文化"模式

"纯通适文化"生产模式是指在传媒产品的生产中，不论是内容形式，还是核心精神，其使用的素材全部是本国文化元素，当然，这要保证一个前提，即这些素材必须是表现全人类基本价值观念的文化。也就是说，要使用本国的通适性文化进行生产，从而可以促使传媒文化产品为东道国消费者所接受。虽然通适性文化体现的是全人类基本价值观，但由于承载这些价值观的材质是中华文化，因此，也能发挥传播中华文化价值观的作用。

那么，什么是通适性文化呢？

"越是民族的就越是世界的"说明文化具有通适性的一面①。尽管每个国家、民族在自己的历史形成过程中，由于地域、语言、思想、心理的不同，拥有不同的丰富灿烂的文化，但它们都是人类改造实践的认识与经验。这些认识与经验是普适性的东西，是关于自然与社会的哲学思考。"文学的民族性与世界性是同一枚硬币的两面，是同一事物呈现出的两种属性，而这两种属性又是同一的，即越是民族的，就越是世界的，越是世界的，就越是民族的。首先，丧失了民族个性的作品，特别是不优先关怀民族自身的生存与发展的作品，不可能形成对人类的真切关怀。缺少民族个性，便丧失了文学的本质特征。所以文学的民族特性的发展越鲜明、越丰富、越充分，就越具有世界性。其次，民族文学唯有置于世界性的文学交流之中，才可能得以发展与繁荣，民族文学的特性才可能得以保存与发扬，才可能以自身的不断发展、丰富，不断成熟而赢得世界意义和世界地位"。同理，文化的繁荣是离不开各民族的文化个性的②。

经济效益推动了文化的传播，越是民族的文化，在世界中越拥有市场。近几年的奥运会中，无论是澳大利亚的悉尼奥运会，还是韩国的汉城奥运会以及希腊的雅典奥运会，开幕式中展示最多的和最吸引人的并不是高新的科技，而是它们所表现的民族文化。2008年北京奥运会的开幕式上，彰显中华民族文化的"长卷"、"梦幻五环"、"太极"、"点燃圣火"、"飞天"等为全球观众所喜欢，并产生了巨大的社会与经济影响。民族文化一旦开始传播，就会不断向外面的文化空间拓展，从而产生巨大的经济效益。

民族文化的通适性其实指的是其基本价值，是人类对世界的一般看法，与人类生存的基本规律相吻合，反映了人类发展各个阶段对自然与社会改造的经验。当然，由于世界民族发展的阶段与进程不同，其民族文化存在两个层面的差异。第一个层面是空间方面的差异，第二个层面是时间方面的差异，也正是这些差异，又成为各民族交流与沟通的基础。

空间方面的差异是由于地理位置与社会环境的不同，存在于其中活动的人类也因此形成彼此不同的空间，及在此范围内的民族与民族文化。马克思主义人学理论中包含着三重空间的思想，它们分别是自然空间、社会空间和历史空间。这三重空间是联系在一起的，构成了人的活动空间的总体。人的空间是由人的活动所建构起来的，或者说，人的空间是存在于人的活动之中和作为人的活动的结果而出现的。人类社会的发展是对人的理想的空间形态的追求，而人对人的空间的建构在何种意义上能够成为自由自觉的活动，取决于对这三重空

---

① 刘建华："文化安全语境中的民族文化资源与传媒产品"，《新疆社会科学》2011年第4期，第103-104页。

② "如何理解'越是民族的就越是世界的'"，http: //wenda.tianya.cn/wenda/thread? tid=5b8a80ad352e2fca，2010年3月27日。

间的认识。正是因为这三重空间，各个国家与民族存在差异，但又必然需要交流沟通，每个民族的自然空间、社会空间与历史空间的形成发展无非是人类与自然及社会合力的结果，因此体现于其上的各民族文化必然也具有通适价值，为其他民族所借鉴。

从时间层面来看，不同国家不同民族由于个体进化与社会发展阶段的不同，其对社会的认识就处在不同的阶段上。这与历史空间有相似之处。有些民族处于人类社会的青壮年，而有些还处在童年阶段。从全球视角来看，整个人类社会就如同一条小溪水般，有些在上游，有些在中游，有些在下游。当然，有些民族的文化具有通适性并不是说其处于人类社会发展的某阶段，而是指其感悟与认识实践的方式独特，有基本的人类价值。就中国而言，在新中国成立之初，全国各族人民处在社会发展的不同阶段，汉族进入社会主义阶段，而在西部地区，如云南的独龙族、傈僳族等，还处在人类社会发展的原始阶段，西藏处在人类社会的农奴阶段。由于所处社会阶段的不同，因此对自然与社会的认识就不同，原始社会的民族必然是人类原初的文化，如创世纪、神话小说等。于是，一些先进民族的童年文化就可以在原始民族文化中找到活的记忆。从这个意义上来说，如果把不同的民族文化做个拼接，我们就能在同一空间看到人类社会发展不同阶段的文化。也正因如此，各民族文化才具有全球性的通适价值，也才会被传播，为不同民族所接受，从而具有很高的经济价值，有利于彰显本民族的个性与特色，成就该民族屹立于世界民族之林的位置。

其实，民族文化的通适性，强调的是一个文化中的某些成分对整个人类社会而言，可以是相通的、适用的。但这和一些理论家所鼓吹的普适（或者"普世"）价值存在区别。我们应该从两个方面去观察普世价值问题，首先，这个世界并不存在大一统的普世价值观，某些国家总是认为自己的一套观念体系是最适合全人类的，非得强迫其他国家采用这套体系，这是不可取也是行不通的。其次，"应当正视某种超越国界、超越民族的普适价值观的存在，重视人类共同的价值追求，这样，可以减少冲突，加强交流，有利于世界团结。当然，保持中华民族价值观的独特性也不是说让自己的文化像古董一样与外界隔离。基本来说，我国在价值观建设方面，需要协调民族性与普适性"[1]。

正是因为进行"纯通适性文化"生产，2008 年北京奥运会开幕式、2010 年上海世界博览会、李小龙系列电影、《卧虎藏龙》、《星球大战》、《泰坦尼克号》、《巴顿将军》、《云南映象》、《谁动了我的奶酪》、《世界是平的》、《于丹论语心得》、谭晶英国皇家阿尔伯特音乐厅演唱会上的山西民歌《大红公鸡毛腿腿》等传媒产品，才得以克服文化差异的障碍，畅销世界，在满足消费者精神需求的同时，也起到传播产品输出国文化价值观的作用。

---

① 黄亮宜："具体分析合理抽绎把握分寸——也谈'普适价值观'"，《学习论坛》2007 年第 8 期，第 17 页。

Abstract：It is very important that the selection of production mode in the production segment as far as possible in order to reduce cultural differences of international media products in the trade. The most popular and the most effective production mode is "ABC" mode, "Mix and Match" mode and "pure Universal culture" mode.

Key Words：International Media Products；Cultural Differences；Decrease；Production Mode

唐宋牡丹赋与国花文化*

◎ 常 昭 **

摘 要：牡丹是一个透视不同时代审美发展的"镜子"，也是当前国花评选的重要备选之一。以牡丹为描写对象的作品在唐代渐渐多了起来，至北宋形成了一个高峰。既有花卉文献功能又有牡丹审美韵味的文学作品当属辞赋作品。对牡丹的歌颂，体现出中国人民崇尚富贵祥瑞、盼望国家昌盛的民族文化心理，人们对牡丹的颂美与描摹，已经深入表达了对国花文化建设的迫切意愿。

关键词：唐宋；牡丹；赋；国花

我国是一个古老的农业社会，浓厚的农耕文化色彩熏染了先民的审美意识，植物是人们必需的食物来源，又是兴发诗意的重要介质。《诗经》以植物起兴的手法成为惯例，各种采摘场景成为有效的抒情背景。后代的文学创作同样关注植物与日常生活的关联，进而形成观物以知理的思维方式。特别是色彩缤纷的花卉令人悦目、怡情，在后代的人文景观中，往往与身心修养、人文关怀结合起来，形成特有的文化现象和创作规律。牡丹是一个透视不同时代审美发展的镜子，同时因当前争论不休的国花评选话题，牡丹又一次成为文人墨客笔下的主题之一。

一、歌咏牡丹的诗、词、文、赋

汉代张仲景的医书《金匮要略》中出现牡丹名称，有所谓"大黄牡丹汤方"，直到刘宋时牡丹还只是被当作药材而没有进入文人的审美视野中。唐代段成式《酉阳杂俎》转引谢灵运诗句"竹间水际多牡丹"，诗虽仅存残句，但可以看出牡丹是诗人在观赏竹林与水景时最关注的景致，这可看作是较早的描写牡丹的文

* 本文受山东省博士后创新项目专项资金资助。

** 常昭，山东大学文学与新闻传播学院博士后，济南大学文学院副教授，主要研究中国文学与文化。

学作品。从此牡丹作为一种观赏植物被文人赏玩，以牡丹为描写对象的作品在唐代渐渐多了起来，至北宋形成了一个高峰，南宋因迁都南下，又加国运衰微，对牡丹的兴趣渐减，牡丹作品也较为少见。

周敦颐《爱莲说》记载"自李唐以来，世人甚爱牡丹"，可见在唐代牡丹玩赏臻于盛境，人们开始大量栽种牡丹，牡丹频繁出现在文学作品中，最终成为盛唐国势的形象代表。宋代文人地位上升，为官文人，政事之余，较有闲情逸致，歌咏牡丹的诗词文赋等作品纷纷出现。唐宋时期，歌咏牡丹的作品中数量最多的还是诗词。据粗略统计，唐宋两朝的牡丹诗词约上千首，通过咏牡丹之外形、歌牡丹之品性来寄寓人们的美好愿望，盛赞牡丹花形之美是主要内容。牡丹的娇嫩香艳、丰腴肥美、端庄雍容、光辉灿烂，在众多花卉中独占鳌头，是花卉中的帝王，符合人们乐于歌咏帝王的心态，因此在诗词中大加歌颂。

唐宋文学家以诗咏牡丹者较多见，著名诗人多有歌咏牡丹之诗，如王维、李白、杜甫、韩愈、刘禹锡、白居易、李贺、李商隐、寇准、欧阳修、范仲淹、司马光、梅尧臣、王安石、苏轼等，影响可谓大矣。有学者曾对牡丹诗词的主题进行过探讨，认为主要包括"颂美主题和批判主题"，寄寓个人身世之感和贬谪之痛，亡国之恨和故土之思等①，从这一点看与其他花卉作为寄情介质并无甚分别。诗歌因其短小，特别讲求言尽意

远的表达诉求，所长在于比拟颂美，而在摹写事物外形方面稍逊一筹。如李白著名的《清平乐》三首，写牡丹更兼写美人，于牡丹花形并不看重，只通过间接描写或几笔特写来点缀，如"露华浓"、"一枝红艳"，对花的刻画十分简略，重点在于写出牡丹神韵，同时较多使用历史典故，力求以最经济的字数表达最深远的意义，如诗中所写"云雨巫山"、"汉宫飞燕"等以突出美人之神采。如果说李白之诗重在写意，那么李商隐的七律《牡丹》是一首使用赋法描绘牡丹的诗：

锦帏初卷卫夫人，绣被犹堆越鄂君。垂手乱翻雕玉佩，折腰争舞郁金裙。石家蜡烛何曾剪，荀令香炉可待熏。我是梦中传彩笔，欲书花叶寄朝云。

意象密集，一句一典，以人的形态比拟牡丹之娇艳，但也只能是点到为止，无法细致到牡丹花的植物特性描绘层面，含蓄蕴藉有余而直观可见性不足。唐代王维咏牡丹绝句：绿艳闲且净，红衣浅复深。花心愁欲断，春色岂知心。仅写牡丹之色彩艳丽，及花心之神态。白居易《牡丹芳》：牡丹芳，牡丹芳，黄金蕊绽红玉房。千片赤英霞烂烂，百枝绛点灯煌煌。写单株牡丹之色、香、形，及丛植牡丹的群体效果，但仍是太过单薄、概括，缺乏细节勾勒之描绘。正因诗歌写牡丹容量受限，所以面对千姿百态的牡丹，只能以意概括或以数量取胜，如北宋初诗人郭延泽曾作咏牡丹诗达千余首②。晏殊曾记载一次赏花会，群臣同时

---

① 路成文："唐宋牡丹诗词的主题嬗变及其历史文化内涵"，《阅江学刊》2009年第1期。
② 《宋史》卷271。

作牡丹诗 140 首①。这些诗现在流传无几，正说明了其意蕴容量有限，容易产生重复，而失去审美价值。

牡丹诗创作的另一个倾向是以牡丹为切入点，而全诗主旨非牡丹花。如白居易的《买花》虽极写牡丹之贵重，但其旨意偏在"一丛深色花，十户中人赋！"讽喻洛阳豪贵的奢靡生活，与牡丹描写毫无关系。苏轼《常州太平寺观牡丹》：

武林千叶照观空，别后湖山几信风。自笑眼花红绿眩，还将白首看鞓红。

以牡丹之色彩缤纷反衬自己之白首，此诗以表达身世之感为重点。南宋陈与义《牡丹》用意亦如此：一自胡尘入汉关，十年伊洛路漫漫。青墩溪畔龙钟客，独立东风看牡丹。牡丹并非诗人关注的焦点，只作为一个引子，透露对故土的思念。这类诗当排除在牡丹诗之外。

诗庄词媚，以词记写牡丹之妩媚似乎更为适宜。词因字句较长，韵脚较少，节奏较为舒缓，适合对描写的事物加以铺陈描绘，因此与诗相比，词写牡丹略显优势。如李清照的《庆清朝》：

禁幄低张，彤阑巧护，就中独占残春。容华淡伫，绰约俱见天真。待得群花过后，一番风露晓妆新。妖娆艳态，妒风笑月，长颦东君。

东城边，南陌上，正日烘池馆，竞走香轮。绮筵散日，谁人可继芳尘。更好明光宫殿，几枝先近日边匀。金尊倒，拚了尽烛，不管黄昏。

本词上片写到了牡丹在盛开时节的娇媚之姿、高雅气质，但"容华淡伫""晓妆新"、"妖娆艳态"这类对牡丹的描摹仅可概括牡丹印象，不可反映其具体形态；下片更是以赏花盛况衬托花之喜人，仍不能从正面展开描写。孝宗于淳熙六年三月十五日，曾与高宗一起幸聚景园，张抡进《壶中天慢》云：

洞天深处赏娇红，轻玉高张云幕。国艳天香相竞秀，琼苑风光如昨。露洗妖妍，风传馥郁，云雨巫山约。春浓如酒，五云台榭楼阁。

圣代道洽功成，一尘不动，四境无鸣柝。屡有丰年天助顺，基业增隆山岳。两世明君，千秋万岁，永享升平乐。东皇呈瑞，更无一片花落。②

上片写花开时节的景象，下片却歌功颂德，将花开比附祥瑞。词的篇幅与功能都限制了对描写对象的进一步展开。词虽擅写花草风景，然由于词本身文体的局限性仍无法尽展牡丹绰约之丰姿与复杂之内涵。

以散文形式写牡丹，主要集中在花谱图谱等花卉文献上，也有一些史志笔记小说类等文学作品写到牡丹。实用文献见于记载的有各类《牡丹谱》，据统计出现于宋代的《牡丹谱》有 17 种③，如欧阳修的《洛阳牡丹记》、张峋的《牡丹花谱》、陆游的《天彭牡丹谱》、周师厚的《洛阳花木记》、陈景沂的《全芳备祖》、李格非的《洛阳名园记》、张邦基的《陈州牡丹记》、胡元质的《牡丹记》、丘濬的《牡丹荣辱志》等。这类文献主要记载

①《进两制三馆牡丹歌诗状》，《全宋文》第 10 册，上海辞书出版社 2006 年版，第 185 页。
②《武林旧事》第 7 卷。
③［日］久保辉幸："宋代牡丹谱考释"，《自然科学史研究》2010 年第 1 期。

牡丹的产地及生物习性，记录牡丹的分类、栽培历史以及赏花风俗等内容，文笔平实，缺乏文学色彩。有的花谱也记载"古今咏歌诗赋，下至怪奇小说"，属于牡丹文学范畴。与牡丹相关的除了这些较专业的花卉文献之外，还有一些表、赞、记、制等应用文体专门谈论牡丹，从君臣互动方面反映牡丹在社会活动及政治活动中的重要意义。各类有关牡丹的文章成为唐代、宋代牡丹文化繁荣的一个标志。

既有花卉文献功能又有牡丹审美韵味的文学作品当属辞赋作品。辞赋形式描写牡丹的作品出现较晚，直到唐中期才有作品问世。相比诗词及散文形式，辞赋更擅长铺叙事物，极尽描摹刻画之能事，对于牡丹的形态、品格、功能、意蕴揭示得更为彻底。另外，辞赋之体式特点，反复敷陈、浓墨重彩，与牡丹这一国色天香的植物特性特别相宜，因而，牡丹辞赋似乎有着特别的研究必要。

二、唐代牡丹赋

唐代题名牡丹的赋作史见有三篇，现存两篇，其中之一为舒元舆的《牡丹赋》[①]，据路成文考察，认为作于大和九年[②]，为现存最早的牡丹专题赋。序言中记述牡丹由深山中被发现，移至上苑，因此改变了人们对牡丹的看法，自宫廷至民间大盛牡丹之赏。序中称"近代文士为歌诗以咏其形容，未有能赋之者"，表明此作乃较早写牡丹之赋。正文用

800 余字的篇幅展开对牡丹之物理特性及人文特性的描绘，这种规模是诗、词等文学体裁所无法比拟的。赋之正文先是写牡丹得日月之精华而初生，在暮春的清晨迎着朝霞绽放，为下文的铺叙造就了一层神秘色彩。接下来集中笔力写牡丹之盛放的景象，极尽铺张扬厉之能事，描摹牡丹的各种姿态，分别用了 18 个"如"字，加入了人的表情和感受，有静态、有动态，将牡丹之情状展示无遗。又连用 12 个"或"字，形容牡丹的神情风韵，既有白描，又有比喻，真正写出了"其态万万"：

> 赤者如日，白者如月。淡者如赭，殷者如血。向者如迎，背者如诀。坼者如语，含者如咽。俯者如愁，仰者如悦。裛者如舞，侧者如跌。亚者如醉，曲者如折。密者如织，疏者如缺。鲜者如濯，惨者如别。初朧朧而下上，次鳞鳞而重叠。锦衾相覆，绣帐连接。晴笼昼薰，宿露宵裛。或灼灼腾秀，或亭亭露奇。或飑然如招，或俨然如思。或带风如吟，或泣露如悲。或垂然如绝，或烂然如披。或迎日拥砌，或照影临池。或山鸡已驯，或威凤将飞。

以上是个体表现花之姿态万千，其后又是写丛植之浩大规模，令人在观赏时如入仙境，美不胜收。由仙人写到游人，以人们不惜万金，买此繁华，烘托赏花胜状。又一次以 8 种名花陪衬，将花之盛美推到一个新的高潮。在赋的末尾，作者生发出感慨，由草木之命联想到人的命运塞畅不均的现实，戛然而止。

---

① ［清］董诰：《全唐文》卷 727，中华书局 1983 年版。
② 路成文："唐代两篇牡丹赋与'甘露之变'"，《南阳师范学院学报》（社会科学版）2004 年第 10 期。

全赋叙写的重点在于牡丹本身，最后的一点感慨并无关宏旨，显示出恢宏大度、昂扬向上的盛唐气象。程元舆自称文章"锻炼精粹，出入今古数千百年，披剔剖抉，有可以辅教化者未始遗，拔犀之角，擢象之齿"[1]。所作《牡丹赋》一篇，当时人就称道其工。程元舆"死后，帝观牡丹，凭殿阑诵赋，为泣下"，可见其艺术感染力。

李德裕曾邀裴舍人同作《牡丹赋》，悲裴作失传。现存李作《牡丹赋》[2]虽比程作晚了九年，但在写作上与程赋相比，并无一点沿袭痕迹。序文中指出前贤所作草木之赋内容大致写"讬植之幽深，采厥之莫致，风景之妍丽，追赏之欢愉"，却远未做到体物，预言本赋将细致体物。程赋全部为整齐的四字句结构成篇，内容上正面直陈，不假修辞，着重写牡丹盛时的情景，是共时性的摹写。本篇赋在形式上以六字句为主，间以四字句，为历时性的摹写方式，写了牡丹"始"、"盛"、"落"三个生长阶段的姿态，大量使用比喻、夸饰手法，突出牡丹的艳丽高贵。后半部则着重写其"独含芳意，幽怨残春"，带有鲜明的寄托色彩。最后设为问答，表达个人感慨：芳华难以久恃，人寿更不可比拟，人间富贵尚不如花，在赏花中消解人生短暂的忧思，表达虚幻超脱的思想。赋中感慨溢于言表，语意舒缓凝重，带有江河日下的末世情怀。

三、宋代牡丹赋

宋代人对于园林的热爱，使得园林艺术得到空前发展，园林的布景与植物应用不断得到完善。各类花草植被进入园林景观中，并被以诗歌辞赋的形式加以咏诵。仅以辞赋形式来看，据《宋代辞赋全编》，宋代草木之赋约计50余篇，花果之赋约计70余篇，充分显示了植物在辞赋中所得到的重视。这其中写得最多的木本花为梅花，其次即牡丹。

两宋对牡丹的欣赏不减唐代，但在牡丹的写作力量上却分配不均，北宋较盛而南宋缺如。现存北宋时期的牡丹赋有如下5篇：徐铉的《牡丹赋》、苏籀的《牡丹赋》、夏竦的《景灵宫双头牡丹赋》、宋祁的《上苑牡丹赋》并序、蔡襄的《季秋牡丹赋》并序。另有一篇《驴吃牡丹赋》为无名士所作，仅在宋人笔记中保存了四句，大致应为调侃滑稽之作。驴吃牡丹被列入古人闲话中的"杀风景四十八事"，反观之，牡丹实为高雅庄重的化身，从中可以看出牡丹在民间的受重视程度。

宋代文人的5篇牡丹赋有三种创作用意。第一种是讽谏之作，以徐铉之作为最早，前半部铺叙了牡丹之光彩照人，重点写牡丹之气息芳香与艳丽妩媚；后半部则以讽刺笔法写牡丹有名无实，无用而见珍。本篇赋虽篇幅不长，但笔力深刻，超出既往一味颂美的积习，令人

---

① 《新唐书》卷179，《舒元舆传》。
② ［清］董诰：《全唐文》卷697，中华书局1983年版。

深思。第二种是祥瑞之作，实为粉饰太平，献媚帝王之为。如苏籀的《牡丹赋》称"太平佳瑞，许配灵芝"。再如宋祁的《上苑牡丹赋》写牡丹栽种的历史，又阐发牡丹"让"众卉的美德，"非一花之取贵，盖万物之厚生"。最后以上苑出三种特异牡丹，"双头"象征两宫同德，"千叶"象征子孙绵绵，"三花"象征恩腴周普。文末赞美皇上"特以人瑞为应，不以物瑞为尤"，指出"是花也，聊可玩于耳目，故虽休而勿休"，体现了大赋劝百讽一的特点。夏辣的《景灵宫双头牡丹赋》则全为颂美之作，自始至终称颂牡丹之美好，喻为帝王之花，"表两宫之睿圣，共一德以隆兴。实诒谋之燕翼，固道荫之章明"。此为应制之赋，相比其所作应制诗《赏花钓鱼应制》而言，赋作还是较为细致地描摹牡丹形态，包括花瓣、花蕊、枝条、叶片、花木的形、色、态等，而应制诗则空洞无物，呆板无文。

植物一蒂一花为正常，但也有时会有一蒂双花或三花的变异，在宋代常被当作奇异之事。有人对这种自然现象进行过辨析，"夫物之托于土者，禀或有异，如麦之两岐，谷之九穗，或殊本而枝连，或别亩而类合，登其根或得人物之状，辨其理或成字画之文。神奇瑰怪，尚不可殚举，岂无自而然哉？雷风之所动化，日星霜露之所感移，寒燠燥湿之所变迁，彼其巧妙功深，抑土之气实滋焉以成之者也"①。将植物的变异与土地的滋养联系起来，剥离了其神秘色彩。

双头牡丹不过是牡丹生长过程中的一种自然现象，因其稍有变异，显得稀少，人们以之为奇，但出现两种倾向，一是赞为祥瑞，二是贬为华孽。早在唐代，就有赞美双头牡丹的诗句。唐高宗御群臣，共同观赏双头牡丹，并命群臣共赋《宴赏双头牡丹诗》，上官昭容所作一联最为绝丽："势如连璧友，心若臭兰人。"贬双头牡丹为华孽者如："李司空昉，淳化中，家园牡丹，一岁中有千叶者五苞，特为繁艳，李公致酒张乐，召宾客以赏之。自是，再岁内，长幼凡五丧，盖地反物之验。"②又如："宋孝宗淳熙初，秀州吕氏家冰瓦有文，楼观、车马、人物，并蒂芙蓉、重葵牡丹、长春萱草、藤萝，经日不释，亦华孽类也。"③赞为祥瑞者多出现在宫廷应制之作中，这充分说明了为文者谀上的主观意图。

北宋牡丹赋的第三种创作旨意是赞美牡丹花形之美，感叹牡丹品性之高。如蔡襄的《季秋牡丹赋》，蔡襄往常因浩博记书，常作颂德歌功之文章，但此篇却是写给友人的作品，将秋日牡丹的品性特质阐发出来，以比附友人，显示其人之品性。序中表明用意在于效仿屈原香草美人之比忠洁的做法，在篇中以牡丹比友人。正文先刻画秋景，在一片悲凉氛围中，独有秋牡丹悄然开放，其色彩、状貌，令人耳目一新。在句式上写牡丹之种种姿态一段使用了楚辞体，六字句中间加一兮字，分别描绘牡丹开放时的各种情景，用了"霄"、"气霄"、

---

① 廖刚：《瑞棠记》，《全宋文》第 139 册，第 249 页。
② 《宋朝事实类苑》第 47 卷。
③ 《文献通考》卷 305，《物异考十一》。

"霓"、"云"等比拟牡丹之神态，又用"螓"、"姹"、"沛"、"眇"等字眼将牡丹拟人化，既形象地描绘了花形初放之状，又带有了人的气息，物与人混沌不分，达到了以物拟人的文学效果。

四、牡丹赋与国花文化

牡丹是中国特有的木本花卉，原产于中国，有数千年的自然生长历史，人工栽培历史也有 1500 多年。唐代盛世为人所赏爱，在宋代文化鼎盛期牡丹成为中国文化元素之一。在清代末年，牡丹就曾被当作中国的国花。1985 年 5 月，牡丹被评为中国十大名花之二，提起牡丹，中国人自有一种独特的骄傲之情，那就是由来已久的民族情感。牡丹还因其花形硕大、气质高雅、纷繁富贵，被看作盛世的象征。在唐代与北宋时期，人们用辞赋的形式大加描摹赞扬，即代表了一种特殊的民族感情。当国势日下、异族入侵之时，则往往不愿去歌咏牡丹。

赋，便于状物摹形，其他文体无法尽写其妙。如其能全方位摄取材料，以求无所遗漏地体察事物全局，至唐宋以来，赋专向某一角度，取其繁富表情，但不再是古今左右通览的体物方式。徐师曾概括赋之本义时说："以吟咏性情，各从义类。故情形于辞，则丽而可观；辞合於理，则则而可法。使读之者有兴起之妙趣，有咏歌之遗音。"[①] 这种倾向在唐宋牡丹赋中得到了体现。

在纯文学范畴内，诗可以写景、可以抒情，但限于篇幅，写景不易充分铺张，仅可取其一二，以一当十，加以概括。另外，限于对偶的使用，往往需要对举，致使出现应景式写景套路之嫌。此外，拘于韵律，也不能尽写景致，很可能遗漏许多有代表性的景致。总之，诗歌的形式决定了，写景状物或抒情达意有其概括性，也因此而具有了概括、含蓄之美。赋，本质上就是铺陈，从空间上，上下左右、前后高低、表里形质等各个角度均可观照到。视角的变化，如俯仰腾挪，也可取得亲临现场的效果。从时间上看，事物的四季变化，一天中早、中、晚的不同转换所带来的不同的体验都可以用文字加以表述。再者，在互动关系上，随着人观察事物之动作与姿态的变化，使用较多的动词，体现人与物之间的关系的互动，激发读者的参与性，可以实现人对环境的悉心体查。

牡丹在民间被誉为"花王"，其花形硕大、重瓣多叶、花朵繁密，显得雍容华贵、高雅端庄；同时，各色牡丹颜色鲜丽，与绿叶相间，色彩对照鲜明，在视觉上给人以较强的冲击。在嗅觉上，香味馥郁，更显其高贵典雅。古代贵族以牡丹作为装饰，特别是作为头饰，早在唐代就已经盛行，如著名的《簪花仕女图》中可见到女子将牡丹置于头顶，以表现身份的高贵。文献记载唐宋皇帝以赐予臣子牡丹花为最高奖赏。牡丹代表着身份尊贵、地位特殊。在民间同样尊崇牡丹之美，如民间常以"春色满园"、"富贵花开"、"国色天香"等用语写

---

① 徐师曾：《文体明辨序说》，人民文学出版社 1962 年版，第 100 页。

诗、作画或书写以寄寓吉祥祈福的寓意。还有的被赋予剪纸、编织、装饰等多种用途，总之，牡丹形象充斥于民间的各种场合，是中华民族普遍的吉祥信物。同时，因其为多年生木本植物，与娇嫩的花朵相比，枝干则长生不枯，被文人寄寓为焦骨之气，象征外表华丽、内质坚贞的人格。这一切都适应了盛世文人的心理期待，因此进入赋的创作中来。

赋的体式，可以夹叙夹议，承载较为丰富复杂的思想，传达更为鲜明生动的形象。从文学体制上分析，赋在唐宋时期被当作高文典册，写作赋需要具备极高的才华。因而在各种文选中，赋类文章总是排列在首位。唐与宋相比，唐多摹形写色，以"物"为主，赞国色天香之生物特性，属静态记述，写实性强。国势强盛、太平安定，人们悠游闲雅，容易将天姿神韵的牡丹看作国运的象征。宋则看重牡丹的政治意义与朝廷、帝王的赏游相联系，即多写其祥瑞意蕴，尤其是借牡丹的变异形态来附会政治意义，在实质上显示了宋代文学以"人"为主，文人的主体意识增强的特点。总之，在表现花王牡丹之富丽堂皇与娇艳无双的极致方面，赋这种文体有着得天独厚的优势。牡丹赋的创作蕴含着文人深厚的

名士情结及历史意味。同时，牡丹赋的创作也反映了自古以来人们重视欣赏牡丹，将牡丹与国运结合起来的心理意愿。

牡丹虽有硕大富贵的花形、芬芳馥郁的品性，但花期较短，每年的4月上旬开放，中旬就凋谢了，这令人不无感慨，美好的东西恨其短暂，但又往往是惊艳人世。牡丹在形、色、香、神各种自然属性方面远胜其他诸种花卉，寄寓着国人高贵大气、傲岸富丽的精神气质。唐宋牡丹赋也显示了我们民族的精神追求，在弘扬祖国优秀文化传统的当今，我们可以挖掘牡丹的优良品质，注重传统文化的现代转换，以牡丹文化为媒介，将中华民族的伟大意蕴推向世界，加强与各国之间的交流与合作，以开放的视野、广阔的胸襟得到各国的认识。

对牡丹的歌颂，体现出中国人民崇尚富贵祥瑞、盼望国家昌盛的民族文化心理。当今世界，各国以国花为本国文化表征，并用以反映各民族的传统审美趣味，体现民族情感，传播国家文化价值，我国的国花尚未得到官方的认可，但是在民间，人们对牡丹的颂美与描摹，已经深刻表达了对国花文化建设的迫切意愿。

Abstracts：Peony is a mirror of aesthetic development in different times，and one of choices of national flowers as well. More literary works focus on peony in Tang dynasty and reach the climax in Northern Song dynasty. They have both of the flower literature and peony aesthetic lingering charm. The praise of peony works embodies Chinese advocate riches and honor. They also hope there national prosperity，so the peony works deeply express their willingness that peony be the national flower.

Key Words：Tang and Song Dynasties；Peony；Fu；National Flower

图书在版编目（CIP）数据

文化发展研究（二〇一五年第一辑）/中国社会科学院文化研究中心主编. —北京：经济管理出版社，2015.6

ISBN 978-7-5096-3848-4

Ⅰ. ①文…　Ⅱ. ①中…　Ⅲ. ①文化发展—研究—中国　Ⅳ. ①G12

中国版本图书馆 CIP 数据核字（2015）第 147418 号

组稿编辑：宋　娜
责任编辑：胡　茜
责任印制：黄章平
责任校对：车立佳

出版发行：经济管理出版社
　　　　　（北京市海淀区北蜂窝 8 号中雅大厦 A 座 11 层　　100038）
网　　址：www. E-mp. com. cn
电　　话：（010）51915602
印　　刷：三河市延风印装有限公司
经　　销：新华书店
开　　本：787mm×1092mm/16
印　　张：12.25
字　　数：240 千字
版　　次：2015 年 6 月第 1 版　　2015 年 6 月第 1 次印刷
书　　号：ISBN 978-7-5096-3848-4
定　　价：88.00 元